ADAC Reiseführer

Usedom

Wollin Festlandsküste

Von Rolf Goetz

Intro

Unterwegs

Besuch auf dem Festland – Brückenpfeiler zur Insel Usedom 111

Usedom Kaleidoskop

Karten und Pläne

Service

Usedom aktuell A bis Z 125

Register 140

Usedom Impressionen

Lust auf Ostsee – Sonne, Sand und mehr

Wie ein Schmetterling liegt die 445 km² große Insel Usedom zusammen mit ihrer Schwesterinsel Wollin quer vor dem Stettiner Haff. Im Westen trennt sie der Peenestrom, ein bis zu 3,5 km breiter Mündungsarm der Oder, vom Festland, im Osten markiert die Świna (ebenfalls Teil der Odermündung) die Grenze zwischen den beiden Eilanden. Der überwiegende Teil Usedoms gehört zum Bundesland Mecklenburg-Vorpommern, der kleinere Ostzipfel ist seit 1945 polnisch.

Usedom ist die *Badeinsel par excellence* und nach Rügen die zweitgrößte Deutschlands. Ihre Außenküste ziert ein gut 40 km langer Strand der Extraklasse. Bis zu 70 m breit und flach zur Ostsee abfallend ist er ein Paradies für Sonnenanbeter, Strandläufer und Wasserratten.

Von Badewannen und Seebädern

Die erste Badesaison wurde im Jahr 1824 in Swinemünde, dem heutigen Świnoujście, eröffnet und schon bald avancierte Usedoms Ostseeküste, auch *Pommersche Riviera* genannt, zur bevorzugten Sommerfrische für Kaiser und Adel. Unter den Seebädern trug das mondäne Heringsdorf den eleganten Beinamen *Nizza des Ostens*. Mit Eröffnung der Bahnlinie Berlin–Swinemünde 1875 wurde Usedom auch für die breitere Öffentlichkeit erschlossen und weil die meisten Urlauber aus der 225 km entfernten Reichshauptstadt kamen, galt diese Destination von nun an als *Badewanne Berlins*. Während der DDR-Zeit schließlich erreichten die Besucherzahlen neue Dimensionen, jetzt kamen fast eine halbe Million Erholungssuchende im Jahr hierher.

Und heute? – Man kann es nicht anders sagen: Usedom brummt an allen Ecken und Enden. 2003 besuchten 1,2 Mio. Feriengäste die Insel, so viele wie noch nie zuvor. Sie zieht es vor allem in die zehn staatlich anerkannten **Seebäder**, die sich am Ostseestrand aneinander reihen wie die Perlen einer Kette – von Ahlbeck im Südosten nahe der polnischen Grenze bis Karlshagen auf der Halbinsel Peenemünder Haken im Nordwesten. Und sicher findet jeder Gast seinen Lieblingsort: **Ahlbeck** ist seit über 100 Jahren ein Familienbad, der benachbarte Villenort **Heringsdorf** stellt mit dem Forum Usedom das kulturelle Zentrum und ist mit dem Modespektakel Heringsdorf goes Fashion zwei Mal im

Oben: *Fröhlich-buntes Spektakel für Jung und Alt – Drachenfest in Ahlbeck*
Rechts oben: *Sinfonie in Stein – Bäderarchitektur in der Bergstraße von Bansin*
Rechts: *Grenzenloses Badeparadies – kilometerlange Strände säumen die Ostseeküste*

Jahr Treff der Modebranche. **Zinnowitz**, das heute mit 3700 Einwohnern größte Usedomer Seebad, hält so manches in Sachen Kunst und Kultur bereit, etwa ein ganzjährig bespieltes Theater und die seit 1997 jeden Sommer inszenierten Vineta-Festspiele. **Zempin** und **Kölpinsee** dagegen sind eher ruhige Ferienorte, selbst in der Hochsaison gibt es hier immer ein stilles Plätzchen am Strand. Freiräume finden Badegäste auch an den makellos weißen Stränden in **Trassenheide** und **Karlshagen**. Letzteres zieht mit Beachvolleyball-Turnieren, mit Surf- und Segelschule viele Sportsfreunde an.

In allen Seebädern laden schmucke *Promenaden* mit Terrassencafés und Fischbratereien zum Verweilen ein. In fünf von ihnen kann man zudem auf luftigen **Seebrücken** hoch über den Ostseewellen flanieren. Original erhalten blieb einzig die von Ahlbeck. Ihr alter

Brückenpavillon mit vier Ecktürmchen und einem Fischlokal unter dem roten Dach avancierte zu einem Wahrzeichen. Alle anderen wurden im Laufe des 20. Jh. durch Sturmfluten zerstört, konnten aber in den letzten Jahren erneuert werden, darunter auch die Seebrücke von Heringsdorf, die nun mit 508 m die *längste* ist. Sie verfügt über eine Einkaufspassage und ein Gourmetlokal auf dem Brückenkopf.

Ferien wie zu Kaisers Zeiten

Was die Hotellerie angeht, knüpft Usedom heute scheinbar mühelos an die Blütezeit um 1900 an. In keiner anderen deutschen Ferienregion, von Rügen einmal abgesehen, wurden in den letzten zehn Jahren so viele neue Unterkünfte gebaut wie hier. Gelungene Beispiele dieser modernen Ferienarchitektur sind das schicke *Strandhotel* in Karlshagen, das familiäre Feriendorf *Seepark* in Bansin und das im Landhausstil erbaute *Golf- und Landhotel* am Balmer See. Das besondere Flair aber verdankt sich der **Bäderarchitektur** (1870–1914) mit ihrem unbekümmerten Stilgemisch. Luxuriöse Grandhotels mit der nostalgischen Aura der Belle Epoque, etwa das *Romantik Seehotel Ahlbecker Hof* in Ahlbeck und das *Zinnowitz Palace Hotel* in Zinnowitz, sowie Hunderte von piekfeinen Palais wie *Seeschlösschen* und *Meereswelle* in Ahlbeck, *Strandidyll* in Heringsdorf oder *Haus am Meer* in Zinnowitz, sind nun wieder aufpoliert. Die meist neoklassizistisch-blockartigen Bauten zeichnen sich durch säulen- und giebelverzierte Fassaden aus. Belebende Zutaten sind Barock- und Jugendstil-Elemente. Die ländlich-rustikale Note schließlich bringen Anleihen bei der Schweizer Chaletarchitektur, etwa reich verzierte Holzveranden und schindelgedeckte Dächer. Und das Schönste

Oben: *Mittelalterliches Erbe – die spätgotische St. Petri-Kirche thront über Wolgast*
Unten: *Hier aalt es sich badewannenwarm – Ostseetherme in Ahlbeck*
Rechts oben: *Stimmungsvolle Beschaulichkeit – Jachthafen von Zinnowitz*
Rechts unten: *Usedom inspirierte Lyonel Feininger zu zahlreichen Bildern – ›Stiller Tag am Meer‹ entstand 1929*

ist, praktisch in jeden dieser Prachtbauten kann man sich heute einmieten und das Flair von anno dazumal genießen.

Auch auf **kulinarische Genüsse** muss der Gast nicht verzichten. Bei der pommerschen Küche Usedoms steht naturgemäß alles im Vordergrund, was das Meer und und der Peenestrom hergeben. Hering satt in allen Variationen gibt es während der Heringswochen im April. Sehr beliebt sind ferner Haffzander, Flunder und Aal. Gute Fischlokale, etwa das *Waterblick* in Loddin oder das *Utkiek* in Ückeritz, bieten nicht nur Spezialitäten wie Bratfisch mit Specksauce oder Dorsch an Sahne-Lauchgemüse, sondern zugleich auch stimmungsvolle Ausblicke aufs Wasser.

Wasserspaß und Wohltaten

Ebenfalls ums Wasser drehen sich die meisten der bei Urlaubern beliebten **Freizeitaktivitäten**. Im Sommer spielt sich das Leben der Seebäder am Strand ab. Hier ist viel Platz für Beachvolleyball, Surfen, Segeln oder Schwimmen, man kann aber auch einfach nur im Strandkorb oder Sand liegen und das bunte Treiben beobachten. Darüber hinaus laden zwei Badetempel, die *Ostseetherme* in Ahlbeck und die *Bernsteintherme* in Zinnowitz, zu jede Menge Wasserspaß ein. Und wer Anhänger der Freikörperkultur ist, findet am schier endlosen Ufersaum auch für *FKK* reservierte Zonen. Sie stehen meist in Verbindung mit den großen *Campingplätzen*, auf denen man besonders naturnah und zugleich relativ preiswert Urlaub machen kann.

Was kaum jemand weiß, aber gerne zur Kenntnis nimmt: Auf Usedom scheint mit 1906 Stunden im Jahr die *Sonne* häufiger als anderswo in Deutschland. Eine weitere Wohltat ist das *Seeklima* an sich mit seiner beständig wehenden frischen Brise und seiner besonderen Heilkraft, die vor allem Erkrankungen der Atemwege und der Haut lindert. In den Seeheilbädern Bansin, Ahlbeck und Heringsdorf ist man auf **Kurbetrieb** spezialisiert. Dabei kommt auch die aus 408 m Tiefe geförderte Heringsdorfer *Jodsole* zur Anwendung. Außerdem verfügen die meisten Hotels der Insel inzwischen über Wellness Oasen mit Fitness- und Beauty-Angeboten.

Naturidylle pur

Jenseits von Seebädern und Strand lädt das weitgehend ursprüngliche *Hinterland* der Insel zu vielfältigen Entdeckungen ein. Besonders schön ist die sog. **Usedomer Schweiz**, eine sanft gewellte Hügellandschaft zwischen Ostsee und *Achterwasser*, wie die große Bucht des Peenestroms heißt. Eiszeitliche Gletscher haben hier ein rundes Dutzend malerische *Seen* in die Landschaft modelliert, die meisten davon, etwa Gothensee, Wolgastsee und Kölpinsee, lassen sich auf Rad- und Wanderwegen umrunden. Hübsche Dörfer wie Morgenitz und Zirchow südlich von Ahlbeck locken mit schlichten *Feldsteinkirchen,* deren Ursprünge bis ins Mittelalter zurückreichen. In Benz und Pudagla am Schmollensee sieht man elegante *Windmühlen* (18./19. Jh.), in denen früher Getreide gemahlen wurde. Und auch das einst prunkvolle *Wasserschloss Mellenthin* westlich vom Schmollensee lohnt einen Besuch. Im riesigen Rittersaal lädt heute ein Restaurant zum mittelalterlichen Büffet.

Seit 1999 ist ganz Usedom als **Naturpark** mit insgesamt 14 Naturschutzgebieten ausgewiesen. Das älteste von ihnen ist der bereits 1925 unter Schutz gestellte *Peenemünder Haken* im Norden, Brutgebiet für zahlreiche Arten von Zug- und Wasservögeln, darunter Komorane, Austernfischer und Säbelschnäbler. Landschaftlich überaus attraktiv gibt sich der *Streckelsberg* nahe Koserow. Die Kliffranddüne ist mit einem orchideenreichen Rotbuchenwald überzogen, die Klippen fallen hier 60 m steil zum Meer ab. Auch die *Halbinsel Gnitz* steht mit ihren Salzwiesen und Feuchtgebieten unter besonderem Schutz. In den Sandklippen an ihrer Südspitze nisten Uferschwalben. Der selten gewordene Fischotter ist hier ebenfalls zuhause. Gut ein Viertel der Inselfläche ist bewaldet und so kann man allenthalben, z. B. im Usedomer Stadtforst und im Mellenthiner Forst nach Herzenslust wandern oder radeln.

Insel- und Uferhüpfen

Wen es auf Usedom nicht mehr hält, den zieht es vielleicht aufs Festland, z. B. nach **Wolgast**. Die Kleinstadt am anderen Ufer des Peenestroms ist durch eine moderne Klappbrücke mit der Usedomer Halbinsel Wolgaster Ort verbunden. Ihr barockes Zentrum mit dem Alten Rathaus und den Speicherbauten aus dem 19. Jh. am Museumshafen zeigt sich heute hübsch herausgeputzt. Als zweites Tor zwischen Insel und Festland fungiert die Zecheriner Brücke bei **Anklam**. Die Stadt im Urstromtal der Peene, seit 1993 Verwaltungszentrum von Usedom, interessiert vor allem wegen ihres spannenden und preisgekrönten *Otto-Lilienthal-Museums*.

Ganz oben: *Imposante Technik – Die Hebebrücke ›Blaues Wunder‹ führt über den Peenestrom nach Wolgast*
Oben: *Usedomer Landschaftsmalerei museal inszeniert – Gedenkatelier Rolf Werner in Bansin*
Links oben: *Frisch geräuchert – Hornfisch ist eine beliebte Usedomer Spezialität*
Links unten: *Kulturelles Highlight – die Vineta-Festspiele auf der Freilichtbühne im Seebad Zinnowitz*

Es dokumentiert das Lebenswerk des deutschen Flugpioniers.

Ein Tagesausflug ins andere Usedom, *Uznam* genannt, vervollständigt das Bild. Seit dem Potsdamer Abkommen von 1945 gehört das 91 km² große Gebiet östlich von Ahlbeck zu Polen. Hier liegt mit **Świnoujście** (42 000 Einw.) die größte Stadt der gesamten Insel. Sie war einst mit Namen Swinemünde das bedeutendste Seebad an Deutschlands Küsten. Ein Besuchermagnet der Hafenstadt ist heute der *Grenzmarkt* mit seinem preiswerten Warenangebot. Doch auch das Museum für Hochseefischerei und das Kurviertel mit hübscher wilhelminischer Bäderarchitektur sind den Besuch wert.

Nun geht es über die Swina zur Nachbarinsel **Wollin**. Hier liegt das hübsche *Międzyzdroje* (Misdroy, 6000 Einw.), heute eines der beliebtesten Seebäder der polnischen Ostseeküste. Gleich vor seinen Toren liegt der **Wolliner Nationalpark**, ein 110 km² großes Schutzgebiet mit eiszeitlichen Seen und Torfmooren. Seine überaus artenreiche Vogelwelt zieht Ornithologen aus ganz Europa an. Auf markierten Wanderwegen können die imposante Steilküste am 95 m hohen *Gosanberg* und das stadtnahe *Wisentreservat* erkundet werden.

Der Reiseführer

Dieser Band stellt die Ferieninsel Usedom mit ihren Sehenswürdigkeiten in vier Kapiteln vor, zwei weitere sind Ausflügen nach Polen und aufs pommersche Festland gewidmet. Präzise **Übersichtskarten** und detaillierte **Stadtpläne** erleichtern die Orientierung. Mithilfe der **Top Tipps**, die Empfehlungen zu ausgewählten Hotels, Restaurants, Museen, Wanderungen etc. bieten, findet man schnell die Highlights. Den Besichtigungspunkten sind **Praktische Hinweise** mit wichtigen Adressen angegliedert. Abschließend hält das Kapitel **Usedom aktuell A bis Z** eine Fülle von Informationen bereit – von Anreise über Essen und Trinken, Einkaufen und Kulturevents bis hin zu Sport und Verkehrsmitteln vor Ort. **Kurzessays** zu interessanten Usedom-Themen runden den Reiseführer ab.

Geschichte, Kunst, Kultur im Überblick

Von Slawen, Pommern, Preußen und Badegästen

um 3500 v. Chr. Archäologische Funde aus der Jungsteinzeit belegen erste Siedlungen auf Usedom. An der Peenemündung, im Lieper Winkel und auf dem Gnitz betreiben Siedler Ackerbau und Viehzucht. Sie bestatten ihre Toten in eindrucksvollen Megalithgräbern u.a. bei Lütow.

um 1800 v. Chr. Die Bronzezeit ist auf Usedom durch Werkzeuge und Waffen dokumentiert. Bedeutendster Fund ist ein nahe Ückeritz entdecktes bronzenes Pferdegeschirr. Für die Zeit typisch sind Hügelgräber, wie sie z.B. bei Bansin, Reetzow und Labömitz entstehen.

ab 750 v. Chr. Der Ostseeraum wird von germanischen Stämmen bewohnt. Die Ostseevölker betreiben weit reichenden Handel mit den Römern, ein in Südeuropa besonders begehrtes Gut ist Bernstein zur Schmuckherstellung.

ab 150 n. Chr. Während der Völkerwanderung verlassen die Germanen aus nicht geklärten Gründen die Ostseeküste und ziehen nach Süden.

7. Jh. Das ›Land am Meer‹ bleibt durch die Völkerwanderung fast menschenleer zurück. Aus dem Osten kommende Slawen (auch Wenden genannt) besiedeln den Landstrich neu, östlich der Oder sind es die Pomeranen, westlich davon die Liutizen. Sie führen Landwirtschaft und Handel zur Blüte. Zum Schutz vor Angreifern errichten sie Burgwälle, etwa bei Wolgast, Usedom, Mellenthin und Neppermin. Etliche auf ›itz‹, ›in‹ und ›ow‹ endende Dorfnamen (s.o., Morgenitz, Rankwitz, Zirchow, Netzelkow) auf Usedom weisen auf eine slawische Gründung hin. Der Inselname Uznam (›Ort an der Mündung‹) und die Landesbezeichnung Pomorje (Pommern, ›Küstenland‹) entstammen ebenfalls dem Slawischen.

789 Unter Karl dem Großen dringen die Franken, wegen Stammeskämpfen zu Hilfe gerufen, erstmals in das Gebiet jenseits der Elbe vor. In Folge wird der liutizische Herrscher Dragawit gezwungen, sich der Lehnshoheit zu unterwerfen.

983 Die Liutizen zetteln einen Aufstand gegen die deutsche Vorherrschaft an. In einem Überraschungsangriff stürmen sie das Bistum Havelberg (heute in Sachsen-Anhalt) und drängen die Christen kurzzeitig wieder über die Elbe zurück.

1124 Der deutsche Kaiser Heinrich V. verleiht Wartislaw I. als erstem Führer der Pommern den Herzogstitel.

1128 Bischof Otto von Bamberg (1060–1139) unternimmt seine zweite Missionsreisen nach Pommern (die erste fand 1124/25 statt). Zu Pfingsten 1128 beruft der Wendenfürst Wartislaw I. auf dem Schlossberg von Usedom einen Landtag ein. Im Beisein des Bischofs von Bamberg nehmen nun die westpommerschen Stammesfürsten den christlichen Glauben an. In den folgenden Jahren wandern deutsche Siedler auf der Insel ein. Die Slawen werden in Folge allmählich assimiliert oder verdrängt.

Bekehrung zum Christentum: Taufe von Wartislaw I. durch Otto von Bamberg 1128

1155 Die Prämonstratensermönche aus Magdeburg gründen nahe der Stadt Usedom das Kloster Grobe. In den folgenden Jahren entstehen Dorfkirchen in Liepe, Benz und Zirchow. Als größter Grundbesitzer auf der Insel verfügt das Kloster bald auch über beträchtliche weltliche Macht.

1181 Pommernherzog Bogislaw I. wird von Kaiser Friedrich I. Barbarossa als Reichsfürst anerkannt. Das Land an der Ostsee samt Usedom wird damit faktisch Mitglied im Heiligen Römischen Reich Deutscher Nation.

1185 Herzog Bogislaw I. muss die Lehnshoheit des dänischen Königs Waldmar I. anerkennen, nachdem dieser in Pommern Fuß gefasst hat.

1214 Pommern wird durch Kaiser Friedrich II. offiziell den Dänen zugestanden. Als Folge einer Schlacht geht es jedoch 1227 an Brandenburg über.

1295 Das Herzogtum Pommern wird wegen Erbstreitigkeiten in die Linien Pommern-Wolgast und Pommern-Stettin geteilt. Wolgast wird Residenzstadt, Usedom erhält das Stadtrecht und steigt bald zum wichtigsten Regionalzentrum der Insel auf.

1309 Das Kloster Grobe wird nach Pudagla verlegt.

1535 In Folge der Reformation wird das Kloster Pudagla säkularisiert, der weitläufige Grundbesitz fällt an das Herzogtum Pommern-Wolgast.
1618 Auf der Landkarte des Rostocker Kartographen Eilhard Lubin werden erstmals Usedom und die pommersche Ostseeküste geografisch annähernd korrekt wiedergegeben. Die vor Koserow eingezeichnete Insel mit der sagenumwobenen Stadt Vineta könnte allerdings ein Fantasieprodukt des Kartographen gewesen sein. Nach neuesten Forschungsergebnissen [s. S. 82] soll Vineta bei Barth westlich von Stralsund gelegen haben.
1630 Gustav II. Adolf von Schweden greift in den Dreißigjährigen Krieg ein und landet mit 15 000 Mann in Peenemünde auf Usedom. Von der Bevölkerung wird er als Retter vor den marodierenden kaiserlichen Truppen Wallensteins empfangen. Der Schwedenkönig strebt die Vorherrschaft über den ganzen Ostseeraum an.
1637 Mit dem Tod Bogislaw XIV. erlischt das slawische Herzogsgeschlecht von Pommern.
1648 Der Dreißigjährige Krieg ist zu Ende. Im Westfälischen Frieden fällt Vorpommern (Westpommern) mit Wolgast und den Inseln Rügen, Wollin und Usedom an Schweden, das durch den Herzogstitel nun auch einen Sitz im deutschen Reichstag erhält. Durch die Kriegswirren, Hunger und Seuchen liegt das Land am Boden. Das Kinderlied ›Maikäfer flieg‹ mit der Zeile ›Pommernland ist abgebrannt‹ artikuliert den desolaten Zustand der Region.
1720 Usedom wird nun preußisch: Nach dem Zweiten Nordischen Krieg (1700–20) kauft König Friedrich Wilhelm I. den Schweden Vorpommern bis zur Peene

Berühmter Wolgaster: Philipp Otto Runge im ›Selbstbildnis am Zeichentisch‹ von 1801

für zwei Millionen Taler ab. Wolgast westlich der Peene bleibt unter schwedischer Verwaltung.
1771 Unter Friedrich II., dem Großen wird mit der Trockenlegung der Moorlandschaft Thurbruch südlich des Gothensees begonnen.
1777 In Wolgast wird Philipp Otto Runge (†1810) geboren. Mit seinen Porträts, Selbstbildnissen und allegorischen Gemälden gilt der Maler neben Caspar David Friedrich aus dem benachbarten Greifswald als der bedeutendste Vertreter der deutschen Romantik. Außerdem macht sich Runge durch kunsthistorische Schriften und plattdeutsche Märchen (›Vom Fischer un syner Fru‹, ›Von dem Machandelboom‹) für die Sammlung der Brüder Grimm einen Namen.
1815 Nach den Napoleonischen Kriegen endet mit dem Wiener Kongress die Schwedenzeit an der Ostseeküste. Ganz Pommern gehört fortan zu Preußen.
1820 Oberforstmeister Georg Bernhard von Bülow gründet die kleine Fischersiedlung Heringsdorf.
1824 Swinemünde nimmt als erstes Seebad Usedoms den Badebetrieb auf, die hiesige Seebadeanstalt besteht bereits seit 1822.
1825 In Heringsdorf wird die erste Badesaison eröffnet. Treibende Kraft für die Entwicklung des Fischerdorfs zum Urlaubszentrum ist von Bülow, der über dem Strand von Heringsdorf ein mondänes Gästehaus, das Weiße Schloss (heute Hotel), eröffnet.
1843 Der Usedomer Pfarrer Johann Wilhelm Meinhold (1797–1851) veröffentlicht die Chronik ›Die Bernsteinhexe‹. Darin wird vor dem Hintergrund des Dreißigjährigen Krieges die Geschichte der als Hexe verschrieenen Koserower Pfarrerstochter Maria Schweidler aufgerollt. Das Buch avanciert in Pommern zu einem Bestseller und löst schließlich einen Skandal aus, nachdem Meinhold einräumt die Story frei erfunden und selbst geschrieben zu haben.
1871 Der Berliner Finanzier Hugo Delbrück gründet die ›Aktiengesellschaft Seebad Heringsdorf‹ und lässt den Badeort in großem Stil ausbauen. In Folge wird Heringsdorf zu einem mondänen Treffpunkt für Kaiser, Adel und Großbürgertum.
1874 Bei einer verheerenden Sturmflut wird Usedom an seiner schmalsten Stelle zwischen Zempin und Koserow überflutet und in zwei Teile gerissen. Den Einwohnern gelingt es die Lücke wieder zu schließen und mit einem Damm zu befestigen.
1876 Die Bahnlinie Berlin–Swinemünde wird eröffnet. Mit der Anbindung Usedoms an das Festland durch die Drehbrücke bei Karnin nimmt der Tourismus auf der Insel einen enormen Aufschwung. Swinemünde avanciert zum größten deutschen Seebad.
1894 Auch die Seebäder Heringsdorf und Ahlbeck werden an das Bahnnetz angeschlossen. Zehntausende von Berlinern suchen fortan jeden Sommer zur Erholung die ›Badewanne Berlins‹ auf. Während in Heringsdorf und Swinemünde der Geld-

◁ *Raketenforscher am Werk: Wernher von Braun (rechts)*

adel logiert, entwickelt sich Ahlbeck aufgrund seines günstigen Preisniveaus zum Familenbad.

1897 Eine neue 12 km lange Strandpromenade verbindet die Seebäder Swinemünde, Ahlbeck, Heringsdorf und Bansin miteinander. Ein Jahr später wird in Ahlbeck der Seebrückenpavillon eingeweiht. Mit seinen markanten vier Ecktürmchen wird er zum Wahrzeichen Usedoms.

1923 Bansin erhält als erstes deutsches Seebad die Freibadeerlaubnis. Bislang war das Strandleben streng auf Badeanstalten oder Badekarren beschränkt, die nun ausgedient haben, denn fortan darf man sich überall am Meer im Badeanzug zeigen und im Strandkorb liegen.

1929/30 In Heringsdorf stößt man in 408 m Tiefe auf ein ergiebiges Vorkommen von Jodsole, die fortan zu Kurzwecken eingesetzt wird.

1934 In Karnin wird die modernste Eisenbahnhubbrücke Europas eröffnet. Die Route ist nun auch für Schnellzüge befahrbar, wodurch sich die Reisezeit von Berlin nach Swinemünde auf etwa zweieinhalb Stunden reduziert.

1935 Die Nationalsozialisten untersagen Juden den Besuch der Ostseebäder. In Folge werden vor allem in Heringsdorf ansässige jüdische Grundbesitzer enteignet und vertrieben.

1936 Der Nordteil Usedoms wird von den Nazis zum militärischen Sperrgebiet erklärt. In Peenemünde beginnt man im August mit dem Bau der Heeresversuchsanstalt (HVA). Das Hightech-Zentrum unter der Leitung des jungen Ingenieurs Wernher von Braun (1912–1977) dient der Raketenforschung.

1942 Von Peenemünde startet die erste ferngesteuerte Großrakete A4, aus der später die Vergeltungsswaffe V2 hervorgeht, eine der verheerendsten Bomben des Zweiten Weltkriegs. – In Zinnowitz formiert sich um den mit einer Usedomerin verheirateten holländischen Kommunisten Johannes ter Morsche Widerstand gegen die Nazis. Die Gruppe wird ein Jahr darauf verraten. Etwa 60 Personen werden von der Gestapo verhaftet, die führenden Mitglieder hingerichtet.

Denkmal des Fortschritts: Einziger Rest der 1934 eröffneten Eisenbahnhubbrücke in Karnin

1943 In der Nacht vom 17. auf den 18. August nehmen britische Bomber den Norden Usedoms ins Visier. Der Angriff gilt der Heeresversuchsanstalt Peenemünde, durch ein Versehen werden aber vornehmlich die dazugehörigen Wohnquartiere in Karlshagen und Trassenheide zerstört.

1945 Am 12. März legen amerikanische Fliegerverbände Swinemünde in Schutt und Asche. Dem Luftangriff fallen 23 000 Menschen zum Opfer, darunter zahllose Flüchtlinge aus dem Osten. – Am 5. Mai marschieren die Truppen der Roten Armee in Ahlbeck ein. – Im Potsdamer Abkommen wird die Oder deutsch-polnischer Grenzfluss, der Ostteil Usedoms mit der Stadt Swinemünde wird Polen zugesprochen. Die Beherbergungsbetriebe der Usedomer Seebäder werden größtenteils als Auffanglager für deutsche Flüchtlinge genutzt.

1947 Der Bansiner Schriftsteller und Publizist Hans Werner Richter (1908–1993) ruft die literarische ›Gruppe 47‹ ins Leben. Die Autorenvereinigung hat großen Einfluss auf den deutschen Literaturbetrieb der Nachkriegszeit, ihr gehören u.a. Heinrich Böll, Siegfried Lenz, Ingeborg Bachmann und Günther Grass an. Richter selbst wird durch seine autobiographischen Romane bekannt (›Die Geschlagenen‹, 1949, ›Sie fielen aus Gottes Hand‹, 1951, beide über die Kriegsgefangenschaft, sowie die Jugenderinnerungen ›Spuren im Sand‹, 1953) .

1953 Unter dem Decknamen ›Aktion Rose‹ lässt die SED auf Usedom und in anderen Ferienzentren an der Ostsee die Inhaber von Hotels und Pensionen aufgrund angeblicher Missetaten enteignen. Fast alle Unterkünfte gehen in staatlichen Besitz über oder werden vom Feriendienst des Freien Deutschen Gewerkschaftsbundes (FDGB) verwaltet. Private Vermietungen werden weitgehend eingeschränkt. Der Feriendienst lenkt fortan die Urlauberströme an die Ostsee. Um möglichst vielen Werktätigen einen jeweils dreizehntägigen Urlaub an der See zu ermöglichen, wird die Saison zunächst auf fünf Monate verlängert. Mit dem Einbau von Heizungen stellen mehr und mehr Ferienheime auf Winterkurbetrieb um, sodass die Beherbergungsbetriebe schließlich fast ganzjährig genutzt werden können.

1961 Im August beginnen die DDR-Behörden mit dem Mauerbau. Die Ostseeküste wird zur Seegrenze erklärt, in den Seebädern wird der Schiffsverkehr für Feriengäste eingestellt. Einzig die Fischer können ihrem Gewerbe auf See ungehindert nachgehen. Durch die anderweitig eingeschränkten Reisemöglichkeiten verstärkt sich in den folgenden Jahren der Badetourismus an der Ostsee. Auf Usedom werden etliche neue Betriebsferienheime gebaut, mit einer Kapazität von 18000 Plätzen entsteht in Ückeritz einer der größten Campingplätze Europas.

1989 Bei Ahlbeck wird die deutsch-polnische Grenze für Fußgänger und Radfahrer geöffnet.

1990 Im März finden in der DDR die ersten freien Wahlen statt, am 3. Oktober erfolgt der Beitritt zur Bundesrepublik Deutschland. Usedom wird Teil des neuen Bundeslandes Mecklenburg-Vorpommern mit Schwerin als Landeshauptstadt. Bald nach der Wiedervereinigung beginnt in den Seebädern die Rückübertragung von während der ›Aktion Rose‹ enteigneten Hotels und Pensionen an die früheren Eigentümer.

Gründer der ›Gruppe 47‹: der Bansiner Schriftsteller Hans Werner Richter (1908–1993)

1991 Die Seebrücke in Ahlbeck dient als Filmkulisse für Loriots Kinofilm ›Pappa ante Portas‹. Das Wahrzeichen Usedoms wird damit einem Millionenpublikum bekannt.

1994 Unter der Schirmherrschaft des Dirigenten Kurt Masur findet im Herbst das erste Usedomer Musikfestival statt. Die Konzertreihe etabliert sich schnell als ein renommiertes Forum vor allem für den musikalischen Klassik-Nachwuch.

1995 Zu Beginn der Badesaison wird in Heringsdorf die privat finanzierte neue Seebrücke eingeweiht, mit 508 m ist sie die längste auf dem europäischen Kontinent. Im November übersteht die Seebrücke unbeschadet eine der schwersten Sturmfluten an der Ostseeküste. An anderen Teilen der Außenküste verursacht das Unwetter jedoch erhebliche Schäden, z.B. brechen an der Steilküste um den Streckelsberg nahe Koserow enorme Landmassen ab.

1996 In Ahlbeck eröffnet die Ostseetherme, ein Familienbadeparadies mit Thermalbad, Saunen etc., das auch im Winter Badefreuden ermöglicht.

1997 Heringsdorf, Ahlbeck und Bansin werden staatliche anerkannte Seeheilbäder.

1998 Im April wird auf Usedom die Spielbank Heringsdorf, das erste Kasino in Mecklenburg-Vorpommern, eröffnet. Ehrengast ist die aus Grevesmühlen (Mecklenburg) stammende Diskuswerferin und Olympiasiegerin von 2000, Astrid Kumbernuss.

1999 Der deutsche Teil Usedoms und das angrenzende Festland (Halbinsel Struck und Uferregion des Peenestroms) erhält den Status eines Naturparks.

2001 Die Gästezahlen auf Usedom überschreiten erstmals die Millionengrenze. – In Heringsdorf ist die Sanierung der Gründerzeitvillen weitgehend abgeschlossen. Auch die anderen Seebäder zeigen sich wieder in neuem Glanz.

2002 Die Usedomer Bäderbahn weitet ihr Streckennetz auf das Festland nach Norden bis Stralsund und Barth aus.

2003 Mit 1,2 Millionen Gästen und etwa 7,7 Millionen Übernachtungen erreicht der Tourismus auf Usedom einen neuen Höchststand. Etwa 48% der Urlauber kommen aus den neuen Bundesländern, 36% aus den alten Bundesländern und 15% aus Berlin.

2004 Im Mai tritt Polen der EU bei. Die beiden Inselteile rücken verkehrspolitisch (geplant sind die Verlängerung der Usedomer Bäderbahn bis Swinemünde und Öffnung eines Grenzübergangs für Pkw) und wirtschaftlich (durch die Integration Polens entsteht ein lokaler Ballungsraum von mehr als 60000 Menschen) wieder enger zusammen.

Usedomer Bäderromantik im Sonnenuntergangszauber: Attraktive Hotels und hübsche Villen säumen den kilometerlangen Sandstrand von Bansin

Unterwegs

Usedoms Ostseeperlen – wo einst der Kaiser baden ging

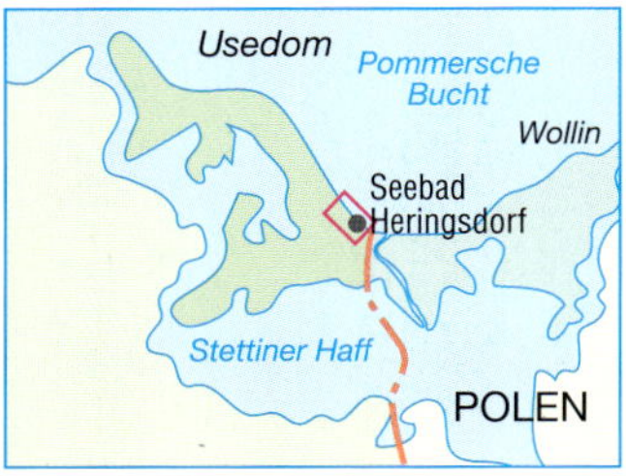

Die Seebäder Bansin, Heringsdorf und Ahlbeck sind mit rund 17 000 Gästebetten das touristische Zentrum von Usedom. Eine 8 km lange *Strandpromenade* verbindet die nahtlos zusammengewachsenen Orte. Nach der Wiedervereinigung zum Zweckverband **Kaiserbäder** zusammengeschlossen und seit 1997 als *Seeheilbäder* staatlich anerkannt, vereint das Trio feinste Sandstrände und attraktive Wellness-Oasen mit gepflegtem Kurbetrieb und kompetenten Rehabilitationskliniken auf nahezu perfekte Weise. **Bansin**, das kleinste der ›Kaiserlichen Drei‹ ist zugleich auch das ruhigste. Hier gibt es nicht nur viel Strand, attraktive Villen und Hotels, hier lädt auch das malerische *Hinterland* zu Wanderungen und Radtouren ein. In **Heringsdorf**, Usedoms altem und neuem Aushängeschild, ging es schon immer ein bisschen vornehmer zu als in den Nachbarorten, denn hier logierten die Mächtigen und Finanzkräftigen. Frisch herausgeputzt präsentiert sich das Seebad heute wie zu Kaisers Zeiten in wilhelminischem Prunk mit herrlicher Bäderarchitektur und mit Villen in opulenten Parks. Als Errungenschaft der Moderne ragt die neue eindrucksvolle 508 m lange *Seebrücke* ins Meer. **Ahlbeck**, der größte Badeort des Trios, glänzt dagegen mit dem einzigen original erhaltenen *Seebrückenpavillon* des 19. Jh. an der Ostseeküste. Das attraktive Erlebnisbad *Ostseetherme* macht es zugleich zu einem ganzjährigen Badeparadies.

1 Seebad Bansin

Plan hintere Umschlagklappe

Sieben-Seen-Blick – Bansin Dorf – Gothensee – Mümmelkensee

Aufstrebender Badeort mit reizvollem Hinterland.

Das *Seeheilbad* Bansin (2500 Einw.) an Usedoms 40 km langer Ostseeküste ist das kleinste der Kaiserbäder, doch es schickt sich an, eines der ganz Großen zu werden. Schmuck restaurierte Bädervillen verleihen dem Ort wilhelminisches Flair, beschaulich nimmt sich die Lage am kleinen Schloonsee aus. Im Unterschied zu den anderen Seebädern ging der Ort nicht aus einem Fischerdorf hervor, sondern wurde vor gut 100 Jahren als Ostseebad gegründet. ›Bansin bei Heringsdorf‹ nannte man es zunächst, doch schon bald hatte es der aufstrebende Ort nicht mehr nötig sich an den berühmten Nachbarn anzulehnen. Mit 93 000 Gästen (2003) steht es heute nach Heringsdorf und Zinnowitz als Ferienort an dritter Stelle. Ein neuer Stern der Bansiner Hotellerie wirft bereits seinen Schatten voraus. 2005 wird in bester Lage an der Strandpromenade ein Fünf-Sterne-Grandhotel der Kempinski-Gruppe eröffnen, mit luxuriösen Suiten, Wellness und Spa, Ladengalerie, Kino und Disco. Man darf schon jetzt darauf gespannt sein.

Geschichte Bansin entlehnte seinen Namen von der kleinen slawischen Siedlung *Banzino*, die 2 km landeinwärts am Gothensee lag. Bis zur Reformation stand der Bauernflecken, das heutige *Bansin Dorf* am Nordufer des Gothensees, unter der Oberhoheit der Klosterbrüder von Pudagla. Danach fiel das Land, zu dem auch ein Stück der Küste gehörte, an den wohlhabenden Großgrundbesitzer Labahn. Einer seiner Nachfahren beabsichtigte 1896 zusammen mit einigen Bauern und dem wohlhabenden Berliner Hühneraugenoperateur Emil Wichmann eine Badeanstalt zu errichten. Die Unternehmer mussten allerdings feststellen, dass das Land an der Ostsee bereits von Hugo Delbrücks *Aktiengesellschaft Seebad Heringsdorf* aufgekauft worden war, mit der

Seebadschönheiten wie an der Perlenschnur: Von der Bansiner Seebrücke bietet sich ein einladendes Panorama des hübschen Kaiserbades und seiner vornehmen Gründerzeitvillen

Absicht hier, wie schon in Ahlbeck und Heringsdorf, einen lukrativen Ferienort anzulegen. Die in einer Genossenschaft zusammengeschlossenen Bansiner ließen sich jedoch nicht von ihrem Vorhaben abbringen und kauften das Land zu einem völlig überteuerten Preis zurück. 1897 eröffnete man in zehn flugs gebauten Pensionen und Hotels die erste *Badesaison*.

In den Folgejahren entstanden zahlreiche exquisite Herbergen und Privatresidenzen im Stil der *Bäderarchitektur*. Und das kleine, eher abgeschiedene Seebad (diesen Titel erhielt es 1901) zog jede Menge gut betuchte Urlauber aus Adel und Großbürgertum an, selbst Kaiser Wilhelm II. mit Familie verbrachte hier geruhsame Tage am Meer. Zu den besonderen Privilegien des beliebten Bansin gehörte es, das es 1923 als erstes deutsches Seebad die *Freibadeerlaubnis* erhielt, sodass sich die vornehme Klientel fortan nicht mehr in Badekarren oder Badeanstalten drängen musste. Die Feriengäste genossen nicht nur das Meer, sie promenierten auch auf der Seebrücke, lauschten Kurkonzerten, spielten Tennis oder unternahmen Schiffsausflüge nach Rügen und Bornholm. Im Dritten Reich war Bansin nicht weniger exklusiv, nämlich parteilinientreu und bevorzugtes Feriendomizil von Nazigrößen.

In der Zeit nach dem Zweiten Weltkrieg waren die Bansiner Hotels überwiegend mit Flüchtlingen und Umsiedlern belegt. Mit der Wiederbelebung des Tourismus Anfang der 1950er-Jahre sprach die DDR-Propaganda von Bansin als dem Seebad der werktätigen Massen, tatsächlich wurden jedoch viele der schicken Gründerzeitvillen von SED-Funktionären und Stasi-Beamten in Beschlag genommen. Nach der Wiedervereinigung war man zunächst damit beschäftigt die verschlissene Hotellerie wieder auf Vordermann zu bringen. Heute strahlt die Bäderarchitektur Bansins wieder in der alten Pracht.

Besichtigung Ein Ortsbummel beginnt am besten an der neuen **Seebrücke** 1. Verglichen mit den Prestigebauten der Nachbarbäder nimmt sich der 1994 wieder errichtete 285 m lange Anleger ohne Pavillon und Restaurant recht schlicht aus. Doch vom Brückenkopf bietet sich ein herrlicher Blick auf den feinen **Sandstrand**, die größte Attraktion Bansins und im Sommer Tummelplatz zahlloser Badefans. Im **Haus des Gastes** 2 vor der Seebrücke ist die Kurverwaltung untergebracht, die ein breites Ferienprogramm anbietet – mit kulturellen Veranstaltungen, Bastelworkshops, Ortsführungen und Radtouren. Im Obergeschoss gibt es einen Leseraum und einen Saal für wechselnde Ausstellungen vornehmlich lokaler Künstler. Geht man die nette **Strandpromenade** 3 von hier Richtung Nordwesten, trifft man auf die für Bansin typischen *Fischerkaten*. In den einfachen Holzhäuschen offerieren Fischer ihren frisch zubereiteten Fang, z. B. leckere Fischbrötchen mit Bismarckhering oder Räucheraal. Wendet man sich auf der Strandpromenade nun wieder nach Süden, gelangt man zum **Musikpavillon** 4, einem hübschen 1930 errichteten Holzbau, der während der Saison im Sommer drei- bis viermal wöchentlich zu Kurkonzerten einlädt.

Über einen der Seitenwege wechselt man nun von der Strandpromenade in die parallel verlaufende **Bergstraße** 5 mit ihren prächtigen Villen im Stil der Usedomer Bäderarchitektur. Die *Villa Astrid* (Nr. 23) etwa wurde um 1908 als Haus Bucheck im klassizistischen Stil erbaut und im Treppenhaus mit Jugendstildekor ausgeschmückt. Nach dem Zweiten Weltkrieg wohnte hier Willy Richter, der Bruder des Literaten Hans Werner Richter (s. u.) und seines Zeichens Bürgermeister von Bansin. 2000 wurde das Haus aufwendig restauriert und beherbergt heute noble Ferienwohnungen.

Stilvolle Eleganz: Schmucke Bädervillen säumen die Bergstraße in Bansin

Nur ein paar Schritte sind es nun zur **Seestraße** 6, die landeinwärts Richtung Bahnhof verläuft. Die lebhafte Einkaufsmeile Bansins mit Modeboutiquen und Souvenirläden wird von etlichen hübsch herausgeputzten Bauten aus der Gründerzeit gesäumt, etwa der neoklassizistischen *Villa Glaeser* (Nr. 3) von 1900, die im Jahr 2000 zu einem eleganten Apartmenthaus umgebaut wurde, und dem von einem Eckturm gezierten *Hotel zur Post* (Nr. 5) von 1902, das heute eine gelungene Verbindung von modernen Architekturstandards und Gründerzeitcharme bietet.

In der kreuzenden Waldstraße erinnert das **Hans-Werner-Richter-Haus** 7 (Waldstr. 1, Tel. 03 83 78/4 78 01, Mi–Fr 11–13 und 15–18, Sa und So 14–17 Uhr) an den Schriftsteller Hans Werner Richter (1908–1993). Der gebürtige Bansiner, Sohn eines Fischers, wurde nach Krieg und Gefangenschaft in Berlin Mitbegründer und Leiter des Literaturzirkels ›Gruppe 47‹, zu der u. a. Günther Grass, Heinrich Böll und Ingeborg Bachmann gehörten. Wie die anderen, ungleich berühmteren Nachkriegsautoren verarbeitete Richter in seinen Werken Erlebnisse während des Dritten Reiches, ehrte aber auch seine Heimat mit Romanen wie ›Spuren im Sand‹ (1953), die auf Erinnerungen aus Kindheit und Jugend basieren. Im Erdgeschoss des früheren *Feuerwehrhauses* kann heute das originalgetreu nachgebaute und mit persönlichen Gegenständen ausgestattete *Arbeitszimmer* Richters besichtigt werden. Aus dem Nachlass des Autors werden Originalgrafiken von Günther Grass präsentiert. Im Obergeschoss haben Werke von Usedomer Künstlern wie Otto Manigk Platz gefunden.

Dem Œuvre eines weiteren in Usedom tätigen Malers begegnet man im **Gedenkatelier Rolf Werner** 8 (Seestr. 60, Tel. 03 83 78/2 92 28, Führungen tgl. 11 Uhr, Mai–Sept. auch Di, Do, Sa/So 14.30, 18 Uhr, Okt.–April auch Di, Do, Sa/So 14.30 Uhr). Das idyllische Haus mit Reetdach und Garten war das Tätigkeitsfeld des Leipziger Malers Rolf Werner (1916–1989), der von 1953 bis zu seinem Tod in Bansin lebte. Ausgestellt sind vornehm-

Quietschvergnügte Sommerlaune und Badelust ohne Ende – Strand von Bansin

lich kleinformatige Stillleben und farbenfrohe Landschaftsgemälde des Künstlers.

Auf dem Rückweg geht es nun über die links abzweigende Kirchstraße zur Goethestraße und zum **Tropenhaus Bansin** 9 (Goethestr. 10, Tel. 03 83 78/ 2 92 28, www.tropenhaus-bansin.de, April–Okt. tgl. 10–18 Uhr, Nov.–März bis 16 Uhr), das mit seinen etwa 150 Tieren einer der kleinsten Zoos der Welt ist. Neben Leguanen, Pythons und bunt gefiederten Papageien gehören die possierlichen Weißbüscheläffchen zu den Attraktionen des etwa 50 Arten umfassenden Tierhauses mit Streichelzoo. Die Anlage ist auch in botanischer Hinsicht interessant. In der tropisch-schwülen Halle wachsen Bananenstauden, Palmen und Drachenbäume. Angegliedert sind einige Ferienwohnungen.

Gegen Osten wird das Seebad Bansin vom **Schloonsee** 10 gerahmt, den man über Wald- und Bergstraße erreicht. Das von dichtem Grün gerahmte Gewässer trennt nur eine 200 m breite Landbrücke vom Meer. Hinter dem dichten Schilfgürtel liegen am Seeufer etliche Ferienhäuser versteckt, Refugien für Feriengäste, die Ruhe zu schätzen wissen.

Ausflüge

Bansin hat neben eleganten Seebadqualitäten auch das malerische Hinterland zu bieten. Den **Sieben-Seen-Blick** (40 m), Usedoms vielleicht schönsten Panoramahügel, erreicht man am besten zu Fuß vom Bahnhof Bansin aus in 20 Min. über die Benzer Chaussee in Richtung Süden. Beim Blick von der hölzernen *Aussichtskanzel* am Bergmühlenweg liegen dem Betrachter sieben Seen zu Füßen: im Westen Großer und Kleiner Krebssee, Schmollensee und Achterwasser, im Südosten Gothensee und Wolgastsee sowie der Kachliner See im Thurbruch.

TOP TIPP

Nahe vom Sieben-Seen-Blick liegt am Nordwestufer des Gothensees **Bansin Dorf**. Der kleine stille Weiler ist ein guter Ausgangspunkt für *Rad-* und *Wandertouren* rund um den **Gothensee.** Der mit 600 ha größte Binnensee Usedoms steht komplett unter Naturschutz. Er ist bedeutendes *Biotop* für Wasservögel, die in den schilfbestandenen Flachwasserzonen am Ufer ideale Nistplätze vorfinden. Im namengebenden Ort *Gothen* am Ostufer des Sees brütet jeden Sommer ein Weißstorchenpaar auf dem Dach einer Scheune. Der private *Storchenpark* von Herrn Eggebrecht verfügt über Infotafeln, auf denen über das Kommen und Gehen der Vögel mit der großen Klappe und auch über den groß gezogenen Nachwuchs Buch geführt wird.

Ein weiterer reizvoller *Wanderweg* führt vom Bahnhof Bansin über den Fischerweg nach Nordwesten zum stark verlandeten **Mümmelkensee**. Der von einem urtümlichen Hochmoor mit Wollgraswiesen umgebene eiszeitliche Restsee entlehnte seinen Namen den gelb blühenden *Teichrosen* (Mummeln). Er ist als Naturschutzgebiet ausgewiesen und durch einen markierten *Naturlehrpfad* erschlossen. Das botanische Highlight ist der *Sonnentau,* eine Fleisch fressende Pflanze, die mit ihren Klebefallen Insekten anlockt und im Laufe eines Sommers bis zu 2000 Beutetiere fängt. Der Pfad führt als Rundkurs weiter über den *Langen Berg* (54 m) und dann nach Bansin zurück. Das mit Kiefern und Lärchen bewaldete Hochufer am Berg bietet einen eindrucksvollen Panoramablick auf die Pommersche Bucht, bei guter Sicht sieht man sogar die Nachbarinseln Wollin und Rügen.

Praktische Hinweise

Information: Tourist-Information, An der Seebrücke, Bansin, Tel. 03 83 78/4 70 50, Fax 47 05 15, www.drei-kaiserbaeder.de

Bahn

Usedomer Bäderbahn (UBB), Tel. 03 83 78/2 71 32, www.ubb-online.com. Ab dem Bahnhof an der Ahlbecker Chaussee alle 30 Minuten (im Winterhalbjahr stündlich) Verbindung mit Ahlbeck und Zinnowitz.

Adebars Revier: Gothens Weißstorche kehren jedes Jahr zu ihrem Nistplatz zurück

Schiff

Adler-Schiffe, Tel. 03 83 78/4 77 90, www.adler-schiffe.de. Ab der Seebrücke verkehren die Fahrgastschiffe nach Ahlbeck, Zinnowitz und ins polnische Swinemünde.

Nachtleben

Atlantic Pub, im Strandhotel Atlantic, Strandpromenade 18 (Eingang Bergstr.), Bansin, Tel. 03 83 78/6 06 50. Die gemütliche Bar mit maritimem Dekor ist der beliebteste Treff für Nachtschwärmer auf der Insel. Hier stehen 24 Biersorten aus aller Welt zur Auswahl. Am Wochenende gibt es meist Livemusik, ansonsten kann man kegeln oder eine Partie Billard spielen.

Hotels

*** **Hotel zur Post**, Seestr. 5, Bansin, Tel. 03 83 78/5 60, Fax 5 62 20, www.hotel-zur-post-usedom.de. In dem familiär geführten Haus wohnt man wahlweise in heimeligen Gründerzeitzimmern oder im modernen Anbau. Es gibt einen Wellnessbereich mit Sauna, Dampfbad und Solarium. Angeschlossen ist die Brasserie Banzino (s. u.).

*** **Strandhotel Atlantic**, Strandpromenade 18, Bansin, Tel. 03 83 78/6 05, Fax 6 06 00, www.seetel.de. Das kleine Verwöhnhotel mit 26 elegant möblierten Zimmern ist ein Schmuckstück aus der wilhelminischen Epoche. Die Bäder glänzen mit Marmor, die Zimmer sind mit Seidentapeten ausgeschlagen, haben aber auch Modem- und Faxanschluss. Im feinen Restaurant baumeln Kristalllüster von der Decke, die kreative Gourmetküche ist mediterran inspiriert. Sehr hübsch und wohltuend ist auch das römische Dampfbad.

** **Ökologische Ferienanlage am Schloonsee**, Am Schloonsee 1, Bansin, Tel. 03 83 78/23 10, Fax 2 11 14, www.ufer-boehm.de. Das autofreie Feriendorf im Kiefernwald direkt am See besteht aus 29 Holzhäusern im Norwegerstil mit Platz für max. fünf Personen. Baustoffe und Wohnungsausstattung wurden nach ökologischen Kriterien ausgewählt. Ideal für den Familienurlaub, ein Spielplatz ist vorhanden, zum Strand sind es 700 m.

** **Pension Elsbeth**, Waldstr. 31, Bansin, Tel. 03 83 78/2 92 31, www.ostseeweb.com. Die Frühstücks-

Postmodernes Wahrzeichen: Die Heringsdorfer Seebrücke mit ihrem pyramidenförmigen Pavillon ist mit 508 m die längste auf dem europäischen Kontinent

pension war in den 1930er-Jahren ein Kinderheim und gehört nach Modernisierung zu den preiswerteren Häusern im Ort. Es liegt zwar in der zweiten Reihe, doch nur 100 m vom Strand entfernt.

Restaurants

Bansiner Bootshaus, im Hotel Buchenpark, Seestr. 83 (Eingang Waldstr.), Bansin, Tel. 03 83 78/2 29 58. Spezialitäten des neuen Lokals sind das Fischfondue und der pikante Fischfeuertopf. Es gibt aber auch etliche Steak-Varianten. Mit Klönbar und Tanz am Wochenende.

Brasserie Banzino, im Hotel zur Post, Seestr. 5, Bansin, Tel. 03 83 78/5 60. Neben guter heimischer Fischküche aus der Peene (Kutterscholle), dem Bodden (Zander) und der Ostsee (Wildlachs) gibt es auch gute Fleischgerichte, etwa den schwäbischen Zwiebelrostbraten mit Spätzle.

La Posada, Strandpromenade 33, Bansin, Tel. 03 83 78/6 08 60. Guter Mexikaner 75 m nördlich der Seebrücke,. Es gibt Tacos, Burritos, Enchilladas und andere mittelamerikanische Spezialitäten. Der Tipp fürs Dessert: Baby-Ananas mit Eiscreme.

Plonsky, im Promenadenhotel Admiral, Strandpromenade 36/37, Tel. 03 83 78/ 66 15 66. Das Panoramalokal serviert leichte gehobene Küche. Raffiniert zubereitet ist der Ostseefisch, ausgefallen das Kürbiseis.

Café

Café Asgard, Strandpromenade 15, Bansin, Tel. 03 83 78/2 94 88. Das Traditionscafé von 1898 atmet noch ganz das Flair der Kaiserzeit. Zu Kuchen und Torten wird eine große Auswahl an Kaffee-, Tee- und Schokoladenvariationen geboten. Spezialität des Hauses ist der *Göttertrunk*, ein Tässchen Café mit einem Schuss Honiglikör (Mo geschl.).

2 Seebad Heringsdorf

Plan hintere Umschlagklappe

Größtes und mondänstes Usedomer Seebad mit neuem Chic vor wilheminischer Kulisse.

Der nicht gerade schmeichelhafte Allerweltsname ist reines Understatement: Das *Seeheilbad* Heringsdorf (3500 Einw.) war schon immer die mondänste Badeperle Usedoms. In dem von großzügigen Grünzonen aufgelockerten weitläufigen Villenort zwischen Bansin und Ahlbeck trafen sich zu Kaisers Zeiten (1871–1918) der Adel und das wohlhabende Bürgertum ebenso wie Künstler und Intellektuelle, etwa Lyonel Feininger, Maxim Gorki oder die Brüder Heinrich und Thomas Mann. In den schicken Gründerzeitvillen entlang der Promenade hat nach der Rundumerneuerung wieder die alte Noblesse Einzug gehalten. Der elegante Kursaal, die Spielbank und Events wie das zweimal jährlich veranstaltete Modespektakel *Heringsdorf goes Fashion* machen das Seebad zugleich zum *kulturellen* Mittelpunkt der Kaiserlichen Drei. Auf eine kurze Formel gebracht: Heringsdorf ist en vogue, chic und – teuer! Und natürlich gibt es auch einen schönen *Strand* vor der Haustür – bis zu 70 m breit und 3 km lang und während der Badesaison mit Tausenden von Strandkörben bestückt. Die schmucke *Strandpromenade* verbindet den Ort mit Bansin im Norden und mit Ahlbeck im Süden.

Geschichte Die Anfänge von Heringsdorf sind eng mit dem Namen *Georg Bernhard von Bülow* († 1854) verknüpft. Der preußische Oberforstmeister erwarb

Griechisch-römisch inspiriert: Die Villa Oechsler ist eines der schönsten Beispiele wilhelminischer Bäderarchitektur in Heringsdorf

1817 den Gutsbesitz Gothen, zu dem auch ein Stück Ostseestrand auf der Höhe des heutigen Seebades gehörte. Von Bülow brachte zunächst eine Hand voll Fischerfamilien auf sein neues Land. Sie bauten einfache Katen und ein paar *Salzhütten*, in denen der Fisch konserviert wurde. 1820 erhielt der Forstmeister hohen Besuch von *König Friedrich Wilhelm III.* und seinen beiden Söhnen. Auf die Frage des Königs wie die bis dato namenlose Siedlung denn nun heißen solle, antwortete der junge Kronprinz Wilhelm (der spätere Kaiser Wilhelm I.) spontan: *Heringsdorf* – sein Blick fiel dabei wohl gerade auf ein paar Fässer mit eingesalzenem Hering. Angeregt durch den einsetzenden Bäderbetrieb im nahe gelegenen Swinemünde eröffnete der gutbetuchte Förster 1824 die *Bülow'sche Badeanstalt* und ließ auf dem Kulmhügel oberhalb vom Strand ein schickes Landhaus, das *Weiße Schloss* (heute Hotel), errichten. Heringsdorf avancierte alsbald zur Sommerfrische des Adels, der hochrangigen Offiziere und Beamten. Und weil das deutsche Kaiserhaus nach dem ersten Besuch bei den Fischern ›seinem‹ Heringsdorf die Treue hielt, wurde es auch *Kaiserbad* genannt.

Den eigentlichen Aufstieg zum Weltbad verdankt Heringsdorf dem wohlhabenden Geheimrat *Hugo Delbrück* (1825–1900). Der Rechtsanwalt und spätere Direktor der Züllchower Zementwerke rief 1872 die *Aktiengesellschaft Seebad Heringsdorf* ins Leben. Die AG erwarb von den Bülow'schen Erben den kompletten Strandabschnitt inklusive des bewaldeten Hinterlandes. 1873 wurde am Kurplatz das *Hotel Kaiserhof Atlantic* errichtet, das später unter der Regie der Kempinski-Gruppe Maßstäbe für die exklusive Heringsdorfer Hotellerie setzen sollte. Ab 1893 konnten die Gäste des Luxusbades auch auf der eleganten *Kaiser-Wilhelm-Seebrücke* flanieren. Als weitere Attraktion ließ Delbrücks Sohn Viktor (1862–1907) 1905 auf dem Präsidentenberg die *Bismarck-Warte* errichten, einen 91 m hohen Ziegelturm, von dem man über die ganze Insel bis nach Rügen und zum Stettiner Haff sehen konnte.

Nach dem Einbruch des Tourismus im Ersten Weltkrieg avancierte Heringsdorf während der Weimarer Republik wieder zum Treffpunkt der Hautevolee. Auch die jüdische Hochfinanz ließ sich in gediegenen Sommervillen nieder. Derweil musste die AG der Delbrücks 1921 wegen der

Inflation ihren Besitz verkaufen, nun wurden die Bewohner selbst Eigentümer der gewinnbringenden Heringsdorfer Immobilien. Und an ehrgeizigen Projekten war zu keiner Zeit Mangel: So wollte Heringsdorf nicht nur Seebad, sondern zugleich *Kurbad* sein. Schon 1892 und 1909 hatte man bei Tiefenbohrungen *jodhaltige Sole* zu Tage gefördert, doch diese Quellen waren bald wieder versiegt. Den Durchbruch brachte 1929/30 eine Bohrung bis in 408 m Tiefe. Eine Rohrleitung transportierte fortan das Solewasser in das Warmbad (nicht erhalten), das für heilkräftige Bäder und Inhalationen genutzt wurde.

Nach der Machtübernahme 1933 kam es selbst im zuvor so toleranten Seebad Heringsdorf zur Enteignung der jüdischen Einwohner, ihre Villen und Gästehäuser wurden von den Nazis in Besitz genommen. Auch nach dem Zweiten Weltkrieg kam es zu Umwälzungen, so sprengte die Sowjetarmee die Bismarck-Warte und etliche Häuser wurden zu Sanatorien für die Rotarmisten umfunktioniert. Ferner errichteten sie 1948 das gigantisch-strenge *Kulturhaus* (heute Forum Usedom) im Zentrum des Seebades. Während der DDR-Ära übernahm der Feriendienst des Freien Deutschen Gewerkschaftsbunds (FDGB) die Regie über den Ort und quartierte *SED-Funktionäre* in die noblen Villen ein. Für so manches Objekt stellte sich der Unterhalt jedoch als zu kostspielig heraus, so wurde 1979 das baufällig gewordene Hotel Kaiserhof Atlantic abgerissen und die Lücke mit den monströsen Hochhäusern des FDGB-Kurheims (heute Kurhotel) gefüllt. Doch dann, mit der Wiedervereinigung, kam neuer Schwung in den Badeort. Der größte Teil der über 100 herrlichen Villen wurde nun unter Denkmalschutz gestellt und binnen eines Jahrzehnts sorgfältig restauriert. Inzwischen ist Heringsdorf mit 165 000 Gästen (2003) das mit Abstand bedeutendste Seebad Usedoms.

Rund um die Seebrücke

Das Wahrzeichen von Heringsdorf zieht sich weit ins Meer hinaus: Mit 508 m ist die 1995 ihrer Bestimmung übergebene **Seebrücke** 1 heute die längste auf dem europäischen Kontinent. Doch bis auf ihre Ausmaße hat sie nichts mit ihrem Vorgängerbau, der hölzernen Kaiser-Wilhelm-Brücke (1893) gemein, die 1958 zerstört wurde. Die neue Brücke ruht auf mit Sand gefüllten Stahlsäulen, die 6 m tief im Meeresgrund verankert sind. Sie ist überdacht, sodass man auch bei Regen trockenen Fußes zum Brückenkopf mit Anlegestelle flanieren kann. Dort steht ein Pavillon in Form einer *Pyramide*, der verglaste Rundbau um den Pyramidensockel lockt mit dem noblen Gourmetrestaurant *Käpt'n N* [s. S. 31]. Im landseitigen Gebäudekomplex der Seebrücke haben eine Ladenpassage, ein Kino und 19 exklusive Ferienwohnungen Platz gefunden. Das ebenfalls hier ansässige *Muschelmuseum* (Mai–Sept. 9–20 Uhr, Okt.–April 10–16 Uhr) zeigt rund 3000 maritime Exponate, neben Muscheln in allen Formen und Größen auch Bernstein und Korallen. Der Stolz der Sammlung ist eine 75 cm lange und 95 kg schwere *Riesenmuschel* (Tridacna gigas), im Volksmund Mördermuschel genannt. Im Geschoss unter der Ladenpassage zeigt das *Wachsfigurenkabinett* (Mo–So 10–21 Uhr) ca. 50 Berühmtheiten aus Geschichte, Kultur und Showbusiness, etwa Erich Honecker und Wladimir Putin, Marlene Dietrich und Michael Jackson. Auf dem Platz vor der Seebrücke steht seit 1995 der leise plätschernde *Kugelbrunnen*. Die 2,5 t schwere massive Granitkugel scheint sich spielerisch-leicht auf dem nur Millimeter dünnen Wasserfilm zu drehen.

Junge Meeresforscher willkommen: Muschelmuseum im Pavillon auf der Seebrücke

Die moderne Heringsdorfer Konzertmuschel lädt zu entspanntem Musikgenuss

Vis-à-vis vom Eingang zur Seebrücke erhebt sich am Kurplatz, an der Stelle des 1979 abgerissenen Luxushotels Kaiserhof Atlantic, das **Kurhotel** 2 mit seinen beiden durch einen Flachbau verbundenen Hochhäusern. Der in bester Strandlage errichtete gesichtslose 1200-Betten-Komplex war einst Kurzentrum für DDR-Parteifunktionäre. Das heute modernisierte, doch nach wie vor eher triste Hotel bietet auch ambulante Badekuren und physiotherapeutische Leistungen an. Nordwestlich von der Seebrücke liegt unweit der neuen **Konzertmuschel** 3, die einen Vorgängerbau von 1929 ersetzt, das **Forum Usedom** 4. Das kulturelle Zentrum Heringsdorfs (und der anderen Kaiserbäder) steht an der Stelle des im Jahr 1946 abgebrannten großen *Strandcasinos*. Dieses wurde 1948 unter den Sowjets durch das große neoklassizistische *Kulturhaus* ersetzt, welches wiederum in den 1990er-Jahren zum Forum-Komplex ausgebaut wurde. Im Giebel der tempelartigen Vorhalle ist das Relief ›Tanzendes Paar mit Musikanten‹ der Stralsunder Bildhauerin Karla Luise Friedel bemerkenswert. Zu der Anlage gehört der aus der Erbauungszeit des Kulturhauses stammende *Kursaal* (700 Plätze), in dem neben Shows und Revuen alljährlich im Herbst das Eröffnungskonzert des *Usedomer Musikfestivals* stattfindet. Ferner gibt es hier das Maritim Hotel Kaiserhof, die Kurverwaltung und die 1998 eröffnete **Spielbank** 5 [s. S. 29], die nicht nur Roulette sondern auch ein Restaurant in stilvollem Ambiente bietet.

Folgt man der Strandpromenade noch ein Stück weiter nach Norden, erreicht man den **Kunstpavillon** 6 (Tel. 03 83 78/ 2 28 77, Di–So 14–18 Uhr). In dem verglasten Rundbau von 1973 werden Wechselausstellungen mit Werken meist einheimischer Künstler präsentiert.

Kultureller Mittelpunkt: Das in den 1990er-Jahren neu gestaltete Forum Usedom ist Veranstaltungsort für Shows, Konzerte, Revuen sowie das alljährliche Usedomer Musikfestival

Nobles Domizil: Die 1880 im palladianischen Stil erbaute Villa Oppenheim diente dem Maler Lyonel Feininger und seiner Familie einige Jahre als sommerliche Ferienresidenz

Von der Seebrücke über die Strandpromenade Richtung Südosten gelangt man zur **Volkssternwarte Manfred von Ardenne** 7 (Tel. 03 83 78/47 16 50, www.sternwarte-usedom.de, aktuelle Infos über Führungen – nur bei klarem Himmel). Das kleine Observatorium wurde dem Seebad von dem bedeutenden Physiker und Erfinder *Manfred Baron von Ardenne* (1907–1997) gestiftet, der trotz seiner umfangreichen Forschungen im Bereich Radar-, Elektronen- und Atomphysik Zeit fand, in Heringsdorf Urlaub zu machen und sich hier seinem Hobby, der Astronomie, zu widmen. Zur Beobachtung der Himmelskörper steht das Spiegelteleskop von 1925 aus seinem Besitz zur Verfügung, das sich bis heute durch präzise Abbildungsgüte auszeichnet.

Neben der Sternwarte werden im **Theaterzelt Chapeau Rouge** 8 [s. S. 30] jeden Sommer Theaterstücke, Komödien, Kabarett und ein buntes Kinderprogramm mit Puppenspiel und Märchen geboten.

Der **Bahnhof Seebad Heringsdorf** 9 von 1894 gilt als der kleinste Kopfbahnhof Deutschlands. Wer mit der Usedomer Bäderbahn anreist, wird bemerken, dass die Trasse von Bansin aus in weitem Bogen nach Heringsdorf führt – etliche Villengrundstücke reicher Neu-Heringsdorfer verhinderten die direkte Streckenführung. Im Bahnhof, einem reizvollen jüngst restaurierten Backsteinbau, sind das historisches Bahnhofsrestaurant und die Zimmervermittlung von Interesse.

TOP TIPP Wilhelminische Bäderarchitektur

In der nach dem ›Seebad-Pionier‹ Hugo Delbrück benannten Delbrückstraße stehen einige der gefälligsten Exemplare der Usedomer Bäderarchitektur. Die **Villa Oechsler** 10 (Nr. 5), nur wenige Schritte hinter dem Kurhotel, war einst Sommersitz des jüdischen Barons Oechsler. Das neoklassizistische Gebäude von 1883 zeichnet sich durch einen eleganten Portikus aus, in dessen Giebel das kostbar schimmernde Glasmosaik ›Badende Grazien‹ des Venezianers Antonio Salviati (1816–1890) prangt. Solcher Schmuck passt gut zu dem heute hier beheimateten Modegeschäft *Maison Vogue* [s. S. 29].

In der **Villa Staudt** 11 (Nr. 6) schräg gegenüber, einer opulenten Residenz (1873) mit Walmdach, Eckturm, Erkern, luftigen Balkonen und elegantem Dekor, pflegte Kaiser Wilhelm II. bei seinen Heringsdorfer Besuchen mit der Witwe des Konsuls Staudt Tee zu trinken. Inzwischen wurde auch diese Gründerzeitvilla, wie so viele andere, zu einem exklusiven Apartmenthaus umgebaut. Auf der Promenade davor erinnert ein auf einem Findling angebrachtes Bronzemedaillon an Hugo Delbrück.

Die **Villa Oppenheim** 12 (Nr. 10) ist mit ihrer zweigeschossigen Säulenfront sichtlich von der Architektur Palladios geprägt. Das Anwesen entstand um 1880, in den Sommermonaten 1909–12 logierte hier der deutsch-amerikanische Maler

Lyonel Feininger [s. S. 58]. Die benachbarte **Residenz Bleichröder** 13 (Nr. 14), auch Villa Diana genannt, war Sommersitz des Bankiersohns Hans von Bleichröder. Der repräsentative Bau von 1890 mit seiner neobarocken Fassade hat schlossartigen Charakter. Nach der Enteignung der jüdischen Bankiersfamilie 1938 diente die Villa als Gästequartier für Reichsmarschall Hermann Göring. Wer heute in den gediegenen Räumen des frisch restaurierten *Hotels* [s. S. 30] logiert, wird sich nur an die guten alten Zeiten erinnert fühlen.

Am südöstlichen Ende der Delbrückstraße erzählt das **Museum am Schmiedehaus** 14 (Nr. 30, Mai Fr–So 15–18, Juni–Sept. Di–Sa 15–18 Uhr) über Ursprünge und Entwicklung des Seebades. Träger der kleinen Ausstellung mit historischen Ortsansichten und Dokumenten ist die *Historische Gesellschaft zu Seebad Heringsdorf*, die auch Vorträge zur Ortsgeschichte organisiert.

Die Keimzelle von Heringsdorf liegt im Westen auf dem *Kulm*, einer einstmals gänzlich bewaldeten Anhöhe über dem Strand. Dort ließ Oberforstmeister von Bülow 1825 als erste Villa im Ort das **Weiße Schloss** 15 (Rudolf-Breitscheid-Str. 3) errichten. Für die Planung engagierte er keinen Geringeren als den Berliner Baumeister *Karl Friedrich Schinkel*, der ein großzügiges Logierhaus im klassizistischen Stil entwarf. Das in einem Park gelegene Anwesen beherbergte im Lauf seiner Geschichte eine illustre Gästeschar, angefangen von Kronprinzessin Viktoria von Preußen mit ihrem Sohn Prinz Wilhelm, dem späteren Kaiser Wilhelm II. bis hin zum Literaten Kurt Tucholsky, der Anfang der 1920er-Jahre hier zweimal seine Ferien verbrachte. In DDR-Zeiten stand das Gebäude in Diensten der Kreisparteischule der SED, heutzutage fungiert es als Hotel [s. S. 30] .

Den höchsten Punkt auf dem Kulm nimmt die **Heringsdorfer Kirche** 16 von 1848 ein. Das Startkapital für den Bau brachte eine Sammelaktion samt einer Spende von König Friedrich Wilhelm IV. zusammen, zunächst genug für eine von einem schlanken Nordturm flankierte einschiffige neogotische Backsteinkirche, die auf einem Sockel aus Feldsteinen ruht. Die Pläne dazu lieferte der preußische Hofbaurat und Schinkel-Schüler *Ludwig Persius*. 1914 erweiterte man den auch *Kirche im Walde* genannten Bau um zwei Seitenschiffe und einen neogotischen Arkadengang. Bemerkenswert im *Inneren* ist die von filigranen Pfeilern getragene Flachdecke. Die *Orgel* stammt aus der Werkstatt des Stettiner Orgelbauers Friedrich Kaltschmidt (1812 –1896). Sie wurde 1851 von Carl Loewe, dem Komponisten des ›Erlkönigs‹ eingeweiht.

Unterhalb der Kirche finden sich weitere hübsche Gebäude, etwa die in einem

Wohn- und Schlafstätte für einen Monat: Das im Originalzustand erhaltene Arabische Zimmer der Villa Irmgard erinnert an den Aufenthalt Maxim Gorkis 1922 in Heringsdorf

wunderbaren Garten gelegene **Villa Fontane** 17 (Kulmstr. 25), in der Theodor Fontane im Sommer 1863 ein paar Ferientage verlebte. Am Ortsende in Richtung Bansin steht unweit der Strandpromenade die **Villa Irmgard** 18 (Maxim-Gorki-Str. 13). In dem hübschen Jugendstilhaus von 1907 hielt sich im September 1922 der russische Dichter *Maxim Gorki* (1868–1939) auf, um ein Lungenleiden auszukurieren. Heute ist hier das *Museum für Literatur- und Regionalgeschichte* (Tel. 03 83 78/2 23 61, Mai–Sept. Di–So 10–18 Uhr, Okt.–April Di–So 12–16 Uhr) beheimatet. Am Tage seiner Abreise notierte Gorki den Satz ins Gästebuch: »Und dennoch und trotz alledem werden die Menschen eines Tages wie Brüder leben«. Das Gästebuch ist auf dem Schreibtisch in seinem einstigen *Arbeitszimmer* einsehbar. Dort schrieb er an seinem autobiografischen Roman ›Meine Universitäten‹. Im Rahmen des Museumsbesuchs ist auch das im Stil von Tausendundeinenacht eingerichtete *Arabische Zimmer* zugänglich, in dem der Literat nächtigte. Anhand von Fotografien und Dokumenten informiert die Sammlung außerdem über andere prominente Gäste des Seebades, darunter Johann Strauß, Heinrich Mann und den russischen Opernsänger Fjodor Schaljapin.

i Praktische Hinweise

Information: Tourist-Information, Kulmstr. 33, Heringsdorf, Tel. 03 83 78/24 51, Fax 24 54, www.drei-kaiserbaeder.de. – Zentrale Zimmervermittlung, im Bahnhof, Tel. 0 18 05/58 37 83, Fax 03 83 78/47 71 18, zimmervermittlung@drei-kaiserbaeder.de

Bahn

Usedomer Bäderbahn, Am Bahnhof 1, Heringsdorf, Tel. 03 83 78/2 71 32, www.ubb-online.com

Schiff

Adler-Schiffe, Seebrücke, Heringsdorf, Tel. 03 83 78/4 77 90, www.adler-schiffe.de. Fahrten zu den anderen Kaiserbädern sowie nach Swinemünde (ganzjährig). Von April bis Okt. Tagesfahrten nach Rügen und Bornholm.

Einkaufen

TOP TIPP **Heringsdorfer Ambiente**, Brunnenstr. 10, Heringsdorf, Tel. 03 83 78/3 35 59, www.heringsdorfer-ambiente.de. Der

Souvenir zum Sitzen: Heringsdorfer Ambiente fertigt Strandkörbe für jeden Geschmack

Traditionsbetrieb stellt seit 1925 Strandkörbe her, die zur Ostsee gehören wie Sand und Wasser, sich aber auch sehr gut im eigenen Garten machen. Der Klassiker der Firma ist ein Korb mit geschwungenen Seiten und rundlicher Haubenform. Er kann nach individuellen Wünschen gestaltet werden, wobei verschiedene Materialien, Farben und Stoffdesigns zur Auswahl stehen. Als Special gibt es Ausführungen mit Bistrotisch, Lektüretasche, Nackenrolle und verstellbaren Fußstützen. Jeden Donnerstag um 10 Uhr findet im Werk am Waldbühnenweg (Tel. 03 83 78/46 50 50) eine einstündige Führung statt.

TOP TIPP **Lutter & Wegner**, Kulmstr. 3, Heringsdorf, Tel. 03 83 78/2 21 25. Die Dependance des Berliner Gastronomie- und Feinkostbetriebs offeriert rund 300 erlesene Weine sowie verlockende Käse- und Wurstspezialitäten. Im Bistro kommen eher Klassiker auf den Tisch, die Renner sind das Wiener Schnitzel mit lauwarmem Kartoffelsalat oder der Kaiserschmarrn mit Zwetschgen und Vanilleeis.

Maison Vogue, Delbrückstr. 5, Heringsdorf, Tel. 03 83 78/2 27 10. Die Edelboutique bietet im stilvollen Rahmen der klassizistischen Villa Oechsler teure Haute Couture und Accessoires renommierter Modedesigner (Bogner, Escada etc.).

Nachtleben

Spielbank Heringsdorf, im Forum Usedom, Strandpromenade, Heringsdorf, Tel. 03 83 78/2 28 18, www.ostsee-spielbanken.de. Gespielt wird American Roulette und Black Jack, daneben kann man an 80 Automaten sein Glück versuchen. Kein Krawattenzwang (tgl. 18–2, Fr/Sa 18–3 Uhr).

Theaterzelt Chapeau Rouge, Strandpromenade, Heringsdorf, Tel. 03 83 78/2 91 71, www.chapeau-rouge.de. Im Zelt der Vorpommerschen Landesbühne Anklam wird von Ende Mai bis Mitte September ein abwechslungsreiches Theater- und Unterhaltungsprogramm geboten.

Pianobar, im Maritim Hotel Kaiserhof, Strandpromenade, Heringsdorf, Tel. 03 83 78/6 50. Elegante Bar mit Livemusik ab 21 Uhr. Unter den rund 50 exotischen Cocktailvariationen gibt es auch einige ohne Alkohol.

Hotels

*** **Hotel Oasis**, Puschkinstr. 10, Heringsdorf, Tel. 03 83 78/26 50, Fax 2 65 99, www.hotel-oasis.de. Die elegante Jugendstilvilla thront wie ein kleines Schloss an der Strandpromenade. 18 helle und edel eingerichtete Doppelzimmer atmen nobles Flair. Zum Anwesen gehören ein 10 km^2 großer Park und ein erstklassiges Restaurant.

*** **Pommerscher Hof**, Seestr. 41, Heringsdorf, Tel. 03 83 78/6 10, Fax 6 11 00, www.seetel.de. Ein solides Drei-Sterne-Haus in zentraler Lage nahe Strand und Seebrücke. Hübsch ist das Wintergarten-Restaurant, nagelneu das Hallenbad mit 1000 m^2 großem Wellnessbereich in der unter gleicher Leitung stehenden benachbarten *Ostseeresidenz*.

Strahlender Empfang für Glücksritter: die Spielbank Heringsdorf im Abendkleid

*** **Residenz Bleichröder**, Delbrückstr. 14, Heringsdorf, Tel. 03 83 78/36 20, Fax 3 62 20, www.residenz-bleichroeder.com. Die neobarocke Prachtvilla glänzt mit einem Stuck verzierten Salon und heimeligem Kaminzimmer. Die elf Doppelzimmer, zwei Suiten und vier Apartments sind mit antikem Mobiliar eingerichtet, die Bäder mit Marmor ausgelegt. Ein historischer Rosengarten umgibt die Villa. Hinzu kommen Hallenbad, Sauna und Tiefgarage.

*** **Villa Augusta**, Delbrückstr. 17, Heringsdorf, Tel. 03 83 78/4 71 60, Fax 47 16 49, www.villaaugusta.de. Stilvolles Haus mit familiärer Note und behaglichem Kaminzimmer. Einige der 23 Zimmer besitzten eine Terrasse. Im Wintergarten wird das Frühstücksbuffet angerichtet. Die kleine Wellness-Oase bietet Sauna, Massage und Beautysalon.

*** **Weißes Schloss**, Rudolf-Breitscheid-Str. 3, Heringsdorf, Tel. 03 83 78/3 19 84, Fax 3 19 85. www.usedom.com/urlaub. Der Name ist Programm: Seit der Wiedereröffnung 2002 strahlt die Schinkel-Villa wieder sahneweiß auf dem Kulmhügel. Einige der Zimmer und Apartments haben einen hübschen kleinen Salon, von manchen kann man durch die alten Buchen das Meer sehen. Im Sommer mit großem Terrassen-Café.

** **Pension Erdmann**, Rudolf-Breitscheid-Str. 7, Heringsdorf, Tel. 03 83 78/3 16 78, Fax 2 22 81, www.pension-erdmann.de. Die kleine Frühstückspension mit einfachen Einzel- und Doppelzimmern ist eine der preiswertesten Übernachtungsmöglichkeiten des Seebades. Dem Haus ist ein Wassersportzentrum angeschlossen, zum Strand sind es 500 m.

Jugendherberge

Jugendherberge Heringsdorf, Puschkinstr. 7, Heringsdorf, Tel. 03 83 78/2 23 25, Fax 3 23 01, www.jh-heringsdorf.de. Eine der schönsten Jugendherbergen der Republik! Es stehen vier Häuser mit insgesamt 167 Betten zur Verfügung, besonders romantisch wohnt es sich im (Fachwerk-) Haus Nr. 1. Auch die Strandlage ist erstklassig.

Restaurants

Des Kaisers Pavillon, Brunnenstr. 1, Heringsdorf, Tel. 03 83 78/2 27 45. Das historische Restaurant von 1911 befindet

Der famose Ausblick ist inklusive: Im Gourmetrestaurant Käpt'n N und dem angeschlossenen Lokal Nauticus auf der Heringsdorfer Seebrücke speist es sich wahrlich maritim

sich in einem nachgebauten Jugenstilhaus und glänzt innen durch verspieltes Holzdekor. Sicherlich nicht die ganz große Küche, dafür bodenständig und bezahlbar. Recht ordentlich ist das Heilbuttsteak mit Waldpilzen und Butterkartoffeln.

Hp 2, Am Bahnhof 1, Heringsdorf, Tel. 03 83 78/8 05 05. In nostalgischer Bahnhofsatmosphäre werden günstige Tagesgerichte aufgetischt. Eigentlich mehr Kneipe als Restaurant, am Wochenende gibt es Live Jazz, Blues oder einfach nur einen Oldie-Abend.

TOP TIPP **Käpt'n N**, Seebrücke 1, Heringsdorf, Tel. 03 83 78/2 88 17, ab 18 Uhr. Die außergewöhnliche Lage an der Spitze der Seebrücke spricht auch für die Qualität der gebotenen Speisen – für Gourmets ist das Lokal eine der besten Adresse der Insel. In maritimem Dekor mit klassischer Musikuntermalung zelebriert Koch Marcus Lübke eine französisch inspirierte Feinschmeckerküche. Spezialitäten sind etwa der Strudel von Flusskrebsen oder Nemo's Fischplatte auf Champagnerschaum. Zum Sonnenuntergang der beste Platz im Ort! Wer es nicht ganz so teuer mag, findet tagsüber im angeschlossenen *Nauticus* guten Fisch oder einfach nur ein Kännchen Kaffee mit einem Stück Schwedischer Mandeltorte.

TOP TIPP **Kräuterstuben**, im Hotel Oasis, Puschkinstr. 10, Heringsdorf, Tel. 03 83 78/26 50. Die elegante stuckverzierte Jugendstilvilla stellt den Rahmen für einen gelungenen Abend. Von der Karte zu empfehlen sind Edelfisch und Wildgerichte. Regelmäßig gibt es Schwäbische Wochen – Chefkoch Wolfgang Maihöfer kommt aus dem Ländle und verdiente sich seine Sporen im Baiersbronner Sternelokal Schwarzwaldstube. Klassiker ist der Schwabenteller mit Dreierlei Medaillons auf hausgemachten Spätzle mit Champignonrahmsauce.

Kulm-Eck, Kulmstr. 17, Heringsdorf, Tel. 03 83 78/2 25 60. Ein Lokal im Bistrostil mit kleiner, aber feiner Karte. Exotisch nehmen sich die gebratenen Garnelen mit Limonen-Kokosnudeln aus, regional gibt sich das Zanderfilet auf Kürbisragout. Zwischen nicht mehr ganz billig und teuer. Viel gelobt, auch vom ›Feinschmecker‹.

Schmiedehaus, Delbrückstr. 29, Heringsdorf, Tel. 03 83 78/3 24 00. Ein für die noble Gegend überraschend preiswertes Lokal, in dem auch schon Jürgen Trittin zu Gast war. Familie Zimmermann bietet solide pommersche und internationale Küche aus Topf und Pfanne, empfehlenswert ist der Kapitänsteller.

Cafés

Eis-Villa Stein, Kulmstr. 4, Heringsdorf, Tel. 03 83 78/2 84 52. Die wohl beste Eisdiele der Insel überzeugt dank hausgemachter Eiscreme und Apfelstrudel mit Vanillesauce. Es gibt auch leckere kleine Snacks, etwa Milchreis oder pikant angerichtete Pfannkuchen.

Internet-Café, Seestr. 17, Heringsdorf, Tel. 03 83 78/3 30 86, www.kaiserbaeder-i-cafe.de. Im alten Postamt kann man Surfen, Scannen, Chatten, Downloaden, Drucken oder an einem Einführungskurs ins Internet teilnehmen.

Fröhliche Aussichten auf einen gelungenen Ferientag: Strand und Seebrücke in Ahlbeck

3 Seebad Ahlbeck

Plan hintere Umschlagklappe

Wolgastsee – Krebssee – Zierowberg

Traditionsreiches Familienbad mit Superstrand und Badeparadies mit tropischem Flair.

Schmuckstück im *Seeheilbad* Ahlbeck (3300 Einw.) ist der historische Seebrückenpavillon, der seit über 100 Jahren den Ostseewellen trotzt und zu den beliebtesten Fotomotiven Usedoms gehört. Auch in Ahlbeck hat sich seit der Wiedervereinigung viel getan, zumindest entlang der *Strandpromenade* wohnt und kurt es sich wieder wie zu Kaisers Zeiten. Das neben Heringsdorf und Zinnowitz bekannteste Seebad Usedoms wird von zwei- bis dreigeschossigen Hotels und Palais im typischen Bäderstil geprägt Der Badeort war nie ganz so mondän wie seine Nachbarn und machte sich um 1900 eher als ›Badewanne‹ der kleinen Leute einen Namen. Auch heute ist Ahlbeck vor allem eine Sommerfrische für die ganze Familie, wo nicht gleich jedes Abendessen ein tiefes Loch in der Reisekasse hinterlässt. Der 70 m breite und feinsandige *Strand* lässt keine Wünsche offen und auch das Erlebnisbad *Ostseetherme* gilt als erstklassig. Außerdem ist der polnische Teil Usedoms mit dem Seebad Swinemünde [Nr.4] nur einen Katzensprung entfernt.

Extravaganter Auftritt: die Historische Uhr an der Ahlbecker Strandpromenade

Geschichte Der Name des Seebades geht auf den *Ahlbach* (niederdeutsch: Ahlbeek) zurück, der sich einstmals den Weg vom Thurbruch durch den Gothensee in die Ostsee suchte. Am nördlichen Ufer der Bachmündung errichtete um 1700 der Müller Michael Agner eine *Was-*

sermühle. Durch den Aalreichtum der Beek angezogen ließen sich neben der Mühle bald Fischer nieder. Die Siedlung unterstand zunächst dem Schloss Mellenthin und wurde auf den Namen *Adlig-Ahlbeck* getauft.

1852 wurde das Fischerdorf als Sommerfrische entdeckt, vornehmlich von Ausflüglern aus dem benachbarten Badeort Swinemünde. Die Gäste quartierte man zunächst in rasch ausgebauten Fischerkaten ein. 1875 eröffnete mit *Wendickes Hotel* (heute Hotel Meereswelle) die erste professionell geführte Herberge, die gleichzeitig auch als Kurhaus fungierte. Der *Eisenbahnanschluss* 1894 schuf die verkehrstechnischen Voraussetzungen für die Entwicklung Ahlbecks zu einem der größten Seebäder an der deutschen Ostseeküste. Es war nun von der preußischen Metropole Berlin in 5,5 Std. erreichbar und zog vor allem Erholungssuchende aus dem Mittelstand an, für die ein Urlaub im mondänen Heringsdorf oder im Modebad Swinemünde zu teuer gewesen wäre.

Nach dem Ersten Weltkrieg folgte in den 1920/30er-Jahren ein neuerlicher Aufschwung des Tourismus, 1933 gab es in Ahlbeck bereits 138 Hotels und Pensionen. Als 1945 der Ostteil der Insel mit der einstigen Hauptstadt Swinemünde an Polen fiel, wurde Ahlbeck Sitz der Usedomer *Kreisverwaltung* (bis 1952). Im real existierenden Sozialismus standen auch Ahlbecks Hotels den Feriengästen des Freien Deutschen Gewerkschaftsbund (FDGB) zur Verfügung. Das 1957 erbaute *Haus der Erholung* diente als Großverpflegungsstelle für bis zu 1000 Feriengäste pro Tag. Nach der Wende nahm Ahlbeck bald wieder seinen Platz als *Familienbad* ein, und hat sich seither auch als *Reha-Zentrum* einen Namen gemacht, am südöstlichen Ortsrand gibt es eine große Fachklinik für Onkologie, Orthopädie und Atemwegserkrankungen.

Besichtigung Ein Spaziergang beginnt am besten auf der *Strandpromenade*, die im Nordwesten Ahlbeck mit Heringsdorf verbindet und sich nach Südosten bis zur deutsch-polnischen Grenze erstreckt.

TOP TIPP Weithin sichtbarer Blickfang ist die **Seebrücke** 1, deren 280 m langer Schiffsanleger sich wie ein Finger ins Meer hinaus schiebt. Die einzige *historische* Seebrücke an der Ostsee ist das Wahrzeichen von Usedom schlechthin. Nachdem man bereits 1882 eine erste Aussichtsplattform erstellt hatte, wurde 1898 der *Seebrückenpavillon* mit seinen mattgrünen Ecktürmen und dem roten Dach eingeweiht. Der Schiffsanleger kam 1901 hinzu, doch ein Eisgang zerstörte ihn im Kriegswinter 1940/41. Bis die Badegäste wieder die Aussicht vom Steg auf den Strand genießen konnten, dauerte es bis 1993. Im stimmungsvollen hölzernen Seebrückenpavillon selbst bietet das *Restaurant Seebrücke* hoch über dem Strand typischen Ostseefisch. Als *Filmkulisse* erlangte das Gebäude zusätzliche Berühmtheit. Victor von Bülow alias *Loriot* drehte hier Teile der Komödie ›Pappa ante Portas‹ (1991) und wandelte damit quasi auf den Spuren seines für die Seebäder so bedeutenden Vorfahren, des Oberforstmeisters von Bülow.

Den angrenzenden Seebrückenplatz ziert seit 1911 die 5,5 m hohe **Historische Uhr** 2. Das gusseiserne Jugendstilmonument schmückt eine Wetterfahne in Form einer Kogge. Ein paar Schritte weiter westlich steht der **Konzertpavillon** 3. Der auf einem massiven Sockel errichtete Holzbau wurde im Jahre 1900 eingeweiht und wird noch heute für Kurkonzerte genutzt.

Das *historische Zentrum* befindet sich südlich der Seebrücke rund um den **Kurpark** 4. Die Gartenanlage mit altem Baumbestand stand immer im Schatten der Strandpromenade, denn zum Flanieren ist sie eher zu klein. Direkt am Kurpark steht das schlichte **Rathaus** 5. Der jüngst um einen gläsernen Fahrstuhl erweiterte Bau beherbergte einst das 1896 eröffnete *Warmbad*. Außer der Gemeindeverwaltung ist hier derzeit die Sammlung der *Heimatstube* (zzt. geschlossen, Wiedereröffnung nicht vor 2005) geparkt und wartet auf ein neues Domizil. Unter den historischen Dokumenten zur Orts- und Bädergeschichte ist auch so manch Amüsantes zu entdecken, etwa eine Fotografie des Ahlbecker Schneidermeisters Ferdinand Egelinski, der es durch Kinderreichtum zu einer gewissen Berühmtheit brachte. Nach der Geburt seines 33. Kindes wurde er 1913 in Berlin von Kaiser Wilhelm II. empfangen und erhielt von ihm ein ordentliches Handgeld.

Die **Kirche** 6 gleich gegenüber stammt aus dem Jahr 1895. Der neogotische Backsteinbau mit Holztonnengewölbe verfügt über einen Altar aus Sandstein und drei schöne Fenster mit Glasmalereien im Chor.

Am östlichen Ortsrand liegt der **Jugendferienpark Ahlbeck** 7 (Tel. 0 30/30 00 21 72, www.sportjugend.org) Die Bungalows des einstigen Kaiser-Wilhelm-Kinderheims waren 1913 vom Deutschen Kaiserpaar höchstpersönlich eingeweiht worden. Im Zweiten Weltkrieg wurden die Gebäude von der Wehrmacht und nach Kriegsende von der Sowjetarmee okkupiert. 1988 stellte man die historischen Holzbauten unter Denkmalschutz, heute betreibt hier die *Sportjugend Berlin* in Anlehnung an die ursprüngliche Zweckbestimmung eine europäische Jugendbegegnungsstätte.

Schöne Beispiele der Ahlbecker *Bäderarchitektur* gibt es südlich der Seebrücke zu bewundern. An der parallel zur Strandpromenade verlaufenden Dünenstraße

Vereint die Pracht eleganter Bäderarchitektur und exklusiven Luxus: Das traditionsreiche Romantik Seehotel Ahlbecker Hof ist seit 1890 eine der berühmtesten Adressen Usedoms

Ob Regen oder Sonnenschein: Die Ostseetherme im Seebad Ahlbeck bietet vielfältiges Badevergnügen für die ganze Familie

ist seit 1890 der *Ahlbecker Hof*, heute **Romantik Seehotel Ahlbecker Hof** 8, die Nummer Eins im Ort. Zu DDR-Zeiten diente das neoklassizistische Prunkstück als Ferienheim, heute ist das originalgetreu restaurierte Fünf-Sterne-Etablissement wieder eine der exklusivsten Herbergen der Insel. Vom Ostseeplatz neben dem Hotel lohnt ein Bummel durch die *Seestraße*. In der Einkaufsmeile Ahlbecks finden sich etliche Lebensmittelgeschäfte, Modeboutiquen, Eiscafés und das Postamt. An der Ecke zur Friedrichsstraße öffnete 1875 Wendickes Hotel, heute **Hotel Meereswelle** 9 (Seestr. 11, Tel. 03 83 78/2 81 16), als erstes Hotel des Seebades seine Pforten. Von dem ursprünglichen Gebäude blieb noch die verglaste Holzveranda erhalten, in der heute das Restaurant untergebracht ist.

Ein weiteres sehenswertes Beispiel der Bäderarchitektur ist die **Villa Chrissi** 10, (Kaiserstr. 23, Tel. 03 83 78/7 80 80, www.villa-chrissi.de). Das Ende des 19. Jh. errichtete neoklassizistische Gebäude, in dem heute Ferienwohnungen zur Verfügung stehen, ziert am Mittelbau ein hübsches Türmchen. Das Portal darunter wird von zwei Atlanten gestützt.

An der Ortsgrenze zu Heringsdorf lädt die **Ostseetherme** 11 (Lindenstr. 60, Tel. 03 83 78/27 30, www.ostseetherme-usedom.de, Mo–Do, Sa 10–21 Uhr, Fr 10–22, So 10–20 Uhr) zu entspannenden Stunden in tropischem Ambiente ein. Unter der Glaskuppel des 1996 eröffneten *Erlebnisbades* sorgen auf insgesamt 5000 m^2 sechs Schwimmbecken, ein römisches Dampfbad, ein Luftsprudelbad und eine Saunalandschaft für Badespaß.

Attraktive Zeugin hochherrschaftlicher Sommerfrischen: die Seebrücke von Ahlbeck

Uffn Wasser loofen

Für das Badepublikum scheint es seit jeher nichts schöneres zu geben als zum Rhythmus des Wellenschlags weit ins Meer hinaus zu schlendern, dem Geschrei der Möwen zu lauschen und auf Buhnen sitzende Kormorane zu beobachten, wie sie in der Sonne ihre Flügel trocknen. Nach englischem Muster wurde 1885 im **Seebad Misdroy** auf der Insel Wollin die Kaiser-Friedrich-Brücke eröffnet. Die verspielte Architektur des **Seebrückenpavillons** war Vorbild für die in rascher Folge auf Usedom errichteten Piers. Als Mittelpunkt der Strandpromenade waren sie Flanierstrecke und Schiffsanleger zugleich, und auf der Landseite beherbergten sie Restaurants, Läden und Schalter für den Fahrkartenverkauf und die Gepäckabfertigung. Unter den Seebädern entwickelte sich ein gesunder Wettbewerb um die Gunst der Sommergäste. Als 1893 in **Heringsdorf** die 500 m lange Kaiser-Wilhelm-Brücke ihrer Bestimmung übergeben wurde, geriet Ahlbeck in Zugzwang. Kaum war die Heringsdorfer Brücke eröffnet, wanderten die Ahlbecker Gäste in Scharen in den Nachbarort und ließen dort in den Restaurants und Fischbuden natürlich auch einen Teil ihrer Ferienkasse. **Ahlbeck** zog 1898 mit einer Seebrücke nach. Ihr Pavillon glänzte mit vier quadratischen Ecktürmchen und über der Tanzfläche schwebte sogar eine angestrahlte Glaskugel.

Bis auf die Ahlbecker Brücke wurden alle Usedomer Stege im Zweiten Weltkrieg durch *Sturmfluten* zerstört. Nach dem Krieg fehlte es für Neubauten zunächst an Geld. Und als 1961 die Ostseeküste zum Grenzland erklärt wurde, bestand seitens der DDR-Instanzen ohnehin kein Interesse den Schiffsverkehr zu begünstigen. Nach der Wiedervereinigung hatten die Ahlbecker mit ihrer historischen Brücke zunächst die Nase vorn. Doch nun zogen die Heringsdorfer nach. Das 1995 eröffnete privat finanzierte (14 Mio. €) Prestigeprojekt mit Shoppingmall, Kinosälen, Museen und einem Gourmetlokal auf dem Brückenkopf gilt seither als das Nonplusultra. Nicht ganz so glanzvoll, doch für den ursprünglichen Zweck mehr als ausreichend, sind die neuen Brücken in **Bansin**, **Koserow** und **Zinnowitz**. Nun können die Berliner und andere Gäste wieder auf fünf Usedomer Seebrücken »uffn Wasser loofen«.

In vier der Becken und im modernen Kurmittelhaus kommt die aus 408 m Tiefe geförderte *Heringsdorfer Jodsole* zur Anwendung, die sich vor allem bei Hautleiden und rheumatischen Erkrankungen bewährt hat. Kinder sind bestens auf dem Spieldeck oder im Wasserspielgarten aufgehoben. Einen herrlichen Panoramablick über die Kaiserbäder und den Ostseestrand erlaubt der *Aussichtsturm* der Therme. Inklusive der Spitze erreicht der Stahlturm eine Höhe von 48 m, zur Plattform in 30 m Höhe gelangt man per Fahrstuhl oder über 171 Stufen.

Ausflüge

3 km südlich von Ahlbeck an der Straße nach Zirchow schimmert zwischen den ausgedehnten Rotbuchenbeständen des *Ahlbecker Forsts* die Wasserfläche des **Wolgastsees**. An seinem Westufer liegt der viel besuchte Ausflugsort *Korswandt*. Besonders hübsch sitzt es sich auf der zum See gewandten Terrasse des Hotel-Restaurants *Idyll am Wolgastsee* (Hauptstr. 9, s. u.) bei einem Glas Holundersaft oder Sanddornwein. Nebenan kann man an dem kleinen Badeplatz verweilen oder sich ein Boot mieten. Auf einem knapp 4 km langen markierten *Wanderweg* lässt sich der Waldsee in weniger als 1 Std. umrunden, zu beobachten gibt es Haubentaucher und andere Wasservögel. Das 16 m tiefe Gewässer ist der Rest eines alten Wasserarms der Swine, die Usedom von der Insel Wollin trennt. An seiner Ostseite liegt ein sumpfiges Moor, das man auf einem Steg überqueren kann.

Ebenfalls etwa 4 km misst der Wanderweg zum winzigen **Krebssee** südlich von Korswandt, um den ein Spazierweg führt. Wer sich einen Überblick über die waldreiche Region verschaffen möchte, kann vom Bahnhof Ahlbeck auf einem markierten Wanderweg zum **Zierowberg** (56 m) im Ahlbecker Forst aufsteigen. Vom dortigen Aussichtsturm bietet sich ein Rundblick bis ins polnische Usedom.

Praktische Hinweise

Information: Tourist-Information, Dünenstr. 45, Ahlbeck, Tel. 03 83 78/2 44 97, Fax 2 44 18, www.drei-kaiserbaeder.de

Bahn

Usedomer Bäderbahn, Bahnhofstr., Ahlbeck, Tel. 03 83 78/2 71 32, www.ubb-online.com. Es gibt drei Stationen: Ahlbeck Ostseetherme, Seebad Ahlbeck und Ahlbeck Grenze.

Bus

Ostseebus, An der Feuerwehr 3–4, Ahlbeck, Tel. 03 83 78/3 36 30. Das lokale Busunternehmen verbindet die Kaiserbäder mit Usedom, Kamminke und Anklam.

Schiff

Adler-Schiffe, Seebrücke, Heringsdorf, Tel. 03 83 78/4 77 90, www.adler-schiffe.de. Fahrten zu den anderen Kaiserbädern sowie nach Swinemünde

Sport

Pferdehof Will, Gothenweg 14, Ahlbeck, Tel. 03 83 78/2 84 50, www.pferdehof-will.de. Der bekannte Reiterhof bietet Reitkurse und Ausritte, Ponyreiten für die Kleinen sowie Kutschen- und Kremserfahrten.

Einkaufen

Bürgelhaus, Seestr. 16, Ahlbeck, Tel. 03 83 78/8 06 70, www.buergelhaus.de. Die Thüringer Traditionstöpferei stellt mit rund 400 verschiedenen Stücken ein riesiges Keramiksortiment für Küche und Haushalt bereit. Charakteristisch für die handgemachte Bürgelkeramik ist das volkstümliche Design in blau-weiß. Passend zur Keramik wird Tischwäsche angeboten.

Stadterkundung auf die ganz gemütliche Art: mit der Bimmelbahn durch Ahlbeck

Hotels

TOP TIPP *** **Hotel Ostende**, Dünenstr. 24, Ahlbeck, Tel. 03 83 78/5 10, Fax 5 14 03, www.hotel-ostende.de. Die 100 Jahre alte Strandvilla an der autofreien Strandpromenade gehört zu den beliebtesten Hotels im Ort. Von den Nordzimmern mit Wintergarten und Sitzgruppe genießt man einen tollen Meerblick, die Zimmer landeinwärts sind sonnig und verfügen über einen Balkon. Direktor Achim Görlich organisiert regelmäßig Kunstausstellungen im Haus, gelegentlich finden auch Lesungen statt. Besonders stimmungsvoll wird Weihnachten gefeiert. Es gibt ein Galadinner und Punsch. Außerdem wird nach altem pommerschen Brauch eine Kutschenfahrt in den Wald unternommen und dort für die Tiere ein Lichterbaum geschmückt.

*** **Hotel Villa Auguste Viktoria**, Bismarckstr. 1–2, Ahlbeck, Tel. 03 83 78/24 10, Fax 2 41 44, www.auguste-viktoria.de. Die Zwillingsvilla aus dem Jahr 1900 verfügt über 11 Zimmer und 6 Suiten und hat einen lauschigen Innenhof. Jugendstildekor, elegantes Mobiliar und gemütliche Sitzecken sorgen für Atmosphäre. Mit einem gutem Restaurant und einem Café im Rosengarten.

TOP TIPP *** **Romantik Seehotel Ahlbecker Hof**, Dünenstr. 47, Ahlbeck, Tel. 03 83 78/6 20, Fax 6 21 00, www.seetel.de. Das Prunkstück klassizistischer Bäderarchitektur vereint nostalgisches Flair mit luxuriösem Komfort. Nahe der Seebrücke erwarten den Gast 70 edel gestaltete Räume und Suiten. Am schönsten (und teuersten) sind die Balkonzimmer zur Seeseite. Für die Ausstattung wurde großzügig auf Edelhölzer, Marmor und feine Stoffe zurückgegriffen. Die Bäder haben Fußbodenheizung und Handtuchwärmer. Der Blaue Salon und das mit antiken Polstermöbeln eingerichtete Kaminzimmer schaffen behagliche Ruhepunkte. Stilvoll ist auch der 550 m² große Wellnessbereich mit Hallenbad, Beauty Salon und Sauna.

** **Idyll am Wolgastsee**, Hauptstr. 9, Korswandt, Tel. 03 83 78/2 21 16, Fax 2 25 46, www. idyll-am-wolgastsee.de. Das Traditionshotel von 1924 wurde nach der Wende komplett modernisiert und offeriert zehn freundliche Zimmer, die meisten mit Seeblick. Mit kleiner Wellnessabteilung, Restaurant und sehr schöner Caféterrasse.

** **Pension Kastanienhof**, Schulweg 1, Tel. 03 83 78/2 83 68, Fax 3 01 41. Recht günstige Frühstückspension, alle 10 Zimmer sind mit Kabel-TV und Kühlschrank ausgestattet.

** **Villa Luna**, Dünenstr. 55, Ahlbeck, Tel. 03 83 78/8 02 76, Fax 8 02 77, www.ferienwohnungen-ahlbeck.de. Hübsche Strandvilla direkt an der Promenade. Die zwölf Ferienwohnungen sind zweckmäßig möbliert, haben

Alte Noblesse ist nicht nur Ambiente: Im Restaurant La Mer werden Feinschmecker verwöhnt

Kaiserlicher Glanz und stilvoller Komfort: Das altehrwürdige Ahlbecker Luxushotel Ostende ist nicht nur vornehmes Urlaubsquartier, sondern auch exquisite Restaurantadresse

Sat-TV und eine komplett eingerichtete Küche.

Restaurants

Carl's Kneipe, Seestr. 6, Ahlbeck, Tel. 03 83 78/3 04 37. Das Lokal liegt etwas von der Straße zurückversetzt gegenüber der Post. Geboten wird pommersche Fischküche nach Omas Rezepten mit hausgemachter Remoulade. Einfach und preiswert.

Fischers Fritz, Dünenstr. 39, Ahlbeck, Tel. 03 83 78/8 07 05. In der schmucken Backsteinvilla ist Fisch die Hauptsache. Das Ambiente wirkt schlicht, dafür sind Wels, Steinbutt und Zander nicht teuer. Mit Klönbar und schöner Terrasse an der Strandpromenade.

Leopold's Bayernstüberl, Dünenstr. 57, Ahlbeck, Tel. 03 83 78/3 33 44. Wer Abwechslung zu pommerscher Hausmannskost sucht, wird bei Leopold's bestens bedient. In dem verspielten Holzhaus mit großem Biergarten davor werden Weißwürste, Allgäuer Kas'spatzen und Bierkutscher-Steaks aufgetischt. Dazu trinkt man ein Paulaner Hefeweißbier (Nov.–Mitte Dez. geschl.).

La Mer, Dünenstr. 19–21, Ahlbeck, Tel. 03 83 78/5 20. Das Feinschmecker- und Panoramalokal befindet sich im 6. Stock des Strandhotels Ahlbeck und nennt sich stolz das höchst gelegene Restaurant der Insel. Es bietet einen stimmungsvollen Ausblick auf die Seebrücken der drei Kaiserbäder. Das Küchenteam kreiert gepflegte Gerichte von internationalem Zuschnitt, empfehlenswert sind die Meeresspezialitäten. Dienstags gibt es Aal, der auf traditionelle Weise gebraten und mit Piment und Lorbeer abgeschmeckten sog. Fischkartoffeln gereicht wird.

Ostende, Dünenstr. 24, Ahlbeck, Tel. 03 83 78/5 10. Die Hotelküche von Chefkoch Matthias Fricke ist mediterran inspiriert und auf die Saison abgestimmt. Empfehlenswert ist das täglich wechselnde Drei-Gänge-Menü, als Spezialität wird auf Vorbestellung eine köstliche Bouillabaisse von Ostsee- und Mittelmeerfischen zubereitet. Mit Musikuntermalung und Anekdoten gewürzt werden auf speziellem Tafelgeschirr stilvolle Themendinner arrangiert, etwa ›Essen mit Theodor Fontane‹ oder ›Tafeln wie zu Kaisers Zeiten‹.

Café

Wiener Café, Im Kieferngrund 1–10, Ahlbeck, Tel. 03 83 78/78 10. Das hübsche Lokal im Störtebeker-Haus der Reha-Klinik liegt am Ende der Strandpromenade in Richtung Staatsgrenze. Sehr lecker sind die mit Kirschen gefüllten Windbeutel.

Uznam und Wollin – das polnische Usedom und seine Schwesterinsel

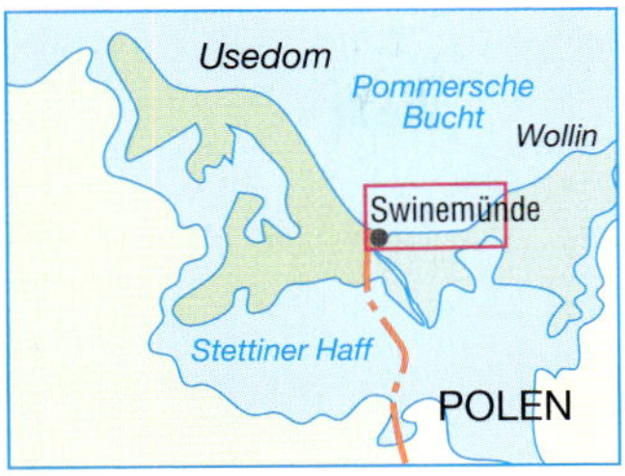

Für die meisten Gäste der Kaiserbäder gehört eine Tagestour in den polnischen Teil Usedoms, nach **Świnoujście** (Swinemünde) zum obligatorischen Ferienprogramm. Es war einst das größte Seebad Deutschlands und administratives Zentrum der Insel und sieht im EU-Beitritt Polens die Chance nun bald wieder ganz vorne mit dabei zu sein. Zu den Attraktionen der Hafenstadt zählen das waldgerahmte Kurviertel mit den gediegenen Bauten des 19. Jh. und der große Flohmarkt an der polnisch-deutschen Grenze, ein Magnet für Schnäppchenjäger.

Die Świna, ein Mündungsarm der Oder, trennt Usedom von der östlich gelegenen **Wyspa Wolin** (Insel Wollin). Mit einer Fläche von 247 km² ist das noch weitgehend ursprüngliche Eiland gut halb so groß wie Usedom. Der Fremdenverkehr konzentriert sich im Seebad **Międzyzdroje** (Misdroy), das mit seinem 4 km langen Sandstrand neben Gästen aus Warschau und Krakau auch zunehmend internationales Publikum anzieht. Aus der Blütezeit des Badeortes vom Ende des 19. Jh. bis zum Zweiten Weltkrieg sind etliche hübsche Beispiele der Bäderarchitektur erhalten. Nur einen Katzensprung von Międzyzdroje entfernt lädt der **Woliński Park Narodowy** (Wolliner Nationalpark) zu erlebnisreichen Exkursionen ein. Viel besucht sind die 95 m hohe Kliffküste des Gora Gosan und das Wisentreservat, in dem urwüchsige Wildrinder bestaunt werden können.

4 Świnoujście/ Swinemünde

Plan Seite 44

Bedeutender Hafen, zugleich Seebad und Kurort im polnischen Teil Usedoms.

»Swinemünde war, als wir im Sommer 1827 dort einzogen, ein unschönes Nest, aber zugleich auch wieder ein Ort von ganz besonderem Reiz«, schrieb der Dichter *Theodor Fontane* in seinen Lebenserinnerungen. Glanz und Elend sind in der Hafenstadt im östlichen, seit 1945 polnischen Teil Usedoms, *Uznam*, aufs Engste miteinander verknüpft. Während des 19. Jh. war sie das größte Seebad der Ostseeküste und Treffpunkt gekrönter Häupter. Im Zweiten Weltkrieg verwandelte dann ein Luftangriff der Amerikaner den Ort in ein Meer der Flammen. Von den Zerstörungen hat sich die Stadt bis heute noch nicht ganz erholt. Die Świna *(Swine)* teilt Swinemünde in zwei Hälften. Am Usedomer Ufer liegen das Zentrum und das Kurviertel, während weitere Wohnviertel, der Industriehafen und der Bahnhof sich auf der Insel Wollin (*Wolin*) befinden. Das Stadtbild wird allenthalben von aus der Not geborenen Bausünden funktionaler Architektur geprägt. Vieles Historisches wirkt verfallen, an allen Ecken und Enden fehlt Geld. Doch mit dem Beitritt Polens zur EU, so hofft man, sind nun die Weichen für Aufschwung und Verschönerung der Stadt gestellt.

◁ **Oben:** *Liebe fürs Detail – das Kurviertel von Swinemünde bietet reizvolle Entdeckungen*
Unten: *Beeindruckendes Naturerlebnis – Vom Strand des Wolliner Nationalparks blickt man auf die begrünte, bis zu 100 m hohe Kliffküste*

Geschichte Swinemünde verdankt seinen Aufstieg zu einer bedeutenden Hafenstadt der strategisch günstigen Lage zwischen Oder und Ostsee. Der Ort wurde 1748 von Friedrich II., dem Großen (1712–1786) am Westufer der Swine gegründet, doch erst unter Friedrich Wilhelm III. (1770–1840) begann man 1818 diesen *Hauptmündungsarm* der Oder in die Ostsee auszubaggern und schiffbar zu machen. Als Baumaterial für die beiden insgesamt fast 2,5 km langen Molen diente u. a. das vor Koserow abgetragene Vineta-Riff. Zehn Jahre nach Baubeginn stand dem Königreich Preußen ein geschützter Seehafen zur Verfügung, zusätzlich abgesichert durch Wälle und Kasematten.

Am attraktiven *Sandstrand* westlich der Swinemündung wurde 1824 die erste *Badesaison* eröffnet. Hier zu kuren war beim Adel und wohlhabenden Bürgertum bald en vogue, es kam alles, was Rang und Namen hatte. Kurz vor der Wende zum 19. Jh. entstand das neue *Kurviertel* mit komfortablen Hotels und Sanatorien in der für die Ostseeküste typischen Bäderarchitektur. Swinemünde blieb bis zum Ausbruch des Zweiten Weltkriegs das bedeutendste deutsche Seebad.

Bereits während der Weimarer Republik wurde der Hafen *Marinestandort*. Die Nazis bauten die militärische Präsenz weiter aus, in Kaseburg (*Karsibór*) südlich der Stadt wurde ein U-Boot-Stützpunkt eingerichtet, Swinemünde diente als Basis für Torpedoschiffe. So war es keine Überraschung, dass die Hafenstadt am 12. März 1945 zum Ziel eines amerikanischen Luftangriffs wurde. Damals waren hier Tausende von Soldaten und Flüchtlingen aus den deutschen Ostgebieten versammelt. Sie alle warteten auf eine Gelegenheit mit einem Schiff vor der zügig heranrückenden Roten Armee weiter in den Westen zu fliehen. Der Angriff der Amerikaner traf Swinemünde ins Mark. In der Mittagsstunde entluden 671 Bomber ihre tödliche Fracht – 23 000 Menschen verloren dabei ihr Leben, der größte Teil von ihnen waren Zivilisten.

Der Neuanfang war mehr als schwierig. Bislang war Swinemünde Verwaltungszentrum des Kreises Usedom-Wollin gewesen. Mit dem *Potsdamer Abkommen* vom 2. August 1945 kam die östlichste Ecke Usedoms dann unter polnische Verwaltung. Die deutsche Bevölkerung wurde vertrieben, in der größtenteils zerstörten Stadt wurden Polen aus dem Osten des Landes angesiedelt. Der Kurbetrieb und die Wirtschaft erholten sich nur langsam. Von der Öffnung Polens nach Europa in den 1990er-Jahren profitierte zunächst der *Hochseehafen*, der sich heute durch den Standort nahe Deutschland und Skandinavien zum viertgrößten Hafenplatz Polens hochgearbeitet hat. Fähren gehen von hier nach Malmö und Ystad in Schweden, nach Kopenhagen und Bornholm in Dänemark, aber auch zu den Usedomer Kaiserbädern und nach Sassnitz auf Rügen.

Das Sol- und Kurbad ist ein *beliebter Ferienort* der Polen und wird wegen des günstigen Preisniveaus zunehmend

Hübscher Blickfang und fotogenes Wahrzeichen: Die weithin sichtbare Mühlenbake auf der Westmole von Swinemünde dient als Navigationszeichen an der Hafeneinfahrt

Hafenstadt auf zwei Inseln: Die Swine als größter schiffbarer Mündungsarm der Oder trennt Swinemündes Stadtgebiet in einen Usedomer und einen Wolliner Teil

auch von deutschen, österreichischen und skandinavischen Gästen besucht. Die Bevölkerung hat mittlerweile den Vorkriegsstand überschritten, mit 42 000 Einwohnern leben heute in Swinemünde mehr Menschen als im gesamten deutschen Teil von Usedom.

Anreise Für einen Tagesausflug in den polnischen Teil Usedoms bieten sich folgende Möglichkeiten an. Von Ahlbeck aus erreicht man auf der *Bundesstraße 111* nach 3 km die deutsch-polnische Staatsgrenze. Der Übergang ist bislang nur für Fußgänger und Radfahrer geöffnet. Autofahrer parken auf dem kostenpflichtigen Parkplatz vor der Grenze, der trotz der 400 Stellplätze in der Saison allerdings meist hoffnungslos überfüllt ist. Stressfrei fährt es sich mit der *Usedomer Bäderbahn* (UBB) bis zur vorläufigen Endstation Ahlbeck-Grenze (die Weiterführung der Trasse bis Swinemünde ist geplant). Vom Haltepunkt sind es nur 2 Min. bis zur Kontrollstelle (Zum Grenzübertritt genügt der Personalausweis. Der Euro wird vielerorts als Zahlungsmittel akzeptiert). Auf der polnischen Seite stehen Taxis und Pferdedroschken bereit, mit denen man das 3 km entfernte Zentrum bzw. das Kurviertel von Swinemünde erreicht. Die *Buslinie 8* fährt ebenfalls ins Zentrum, bis zum Fähranleger. Am schönsten ist jedoch die Anreise per *Schiff*. Ab den Seebrücken Bansin, Heringsdorf und Ahlbeck gehen ganzjährig Fahrgastschiffe (Infos: Tel. 03 83 78/4 77 90, www.adler-schiffe.de) zum Hafen von Swinemünde.

Besichtigung Bei der *Einfahrt* in den Hafen und in die Swine erschließen sich etliche der Sehenswürdigkeiten. Auf der Westmole grüßt zunächst die **Mühlenbake** 1 (*Stawa Młyny*). Das Navigationszeichen in Form eines weißen Rundturms mit aufgesetzten Windmühlenflügeln ist das pittoreske Wahrzeichen der Stadt. Nicht unmittelbar einsehbar liegen ein Stück weiter südlich an den Ufern der Swine die beiden 1848 und 1863 errichteten Seefestungen einander gegenüber. Auf der Usedomer Seite versteckt sich hinter bewaldeten Dünen die **Engelsburg** 2 (*Zachodni Fort*, jederzeit zugänglich). Die Backsteinfestung diente dem preußischen Militär zur Abwehr möglicher Angreifer. Sie war genauso mit Kasematten bestückt wie das **Fort Gerhard** 3

(*Fort Gerharda*, Mai–Sept. tgl. 9–18 Uhr) auf der Wolliner Seite. Die Festungsanlagen wurden in den 1930er-Jahren von der Reichsmarine ausgebaut und mit Flakstellungen versehen. Nach dem Krieg übernahm sie die Rote Armee.

Auf der Ostseite zieht bald der **Leuchtturm** 4 (*Latarnia Morska*) von 1858 die Aufmerksamkeit auf sich. Mit 68 m Höhe war er seinerzeit einer der höchsten des Kontinents. Fast genauso hoch recken sich die Ladekräne des **Handelshafens** 5 (*Port Handlowy*) in den Himmel. An den Kais können Schüttfrachter mit einem Ladevermögen von bis zu 80 000 t abgefertigt werden. Umgeschlagen werden vor allem Steinkohle, Erze und Baustoffe.

Unweit der *Anlegestelle* der Usedomer Seebäderlinie am Westufer befindet sich die **Touristeninformation** 6 (Informacja Turystyczna, Mo–Fr 9–17 Uhr). Von dort pendelt Tag und Nacht eine kostenlose Fähre über die 300 m breite Swine auf die Wolliner Seite der Stadt, auf der außer dem Handelshafen auch das Fährterminal und der Bahnhof liegen. Wer unternehmungslustig ist, kann vom Anleger mit einem Bus die Insel Wollin erkunden, lohnend ist ein Ausflug in den Badeort *Międzyzdroje* [Nr. 5] mit einem Abstecher in den *Woliński Park Narodowy* [Nr. 6].

Vom Touristenbüro ist es nicht weit zum einstigen *Rathaus* am Plac Rybaka. Das zweigeschossige spätklassizistische Gebäude von 1806 mit aufgesetztem oktogonalen Uhrenturm hat den Luftangriff von 1945 so gut wie unbeschadet überstanden. Heute ist hier das sehenswerte **Museum für Hochseefischerei** 7 (*Muze-*

Schnäppchenjagd – auf dem Grenzmarkt locken vielerlei Waren zu Schleuderpreisen

um *Rybołówstwa Morskiego*, Plac Rybacka, Tel. 0 91/3 21 24 26, Di–Fr 9–16, Sa/So 11–16 Uhr) untergebracht. Anhand von Schiffsmodellen, Navigationsgeräten und anderen maritimen Ausstellungstücken wird die Geschichte der Hochseefischerei dokumentiert. Eine weitere Abteilung ist der Meeresfauna gewidmet. Interessant sind ferner die Exponate zur Stadtgeschichte, auf alten Postkarten kann man sich ein Bild machen, wie Swinemünde in seiner Glanzzeit vor dem Zweiten Weltkriegs ausgesehen hat.

Der **Plac Wolności** 8 ist der Hauptverkehrsknotenpunkt der Stadt, von dem sternförmig Straßen in alle Himmelsrichtungen abgehen. Neben einigen wenigen erhaltenen klassizistischen Wohn- und Geschäftshäusern dominiert recht schmucklose Nachkriegsarchitektur den Platz. Westlich davon schließt sich der *Plac Koscielny* mit der **König-Christus-Kirche** 9 (*Kosciół Chrystusa Króla*) an. Die Attraktion in dem neogotischen Backsteinbau (1788–92) ist ein 2 m langes *Votivschiff*, das von der mit floralen Motiven geschmückten Kassettendecke hängt. Im *Chor* sind auf einem 6 x 2,5 m großen modernen Wandbild die Passion und Kreuzigung Christi dargestellt.

Schräg gegenüber der Kirche in der Ul. Marynarzy 7 wohnte in den Jahren 1827–32 *Theodor Fontane* (1819–1898). Seine Swinemünder Eindrücke und Er-

lebnisse schilderte der aus Neuruppin stammende Schriftsteller in dem 1884 erschienen Werk ›Meine Kinderjahre‹. Wo sich einst das Haus mit der väterlichen Apotheke befand, steht heute ein modernes Geschäftsgebäude. Eine Gedenktafel an seiner rechter Flanke ist Fontane gewidmet.

Das Kurviertel von Swinemünde erreicht man auf direktem Weg über die *Ul. Marszalka Józefa Pilsudskiego*. Alternativ bietet sich ein Abstecher zur östlich gelegenen **Maria-Meeresstern-Kirche** 9 (*Kosciol Stella Maris*) an. Der neogotische Ziegelsteinbau wurde 1896 als Andachtsstätte für die polnischen Saisonarbeiter errichtet, die im Seebad- und Kurbetrieb Arbeit fanden. Die einschiffige Hallenkirche gefällt durch Fenster mit farbenfroher *Glasmalerei* (1980). Die Fensterrose über dem Hauptportal stammt noch aus der ersten Bauphase, dargestellt ist ein Boot mit Maria und Christuskind an Bord.

Der weitläufige **Kurpark** 10 (*Park Zdrojowy*) breitet sich nordöstlich der Kirche aus, zu erreichen über die Ul. Piastowska. Er zieht sich bis zur Westmole hin und trennt das Bäderviertel von der City. Der berühmte Landschaftsarchitekt *Peter Josef Lenné* (1789–1866) gestaltete ihn 1826/27 im Stil englischer Parkanlagen. Von der ursprünglichen Konzeption ist allerdings nicht mehr allzu viel übrig geblieben. Schattige Wege zwischen Buchen, Eichen und bis zu 150 Jahre alten

Baustilkunde: Im Kurviertel sind viele prächtige Gründerzeitbauten erhalten

Schwungvoll ins kühle Nass: Der Swinemünder Sandstrand bietet reichlich Abwechslung

Platanen laden dennoch zu einem netten Spaziergang ein.

Durch den Park über die Ul. Chrobrego gelangt man gen Norden zur **Strandpromenade** 11 (*Promenada*), die auf der Landseite von ansprechender Bäderarchitektur gesäumt wird. Bis zur Grenzziehung 1945 konnte man auf der Promenade von Swinemünde über Ahlbeck und Heringsdorf bis ins 12 km entfernte Bansin spazieren. Das angrenzende großzügig angelegte *Kurviertel* blieb weitgehend von der Zerstörung im Zweiten Weltkrieg verschont, und doch haben sich zwischen die in ausgedehnten Parks gelegenen Villen einige gesichtslose Nachkriegsbauten geschmuggelt. Während an einigen Fassaden noch der Putz abblättert, hat man schon etliche andere Gründerzeitbauten saniert. Auf der Flaniermeile laden Restaurants, Snackbars und Souvenirstände zum Verweilen ein. Sie verläuft entlang eines Dünengürtels, hinter dem sich der 4 km lange *Ostseestrand* erstreckt. Zwar gibt es hier keine Strandkörbe, doch auch so kann man den bis zu 70 m breiten Sandstrand in vollen Zügen genießen.

Vom Strand aus kann man entweder in östlicher Richtung am Meer entlang zur bereits erwähnten Mühlenbake wandern und erreicht von dort auf der Westmole wieder den Schiffsanleger. Kürzer ist der Weg über die Ul. Moniuszki zum **Grenzmarkt** 12 in der Ul. Wojska Polskiego, von dem aus dann in wenigen Minuten die UBB-Haltestelle Ahlbeck-Grenze erreichbar ist. Der auch *Polenmarkt* genannte Straßenbasar ist der eigentliche Besuchermagnet Swinemündes. Schnäppchenjäger kommen hier voll auf ihre Kosten. Zu Schleuderpreisen werden Textilien, Schuhe und raubkopierte CDs angeboten. Mit etwas Glück kann man inmitten von viel Kitsch und Ramsch auch das eine oder andere gute Stück an *Kunsthandwerk* entdecken, etwa eine Bernsteinkette oder handgeflochtene Korbwaren. Für westliche Verhältnisse äußerst günstig sind auch Lebensmittel, etwa Käse, Krakauer und Lachsschinken. Handelswährung ist der Euro.

i Praktische Hinweise

Landesvorwahl Polen: 00 48
Information: Informacja Turystyczna, Wybrzeze Wladyslawa IV, Świnoujście, Tel. 0 91/3 22 49 99, Fax 3 27 16 29, www.swinoujscie.pl

Hotels

** **Hotel Delfin**, Ul. Pilsudskiego 35, Świnoujście, Tel. 0 91/3 21 39 17, Fax 3 22 23 93, www.hotel-delfin.pl. Die hübsche Villa unweit des Kurparks und 10 Gehminuten vom Strand entfernt gehört zu den Häusern mit gehobenem Standard. Die Zimmer und Studios sind in zarten Blautönen gehalten und geschmackvoll mit Holzmöbeln eingerichtet. Sie haben Sat-TV und Telefon.

** **Pensjonat 4 Pory Roku** , Ul. Ujejskiego 8, Świnoujście, Tel./Fax 0 91/3 21 16 94, www.4poryroku.com.pl. Die kinderfreundliche *Pension Vier Jahreszeiten* liegt ruhig und in Strandnähe. Die Zimmer sind mit Massivholzmöbeln und Sat-TV ausgestattet. Im Kaminzimmer finden gelegentlich Musikabende statt. Die Wirtsleute Lucyna und Jan Michalczsyn sind gerne bei der Organisation von Ausflügen ins Umland behilflich.

TOP TIPP ** **Willa Pod Debami**, Ul. B. Prusa 9, Świnoujście, Tel. 0 91/3 21 93 68, Fax 3 22 06 86, www.pod-debami.pl. Die schmucke *Villa unter den Eichen* im Stil der Bäderarchitektur liegt in einer ruhigen Seitenstraße der Kurpromenade. Die Zimmer sind farbenfroh eingerichtet und verfügen über Kühlschrank, TV, Telefon und Internetzugang. Im Haus befinden sich eine kleine Sauna und ein Fitnessraum, im Garten kann man Grillen. Die Villa wird überwiegend von deutschen Gästen gebucht, die das Angebot zu schätzen wissen. Wegen des günstigen Preis-Leistungs-Verhältnisses empfiehlt es sich für die Sommersaison bereits ein halbes Jahr im voraus zu buchen.

5 Międzyzdroje/Misdroy

Quirliger Badeort auf Usedoms Nachbarinsel Wollin.

12 km östlich von Swinemünde liegt das *Seebad* Międzyzdroje (6000 Einw.) auf *Wyspa Wolin*, der Insel Wollin (per Bahn, Bus, Schiff von dort erreichbar, per Schiff auch von den Usedomer Kaiserbädern). Es ist einer der beliebtesten und größten Ferienorte an der polnischen Ostseeküste. Der Aufstieg des 1550 erstmals urkundlich erwähnten Misdroy zur Sommerfrische begann bereits um 1835, als man die ersten Badehütten auf den bis dato unberührten 4 km langen Strand setzte. Noch heute wird das Ortsbild der seit 1945 polnischen Kleinstadt von etlichen Villen, Pensionen und Sanatorien im Stil der *Bäderarchitektur* geprägt, so mancher Bau hätte allerdings eine Sanierung dringend nötig. Am Ostrand trüben einige nüchterne Betriebsferienheime und funktionale Hotelburgen aus den 1960/70er-Jahren das ansonsten homogene Erscheinungsbild. Als Kulturevent hat die Stadt seit 1965 das *Internationale Festival der Chormusik* zu bieten, seit 1997 findet jeweils im Juli ein kleines *Filmfestival* mit vornehmlich osteuropäischen Produktionen statt.

Betriebsamer Mittelpunkt Misdroys ist die gut 3 km lange **Strandpromenade**, an der sich zahllose Restaurants, Terrassencafés und Fischbratereien aneinander reihen. An Ständen werden frische Waffeln mit Blaubeeren und Sahne offeriert. In der Hochsaison sind die Kinderkarussells und Autoscooter voll besetzt, auch geben dann Pantomimen, Straßenmusi-

Internationaler Pendelverkehr: Fähren verbinden Swinemünde mit wichtigen Ostseehäfen

Traditionsreich und lebhaft: Die neue Seebrücke von Misdroy ist wieder ein beliebter Treffpunkt

kanten und Feuerschlucker ihre Kunst zum Besten. Zentraler Blickfang an der Promenade ist die neue **Seebrücke**. Anstelle der 1885 und 1913 erbauten, jedoch durch Sturmfluten zerstörten Vorgängerbauten ragt seit 1988 wieder ein 120 m langer Steg ins Meer. Noch 2004 soll die Brücke auf 360 m verlängert werden, sodass auch Fahrgastschiffe von Usedom festmachen können. An der Landseite der Seebrücke werden in einer überdachten Shoppingzeile Andenken verkauft, vor allem Muscheln und Bernsteinschmuck in allen Größen und Formen.

Der hübsche **Kurpark** ein paar Schritte östlich der Seebrücke wurde Anfang des 20. Jh. angelegt und 1972 verschönert. Im Schatten von Ulmen, Weißbuchen und prächtigen Platanen lässt sich von einer Sitzbank aus das bunte Treiben in den umliegenden Straßen beobachten. An Sommerabenden werden die dort etablierten Discos und Bars von der polnischen Jugend in Beschlag genommen. Die **Paulskirche** südlich vom Kurpark entstand Mitte des 19. Jh. nach einem Entwurf des preußischen Baumeisters *Friedrich August Stüler* (1800–1865). Das Säulenportal an der Frontseite zeigt eine Skulptur des Apostels Paulus. Weniger gelungen ist der Betonanbau, eine Kapelle aus den 1980er-Jahren. Seit 1965 ist die Kirche jeden Sommer Bühne für das *Internationale Festival der Chormusik*.

Am östlichen Ortsrand beginnt bereits der Wolliner Nationalpark, hier liegt auch das informative *Naturkundemuseum* [s. S. 51] der Parkverwaltung.

i Praktische Hinweise

Information: Biuro Obslugi Ruchu Turystycznego, Ul. Kolejowa 2, Międzyzdroje, Tel. 0 91/3 28 03 82, Fax 3 28 00 86, www.miedzyzdroje.pl

Hotels

*** **Amber Baltic**, Promenada Gwiazdi 1, Międzyzdroje, Tel. 0 91/3 28 10 00, Fax 3 28 10 22, www.hotel-amber-baltic.pl. Der etwas klotzige Bau nimmt sich nicht gerade wie eine Augenweide aus, doch was Komfort und Service angeht ist das moderne Haus direkt am Strand eine der besten Adressen an der polnischen Ostseeküste. Es gibt Hallen- und Freibad, Kegelbahnen und Tennisplätze. Ein Shuttlebus verbindet mit dem hauseigenen 18-Loch-Golfplatz im 12 km entfernten Kolczewo.

** **Nautilus**, Promenada Gwiazd 8, Międzyzdroje, Tel. 0 91/3 28 09 99, Fax 3 28 23 27, www.t-online.de/home/hotel.nautilus. Gründerzeitvilla unter deutscher Leitung in zentraler Lage an der Strandpromenade. Die geräumigen Apartments verfügen über Bad, Teeküche, Sat-TV und Balkon.

Restaurant

Marina, Ul. Gryfa Pomorskiego, Międzyzdroje, Tel. 0 91/3 28 04 49. In nachgebautem Jugendstildekor wird neben polnischer Küche auch leichte mediterrane Kost serviert. Eine Empfehlung ist der in Folie gebackene Zander blau.

Café

Wiedenska, im Hotel Amber Baltic, Promenada Gwiazdi 1, Międzyzdroje, Tel. 0 91/3 28 10 00. Das Wiener Kaffeehaus bietet neben einer guten Tortenauswahl auch eine Mittagskarte mit kleinen Gerichten.

6 Woliński Park Narodowy/Wolliner Nationalpark

Waldreiches Schutzgebiet mit imposanter Kliffküste und urtümlichen Wisenten.

Die landschaftliche Attraktion auf Usedoms Schwesterinsel Wollin ist der bereits 1960 gegründete Wolliner Nationalpark, Woliński Park Narodowy. Das 1996 auf 110 km^2 erweiterte Schutzgebiet erstreckt sich von der Pommerschen Bucht quer über die Insel bis zum Stettiner Haff und schließt auch Küstenareal von einer Seemeile Breite sowie den östlichen Teil des Mündungsdeltas der Swina ein. Im Westen grenzt der Nationalpark an den Stadtrand von Misdroy [Nr. 5]. Besonders reizvoll ist die mit lichten Buchen- und Eichenmischwäldern besetzte bis zu 100 m hohe **Steilküste**, im Hinterland verstecken sich eiszeitliche Seen und sumpfige Torfmoore. Die *Vogelwelt*, sie ist mit rund 230 Arten vertreten, zieht Ornitho-

Die riesigen Wälder des Wolliner Nationalpark sind ein idealer Lebensraum für Wisente

logen aus ganz Europa an. Das Wappentier des Nationalparks ist der *Seeadler*, etwa 30 Paare brüten derzeit im Gebiet. In der Kernzone leben Rothirsche, Dachse und Baummarder, ein wahrer Besuchermagnet ist das Wisentgehege.

Idealer Standort für *Exkursionen* durch den Park ist das Seebad Misdroy. Allgemeine Informationen erhält man dort, im Büro der Parkverwaltung mit dem angeschlossenen **Naturkundemuseum** (*Muzeum Pryrodnicze Wolięnskiego Parku Narodowy*, Ul. Niedpodleglosci 3, Międzyzdroje, Mai–Mitte Sept. Di–So 9–17, Mitte Sept.–April Di–Sa 9–15 Uhr) am östlichen Ortsrand. Die permanente Ausstellung informiert anhand von Tierpräparaten, Bildtafeln und geologischen Exponaten über das sensible Ökosystem des Schutzgebiets. Im Garten können gestrandete Seeadler in Volieren aus nächster Nähe beobachtet werden.

Drei markierte *Wanderwege* mit einer Länge von insgesamt 40 km machen mit den wichtigsten Sehenswürdigkeiten im Gebiet bekannt. Vom Naturkundemuseum aus führt ein grün markierter Weg ins 20 Min. entfernte **Wisentreservat** (*Rezerwat Zubrów*, Mai–Mitte Sept. Di–So 10–18, sonst bis 16 Uhr). In dem Schaugehege sind neben Rotwild und Wildschweinen

Die Steilküste des Gosanbergs im Wolliner Nationalpark bietet eine malerische Kulisse für Strandwanderungen

natürlich vor allem die Wisente interessant. Der Erhalt der vom Aussterben bedrohten langmähnigen Wildrinder wird in einem 1976 angelaufenen Zuchtprogramm gefördert. Seither ist die Herde auf gut zwei Dutzend der zotteligen Tiere angewachsen.

Auf der rot markierten Route erreicht man nordöstlich von Misdroy den **Gosanberg** (*Gora Gosan*). Von der 95 m hohen Kliffküste reicht die Aussicht bis hinüber nach Swinemünde und zu den Seebädern im deutschen Teil Usedoms. Leider nagt permanent das Meer an dem malersichen Kliff und bricht jedes Jahr durchschnittlich 80 cm der Landmasse ab.

Vom Misdroyer Bahnhof aus lässt sich entlang der blauen Route auf einem Waldweg (15 km hin und zurück) der südliche Teil des Nationalparks erkunden. Das Highlight dieser Tour ist der **Türkissee** (*Jezioro Turkusowe*) bei Wapnice, der seinem Namen alle Ehre macht: Das Wasser des einstigen Kalksteinbruchs schimmert durch den Sonneneinfall in satten Türkistönen.

Das südliche Hinterland – stille Winkel zwischen Achterwasser, Peenestrom und Stettiner Haff

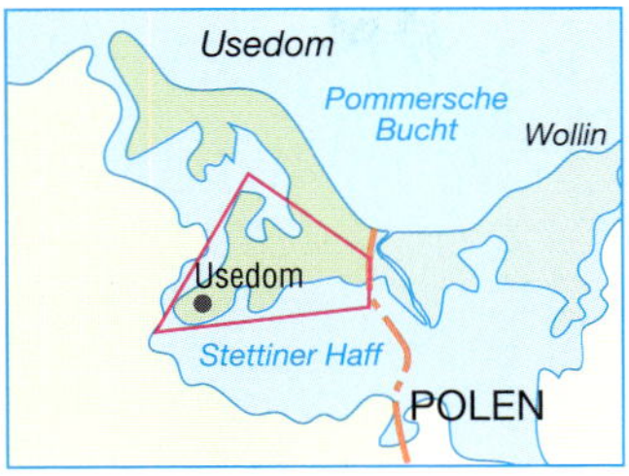

Die ruhigen Ufer des Achterwassers, Peenestroms und Stettiner Haffs sind idyllische Alternativen zu den lebhaften Seebädern an der Usedomer Außenküste. Diese Wasserstraßen geben den Rahmen für das südlich der Kaiserbäder gelegene sog. Hinterland, eine sanft gewellte Hügelkulisse mit zahlreichen größeren und kleineren Seen. Aufgrund ihrer landschaftlichen Reize wird diese Region auch **Usedomer Schweiz** genannt. Etwa im Mittelpunkt liegt am Südufer des Schmollensees das Bauerndorf **Benz**, ein beliebtes Ausflugsziel mit pittoresker Windmühle und spätmittelalterlicher Feldsteinkirche. Auch kleine Ortschaften weiter westlich wie **Mellenthin** mit seinem Wasserschloss oder das wegen seiner Töpferei bekannte **Morgenitz** lohnen einen Besuch. Fernab vom touristischen Getriebe ragt der **Lieper Winkel** ins Achterwasser hinein. Auf der weltabgeschiedenen Halbinsel sagen sich noch Fuchs und Hase gute Nacht, in den Schilfgürteln nisten zahlreiche Greif- und Wasservögel. Das für die Insel namengebende Landstädtchen **Usedom** im Südwesten zwischen Peenestrom und Haff gelegen, hat ein mittelalterliches Stadttor vorzuweisen, außerdem den Marktplatz mit Rathaus und großer Backsteinkirche, ein gefälliges Ensemble Usedomer Baukunst. Bei einem Bummel durch die kopfsteingepflasterten Gassen kann man in etlichen Trödel- und Souvenirläden so manch nettes Mitbringsel entdecken. Anlaufpunkt für Eisenbahnfans schließlich ist **Karnin** an der Südwestspitze der Insel, denn hier steht die einst größte Eisenbahnhubbrücke Europas. Im Osten schließlich locken das **Thurbruch**, eine faszinierende Moor- und Wiesenlandschaft, und das stille Fischerdorf **Kamminke** unweit der polnischen Grenze.

7 Golm

Mahn- und Gedenkstätte für die Opfer des Zweiten Weltkriegs.

Von Zirchow aus erreicht man über die B 110 den *Moränenhügel* Golm nahe der Grenze zu Polen. Mit 69 m ist er die höchste Erhebung Usedoms. Wegen seiner strategisch wichtigen Lage waren er und das umliegende Hügelland schon in der Frühgeschichte besiedelt. Um 700 v. Chr., während der Bronzezeit, befand sich auf dem Golm eine **Festung**, von der aus die Handelsstraße an der Odermündung überwacht wurde. Heute sind nur noch einige unscheinbare Reste des Walls erhalten.

Die reizvolle Landschaft mit ausgedehnten Rotbuchenbeständen machte den Golm im Hinterland der Hafen- und Bäderstadt Swinemünde im 19. Jh. zu einem erstrangigen *Ausflugsziel*. 1852 wurde als erste Pflasterstraße auf Usedom die *Golmchaussee* von Swinemünde am Golm vorbei nach Westen bis Zirchow angelegt. Außerdem führte hier die alte Bahntrasse vorbei, und es gab eine Haltestelle, von der aus die Ausflügler zum *Aussichtsturm* hinaufstiegen, um den viel gerühmten Panoramablick auf Swinemünde und das Stettiner Haff zu genießen. Nahebei konnte man sich dann im Gasthof *Onkel Toms Hütte* verköstigen. Den hölzernen Turm und das Lokal gibt es seit dem Zweiten Weltkrieg nicht

◁ *Usedomer Schweiz: Das südliche Hinterland der Insel bezaubert mit verträumten Landstrichen wie am Balmer See bei Neppermin* (**oben**) *und wunderschönen alten Alleen wie im Usedomer Winkel* (**unten**)

mehr, und der dichte Baumbestand erlaubt heute nur noch an wenigen Stellen den Blick auf die Vororte von Swinemünde. Der Golm ist inzwischen einer der größten **Kriegsopferfriedhöfe** Deutschlands. Schon 1943 wurden auf ihm Marinesoldaten und Angehörige anderer Waffengattungen bestattet. Nach dem verheerenden Luftangriff der Alliierten auf Swinemünde wurden die 23 000 Todesopfer hier auf dem Golm begraben. Eine **Gedenkstätte** erinnert seit 1975 an das schreckliche Ereignis. Der Rostocker Bildhauer *Wolfgang Eckard* entwarf den zweigeteilten nach oben offenen runden Betonbau von 12 m Durchmesser. Im Innenhof steht die Inschrift: »Dreiundzwanzigtausend Tote des Zweiten Weltkrieges mahnen«. Und an der Ostwand sieht man die Worte des Lyrikers *Johannes Robert Becher* »Dass nie eine Mutter mehr ihren Sohn beweint«. Am Aufgang zum Rundbau steht die Steinplastik ›*Weg ins Leben*‹ (1952) von Rudolf Leptien (1907–1977), eine trauernde Frau im Soldatenmantel darstellend. Seit 2000 erhebt sich am Eingang der Gedenkstätte ein *Pavillon* (Mitte März–Mitte Nov. tgl. 9–18 Uhr) mit einer Dokumentation zur bewegten Geschichte des Golm. Seit 1995, dem 50. Jahrestag des Luftangriffs auf Swinemünde, findet alljährlich am 12. März und am Volkstrauertag auf dem Golm eine Gedenkfeier zu Ehren der Kriegsopfer statt.

Als sei die Zeit stehen geblieben: zum Trocknen aufgehängte Fischernetze in Kamminke

i Praktische Hinweise

Information: Interessengemeinschaft Gedenkstätte Golm, Wiesengrund 12, Korswandt, Tel. 03 83 78/3 30 30. Historische Golm-Führungen auf Voranmeldung.

8 Kamminke

Fischeridyll am Stettiner Haff.

Das ebenfalls nahe der polnischen Grenze am Stettiner Haff gelegene Fischerdorf Kamminke (300 Einw.) erreicht man von Garz aus über eine Stichstraße. Im Sommer ist Kamminke ein beliebtes Ausflugsziel, außerhalb der Saison findet der Besucher einen properen Ort vor, der wie aus einer anderen Welt scheint. Kleine einstöckige reetgedeckte Fischerkaten säumen die Dorfstraße, auf dem brackigen Haffwasser dümpeln ein paar Fischkutter, auf Holzstangen aufgehängte Netze und Reusen trocknen im Wind.

Die slawische Gründung am Südostrand Usedoms wurde 1263 erstmals erwähnt, als ein Einwohner des Dorfes ein Stückchen Land an das Kloster Grobe veräußerte. Die Einwohner Kamminkes lebten vorwiegend vom Fischreichtum des Haffs. Im 19. Jh. lieferten sie ihre Ware ins nahe Seebad Swinemünde und brachten es so zu bescheidenem Wohlstand. 1938 wurde der **Hafen** ausgebaut, sodass nun auch größere Kutter an der Mole festmachen konnten. Doch nach dem Zweiten Weltkrieg kappte die neue deutsch-polnische Grenze die Verbindung zum Absatzmarkt Swinemünde und Kamminke fiel in einen Dornröschenschlaf. Um nicht völlig ins Hintertreffen zu geraten, schlossen sich die Kamminker Fischer 1947 zu einer Genossenschaft zusammen. Einen neuerlicher Rückschlag erlebte der Ort im April 1970, als Eisschollen die Mole zertrümmerten, doch konnte der Schaden mit tatkräftiger Hilfe der Nachbarorte bald wieder behoben werden.

Nach der Wiedervereinigung avancierte Kamminke zu einem Anlaufpunkt für Schnäppchenjäger. Bis zum EU-Beitritt Polens im Mai 2004 verkehrten von hier täglich Fahrgastschiffe quer übers Stettiner Haff zum polnischen Festland, nach *Trzebrez* (Ziegenort). Auf diesen Einkaufsfahrten bestand die Möglichkeit zollfreie Ware wie Zigaretten, Schnaps und Parfum einzukaufen. Seither ist es in Kamminke wieder etwas stiller geworden, und man kann die Hafenatmosphäre in aller Ruhe genießen, sofern nicht gerade ein Ausflugsschiff nach Stettin ablegt. An der Mole steht seit 1938 die Plastik *›Für den unbekannten Fischer‹* von Ludwig Engelhardt. Sie ist all jenen Fischern gewidmet ist, die auf See ums Leben kamen.

i Praktische Hinweise

Schiff

Adler-Schiffe, Tel. 03 83 78/4 79 90, www.adler-schiffe.de. Mehrmals wöchentlich gibt es einen kombinierten Schiff-Bus-Ausflug nach Szczecin/Stettin (inkl. Stadtrundfahrt). Außerdem verkehrt einmal die Woche ein Ausflugsschiff über das Haff und durch die Passage der Kaiserfahrt nach Swinemünde.

Unterkunft

** **Haffblick**, Wiekstr. 12, Kamminke, Tel. 03 83 76/2 02 03, Fax 2 91 65, www.haffblick-kamminke.de. Die kleine Pension am Haff hat fünf gemütliche Zimmer mit Bad und TV. Das angeschlossene Restaurant mit Kamin ist eine gute Adresse für Fisch, zu empfehlen ist die Haffscholle an Dillsauce mit Salzkartoffeln.

9 Thurbruch

Ulrichshorst – Zirchow – Kachlin – Dargen

Einsame Sumpflandschaft, gerahmt von kleinen Dörfern.

Zwischen Gothensee und Stettiner Haff liegt die etwa 1800 ha große **Moor- und Wiesenlandschaft** des Thurbruch. Die von Endmoränenzügen eingefasste weite Ebene war nach der letzten Eiszeit eine Bucht der Ostsee, die durch einen neu entstandenen Dünengürtel allmählich vom Meer abgetrennt wurde. In Folge entstand hier ein Sumpfgebiet mit dichter Vegetation. Trotz starker Eingriffe von Menschenhand ist das Thurbruch noch heute eines der größten Niedermoor-Gebiete Ostdeutschlands, z. T. ist sogar noch ursprüngliche Flora erhalten. Häufig anzutreffen sind Ohrweiden, Binsen und Lungenenzian, an trockenen Stellen dominiert Heidekraut und Moosbeere, auch Orchideen gibt es zu entdecken. Hier brüten Graureiher und Eisvögel, mitunter lässt sich sogar der Herr der Lüfte, der

Stiller Winkel abseits des Seebadtrubels – das Fischerdorf Kamminke am Oderhaff

Seeadler, blicken. Ein weites Feld eröffnet sich *Schmetterlings*-Forschern, knapp 40 Arten sind im Thurbruch nachgewiesen, darunter Feuerfalter, Perlmutterfalter und etliche Bläulingsarten.

Das Thurbruch ist menschenleer, lediglich an den Rändern liegen kleine Ortschaften. 1771 begann unter Friedrich II., dem Großen die Regulierung des Thurbruch. Am Nordwestrand des Sumpfgebiets ließ er Kolonisten ansiedeln. Sie gründeten den Ort **Ulrichshorst**. Etliche der in Reihe und Glied errichteten Häuser stehen noch heute, alle an der nördlichen Straßenseite und zum Bruch hin ausgerichtet. Zur Entwässerung wurde das Moor mit schnurgeraden Gräben durchzogen und so hatte man bald etliche Morgen Neuland gewonnen.

Auf schmalen Dämmen und Radwegen kann das Moor heute erkundet werden. Ein guter Ausgangspunkt für Touren ist **Zirchow** am südöstlichen Rand des Thurbruch. Es ist der älteste und mit knapp 800 Einwohnern auch der größte Ort der Region. Auf einem steilen Hügel über dem Dorf wacht seit dem frühen 14. Jh. die Kirche *St. Jacobus*. Mit dem 200 Jahre später erbauten wehrhaft-quadratischen Glockenturm bildet sie ein reizendes Motiv für Fotografen und Maler, dem sich auch Lyonel Feininger [s. S. 58] nicht entziehen konnte. Im Inneren der Kirche sind Reste mittelalterlicher Fresken erhalten, vom Hügel selbst bietet sich ein schöner Blick über die flache Moorlandschaft.

Der **Flughafen Heringsdorf** 3 km südlich von Zirchow verbindet im Linienverkehr Usedom mit verschiedenen deutschen Großstädten [s. S. 127]. Auf der im Ersten Weltkrieg angelegten Piste landeten erstmals 1919 Passagierflugzeuge. 1936–45 befand sich hier der Fliegerhorst Garz, 1962 baute ihn die DDR zum Regionalflughafen aus. Heute kann man von hier auch Inselrundflüge unternehmen [s. S. 139].

Die Trockenlegung des Thurbruch wurde im 20. Jh. durch von Windrädern angetriebene Schöpfwerke beschleunigt, die den Grundwasserspiegel weiter absenkten. Als einziges von ihnen blieb das **Kachliner Windrad** 500 m südwestlich vom Kachliner See erhalten. Es war bis in die 1960er-Jahre hinein in Betrieb und wurde 1995 als technisches Denkmal rekonstruiert.

Südlich vom Weiler Kachlin lohnt in **Dargen** (600 Einw.) der Besuch des *Technik- und Zweiradmuseums* (Bahnhofstr. 1, www.museum-dargen.de, April–Nov. tgl. 10–18 Uhr). Es besteht seit 1995 und zeigt auf dem Gelände der früheren Bäuerlichen Handelsgenossenschaft eine Sammlung von in der DDR hergestellten Fahrzeugen. Neben Jawas, Simsons und Wartburgs darf natürlich auch der Trabant nicht fehlen, ein Highlight ist ein Trabi mit Zeltaufbau. Der Museumsverein veranstaltet mehrmals im Jahr *Ostalgietreffen*, bei denen sich Motorsportfreunde aus dem ganzen Land ein Stelldichein geben. Nostalgische Gefühle kommen auch im nachgebauten *Tante-Emma-Laden* im Hauptgebäude auf, dessen Regale mit Lebensmitteln und Drogerieartikeln made in DDR vollgestopft sind.

Schlichte Schönheit: Die Kirche St. Petri in Benz ziert eine prächtige Kassettendecke

i Praktische Hinweise

Restaurant

Gasthof to'n Eikbom, Haffstr. 10 c, Dargen, Tel. 03 83 76/2 04 21. Der Landgasthof bietet bodenständige pommersche Küche, etwa Schweinerippchen mit Backpflaumen und Rotkraut. Außerdem werden einfache, preiswerte Doppelzimmer vermietet.

10 Benz

Windmühlenidyll im Herzen der Usedomer Schweiz.

Das Bauerndorf Benz (600 Einw.) am Südufer des *Schmollensees* liegt in einer der malerischsten Gegenden der Insel. Die bewaldeten Hügel rund um den Ort laden zu Wanderungen, Radtouren und Ausritten ein, der Schmollensee bietet gute Angelmöglichkeiten. Mit der reizvollen Dorfkirche und der hübsch restaurierten Holländerwindmühle hat Benz auch zwei attraktive Sehenswürdigkeiten vorzuweisen. Die liebliche Landschaft der *Usedomer Schweiz* zog von jeher kunstsinnige Menschen an. *Lyonel Feininger* fand hier außer Ruhe vielfältige Inspirationen für seine ausdrucksstarke Malerei. Der deutschstämmige Amerikaner, Schöpfer eines expressiv-prismatischen Kubismus, weilte Anfang des 20. Jh. mehrfach auf Usedom und fand in Benz wie in den Dörfern des Hinterlandes einige seiner Lieblingsmotive [s. S. 58]. Auch *Otto Niemeyer-Holstein* (1896–1984) war mit dem Ort verbunden, er legte testamentarisch fest, auf dem Dorffriedhof begraben zu werden.

Benz gehört nachweislich zum ältesten Siedlungsgebiet Usedoms. Während der slawischen Epoche kreuzten sich hier die Handelswege vom Festland zur Außenküste, zum Haff und Achterwasser. Erstmals erwähnt wurde der Ort 1224,

Mit 30 000 frischen Buchenschindeln und neuen Flügeln versehen ist die Holländerwindmühle heute ein malerisches technisches Denkmal und das Bilderbuch-Wahrzeichen von Benz

TOP TIPP fünf Jahre später tauchte der Name der Kirche **St. Petri** in den Dorfannalen auf. Das Langhaus und der untere Teil des Turms sind noch auf den Feldsteinmauern dieses ersten Gebäudes errichtet. Im Dreißigjährigen Krieg wurde die zweite Kirche des frühen 17. Jh. von der kaiserlichen Kavallerie als Pferdestall zweckentfremdet, dann unter schwedischer Herrschaft wieder hergerichtet. Der *Turm* erhielt seine barocke Haube mit aufgesetzter Laterne um 1740. In dem 1881/82 restaurierten *Innenraum* beeindruckt vor allem die Kassettendecke aus dem 19. Jh. mit den 135 in leuchtenden Farben gemalten Sternbildern. Den Altar schmückt eine *Kopie* der ›Beweinung Christi‹ von Anthonis van Dyck (1616/17; München, Alte Pinakothek). Mit dem *Benzer Kirchensommer* [s. S. 133] hat sich St. Petri in den letzten Jahren zu einem bedeutenden Kulturforum entwickelt.

Das **Kunstkabinett Usedom** (April–Okt. Mi–So 11–18 Uhr, s. u.) neben der Kirche ist eine der besten Adressen für zeitgenössische Kunst auf Usedom. In der ausgebauten Scheune werden Wechselausstellungen mit Arbeiten vorwiegend norddeutscher Künstler gezeigt.

TOP TIPP Auf dem Mühlenberg im Süden thront die **Holländerwindmühle** (in der Regel Pfingstmontag–Sept. Sa/So 10–17 Uhr oder auf Voranmeldung,

Aufgespielt: Zum Mühlenfest im Juli sorgen regionale Musikgruppen für gute Stimmung

Zwischen Gegenständlichkeit und Abstraktion: Lyonel Feiningers Bild ›Dorfstraße in Alt-Sallenthin‹ von 1912/13 dokumentiert seine künstlerische Entwicklung

Feininger in der Usedomer Schweiz

Schon etliche Jahre bevor sich in den 1930er-Jahren in Ückeritz und Lütten Ort Künstlerkolonien etablierten, besuchte ein Maler die Insel, der sich gerade anschickte ein ganz großer seiner Zunft zu werden. Der Deutsch-Amerikaner **Lyonel Feininger** (1871– 1956), hatte 1887–91 an der Hamburger Kunstgewerbeschule und der Berliner Akademie studiert und war in der Hauptstadt als Karikaturist tätig. Ein weiterführendes Studium in Paris 1892/93 und sein Kontakt mit den französischen Kubisten dort 1906/07 bildeten die Grundlagen für Feiningers weitere künstlerische Entwicklung. Vor allem aber markierten die Sommeraufenthalte der Jahre 1909–12 in Heringsdorf, Benz, Zirchow und Neppermin einen Wendepunkt in seinem Schaffen. Vom **Kubismus** inspiriert begann er seine Usedomer Skizzen in eine neue Bildsprache zu übertragen. Idyllische Strand- und Dorfszenen wurden nun in geheimnisvolle Kompositionen sich überlagernder prismatisch gebrochener Formen und transparenter Farbflächen verwandelt. Gemälde wie ›Angler mit blauen Fisch‹ (1912, Privatbesitz) und ›Badende am Strand‹ (1912, Busch-Reisinger Museum, Cambridge, Mass.) zählen zu den bedeutendsten Frühwerken Feiningers. 1913 stellte er gemeinsam mit der Expressionisten-Gruppe *›Der Blaue Reiter‹* im Berliner Herbstsalon aus. Eines der Spitzenwerke der Ausstellung war sein im Hinterland von Bansin gemaltes ›Dorf Alt Sallenthin‹ (1913, Museum Folkwang, Essen), das den Wechsel vom gegenständlichen, naturnahen Stil zur abstrahierenden Darstellung von Architektur und Landschaft widerspiegelt. In den Jahren 1919–33 lehrte Feininger am **Bauhaus** in Weimar und Dessau, 1928 kam er nochmals auf die Insel, nach Heringsdorf. Auch in späteren Jahren griff er seine Usedomer Skizzen immer wieder auf und setzte sie in seine unverkennbare, kristalline Formensprache um. Nachdem die Nazis sein Werk 1933 als entartete Kunst diffamiert hatten, kehrte der Künstler Deutschland 1936 den Rücken und ging zurück nach Amerika.

Tel. 03 83 79/2 03 07). Das Benzer Wahrzeichen steht seit 1830 auf dem Mühlenhügel und verrichtete bis 1971 seinen Dienst. 1974 erwarb der Maler Otto Niemeyer-Holstein die Mühle und ließ das vom Verfall bedrohte gute Stück sorgfältig restaurieren. Für die Außenverkleidung waren rund 30 000 Buchenschindeln erforderlich, auch die Flügel mussten erneuert werden. Der Künstler nutzte die Mühle zeitweise als Atelier und Unterrichtsraum für seine Schüler. Heute ist sie als technisches Denkmal geschützt. Zum *Mühlenfest* im Juli finden hier kleine Kunstausstellungen statt.

Mit Blick zur Mühle fand der eigentlich nahe dem Seebad Zempin, in Lütten Ort [s. S. 84], ansässige Otto Niemeyer-Holstein auf dem **Friedhof** unterhalb vom Mühlenberg seine letzte Ruhestätte. Das Grab ist leicht an der darauf stehenden Plastik ›*Der Knabe*‹ auszumachen, eine Arbeit seines langjährigen Künstlerfreundes Waldemar Grzimek. Unweit von Niemeyer-Holstein ist der Schauspieler *Rolf Ludwig* (1925–1999) beigesetzt. Der Berliner mit Zweitwohnsitz am Schmollensee war einer der großen Charakterdarsteller des DDR-Theaters. Zuletzt machten ihn kauzig-komische Rollen zu einem populären TV-Star.

Die schönste Gesamtansicht von Benz und Schmollensee bietet sich vom **Kückelsberg** (58 m) südöstlich des Ortes. Von der nach Labömitz führenden Landstraße kann man in wenigen Minuten zum im Jahr 2000 errichteten Aussichtsturm hinaufsteigen.

i Praktische Hinweise

Einkaufen

Kunstkabinett Usedom, Kirchstr. 14 a, Benz, Tel. 03 83 79/2 01 84, www.kunstkabinett.de. Die Galerie präsentiert u. a. Gemälde von Oscar Manigk, Siebdrucke des Berliner Malers Moritz Götze und Terrakotta-Skulpturen von Robert Metzkes. Auch gibt es eine eigene Plakatedition von den in Benz ausgestellten Künstlern.

Unterkunft

** **Pension Schwalbennest**, Fritz-Behn-Str. 30, Benz, Tel. 03 83 79/2 03 03, Fax 2 00 60, www.hod.de/schwalbennest-usedom. Familiäre Herberge mit einfachen Gästezimmern und recht preiswerten Ferienhäuschen.

** **Reit- und Ferienhof Benz**, Labömitzer Str. 3, Benz, Tel. 03 83 79/25 30, Fax 2 53 99, www.benzer-ferienhof.de. In dem Reiterhof kann man sich wahlweise in großzügig geschnittenen Zimmern oder in einer der für vier Personen ausgelegten Ferienwohnungen einmieten. Mit Reithalle (20 x 40 m) und Pensionsboxen für Pferde.

11 Pudagla

Altes Klosterdorf mit Schloss und Bockwindmühle.

Im einstigen Klosterdorf Pudagla (400 Einw.) auf einer Landbrücke zwischen Achterwasser und Schmollensee erinnert kaum noch etwas daran, das von hier aus einstmals fast die ganze Insel kontrolliert wurde. Der Stern von Pudagla begann im ausgehenden Mittelalter zu leuchten, als 1309 die *Prämonstratensermönche* ihr **Kloster** von Grobe an den Schmollensee verlegten. Durch Schenkungen und Kauf stiegen die geschäftigen Mönche bald zu den größten Landbesitzern Usedoms auf. Unter der 40-jährigen Regentschaft von Abt Heinrich

Einzelstück – die Bockwindmühle von Pudagla ist die letzte ihrer Art in Usedom

(1394–1434) übte der Konvent faktisch die weltliche Macht aus. Mit Wege-, Brücken- und Schiffszöllen kontrollierte das Kloster die Wirtschaft, es verfügte über das Fischereirecht in den Boddengewässern und sprach sogar Recht.

Nach der Säkularisierung 1535 fiel der Klosterbesitz an die Pommernherzöge. Herzog Ernst Ludwig ließ 1574 auf den Resten der alten Konventsgebäude das **Schloss Pudagla** errichten. Wäre da nicht über dem Hauptportal eine dekorierte Steinplatte eingelassen, könnte man den ansonsten schmucklosen zweistöckigen Bau für ein ganz normales Bürgerhaus halten. Das im Aufbau an ein Wandgrabmal erinnernde *Relief* zeigt das Wappen der Herzöge von Pommern-Wolgast, gehalten von zwei mit Keulen bewaffneten bärtigen Männern. Die Inschrift unter dem Wappen gibt darüber Auskunft, dass das Schloss als Witwensitz für Maria von Sachsen, die Mutter von Herzog Ernst Ludwig, erbaut wurde.

Vom Schloss aus bietet sich ein Spaziergang vorbei am Konker Berg (16 m) zum **Teufelsstein**. Der mächtige Findling ragt etwa 100 m vom Ufer entfernt aus dem Achterwasser. Einer Sage nach wollte ihn der Teufel auf das Kloster Pudagla schleudern, der Felsbrocken entglitt ihm jedoch und kullerte in die Bucht.

Östlich von Pudagla schiebt sich der Glaubenskeil weit in den **Schmollensee** hinein. Die Landzunge teilt bis auf einen schmalen Durchgang, die Teufelsbrücke, das Gewässer in zwei Hälften. Den besten Überblick über den zweitgrößten See Usedoms hat man vom 39 m hohen *Glaubensberg*, der von Pudagla über einen markierten Weg zu erreichen ist.

Etwa 800 m südlich vom Ort steht an der Straße nach Neppermin die einzige erhaltene **Bockwindmühle** Mecklenburg-Vorpommerns. Sie wurde Anfang des 18. Jh. erbaut und verrichtete bis 1937 ihren Dienst. Im Gegensatz zum Typ der Holländerwindmühlen (wie etwa in Benz, s. S. 57) drehen sich die Flügel hier mit dem ganzen Gehäuse um den Bock. 1997 machte man sie wieder funktionsbereit, seither wird zum Erntedankfest ein Schaumahlen veranstaltet – vorausgesetzt der Wind steht günstig.

12 Neppermin

Golf-Dorado und Vogelreservate am Achterwasser.

Was mag wohl den Maler Lyonel Feininger dazu veranlasst haben, sich im Sommer 1910 für zwei Monate gerade in Neppermin (400 Einw.) einzumieten? Bei einem Bummel durch das Dorf macht es bis auf ein paar reetgedeckte Häuser nicht allzu viel her. Doch es liegt recht reizvoll an der Bucht des Achterwassers,

Hier schlagen Golfer-Herzen höher! Der 27-Loch-Parcour am Balmer See zählt zu den schönsten des Landes, eine stilvolle Unterkunft mit Verwöhnprogramm liegt in Sichtweite

Stiller Zauber unberührter Natur: Die kleinen Eilande Böhmke und Werder im Nepperminer See sind dem Schutz einheimischer Vogelarten vorbehalten

die *Nepperminer See* genannt wird. Am Ufer kann man neuerdings auf einer 300 m langen Promenade geruhsam flanieren. Der Bucht sind die beiden Inselchen **Böhmke** und **Werder** vorgelagert. Sie stehen als bedeutendes *Vogelschutzgebiet* unter strengem Naturschutz und sind nicht zugänglich. Neben riesigen Kolonien von Lach- und Silbermöwen, ihre Population wird auf jährlich über 10 000 Brutpaare geschätzt, nisten auf den Inseln auch Flussseeschwalben und etliche Entenarten, etwa Schnatterente, Stockente und Tafelente. Zur Pflege des Biotops siedelte man eine kleine Herde von Gotlandschafen an.

Ein guter Blick auf die Vogelinseln ergibt sich von **Balm**. Das am erhöhten Ufer des *Balmer Sees* (ebenfalls Teil des Achterwassers) gelegene Dörfchen hat sich mit dem 1998 eröffneten *Golfplatz* schnell einen Namen unter Sportlern gemacht – der 27-Loch-Parcour gilt als einer der schönsten Norddeutschlands. Das dazugehörige Golfhotel fügt sich mit seinen im Gutshofstil gehaltenen, reetgedeckten Gebäuden harmonisch in die Landschaft ein. Im Norden begrenzt den Balmer See die ins Achterwasser ragende **Halbinsel Cosim**. Das 90 ha große Areal ist ebenfalls als Naturschutzgebiet ausgewiesen, doch öffentlich zugänglich. Mit einem Quentchen Glück kann man von einem Feldweg aus hier Kiebitze und Sumpfschnepfen bei der Balz beobachten.

i Praktische Hinweise

Camping

Campingplatz Neppermin, Dorfstr. 30, Neppermin, Tel. 03 83 79/2 00 44, Fax 2 87 52. Mit nur 50 Stellflächen ein recht kleiner, dafür umso ruhigerer Platz an der Westseite des Nepperminer Sees. Es können Bungalows, Caravans und Boote gemietet werden.

Hotel

*** **Golf- und Landhotel Balmer See**, Drewinscher Weg 1, Neppermin, Tel. 03 83 79/2 80, Fax 2 82 22, www.golfhotel-usedom.de. Die architektonisch sehr geschmackvolle Anlage aus fünf reetgedeckten Häusern liegt 15 Autominuten von Heringsdorf entfernt auf einer kleinen Anhöhe direkt über dem Achterwasser. Zu dem Resort gehören eine Sporthalle und ein 800 m² großer Wellnessbereich mit Hallenbad, Sauna, Dampfgrotte und Thalassotherapie. Der 27-Loch-Platz liegt vor der Haustür.

13 Mellenthin

Altes Gutsdorf mit Wasserschloss und reizvoller Kirche.

Rund um das frühere Gutsdorf Mellenthin (270 Einw.) prägen Wiesen, Weiden und fruchtbares Ackerland das Hinterland zwischen der Stadt Usedom und den Kaiserbädern. Hier, am Nordrand der *Mellenthiner Heide*, war über Jahrhunderte ein Adelsgeschlecht ansässig, das eines der größten Landgüter der Insel besaß. Die *Familie von Neuenkirchen* kam bereits 1336 nach Usedom. Von ihrem Stammsitz in Mellenthin kontrollierten sie u. a. die Güter Balm, Dargen, Gothen und Neuhof. Aus der feudalen Epoche ist noch ein herrschaftliches Wasserschloss mit sehenswerten Wirtschaftsgebäuden erhalten.

TOP TIPP Viel besucht ist die **Mellenthiner Kirche** mit ihren mittelalterlichen Fresken. Die Turmspitze setzt in der sanften Hügellandschaft ein weithin sichtbares Zeichen. Die Kirche steht neben knorrigen Eichen inmitten des von einer Backsteinmauer gerahmten Friedhofs. Ihre Baugeschichte reicht bis in die erste Hälfte des 14. Jh. zurück. Als älteste Teile blieben der aus Feldsteinen errichtete rechteckige Chor und die Sakristei erhalten. Im 15. Jh. kamen Langhaus und Turm hinzu, in der für die norddeutsche Gotik typischen Backsteinbauweise. Barocke Haube und Helm erhielt der Turm um 1755. Kunstgeschichtlich interessant ist die reiche *Innenausstattung*. Gleich neben dem Eingangsportal befindet sich eine in die Wand eingelassene *Grabplatte* von 1594. Ein farbiges Relief zeigt den Bauherrn des Mellenthiner Schlosses, Rüdiger von Neuenkirchen, in Turnierausrüstung zusammen mit seiner Gemahlin Ilsabe von Eickstedt. Im Jahr 1931 wurden die *Fresken* im Chor freigelegt, sie stammen vermutlich aus dem 14. Jh. Am besten erhalten ist die Darstellung Christi als Weltenrichter, ihm zu Seiten Maria und Johannes. Beachtenswert sind ferner der Opferstock (15. Jh.) sowie die aufwendigen Holzarbeiten an Altar und Empore (1755). An der Kanzel (17. Jh.) sieht man Figuren der vier Evangelisten.

Sie gilt als eine der schönsten Usedoms – die grazil wirkende Mellenthiner Kirche

Von der Kirche aus gelangt man über die Dorfstraße zunächst zum ehemaligen **Gutshof** des Mellenthiner Schlosses. Der lang gestreckte wuchtige Backsteinbau beherbergt heute ein *Hotel* (s. u.) mit einem einladenden Café-Restaurant. Das Pyramidendach des früheren Gesindehauses wird alljährlich im Sommer von einem Weißstorchenpaar bewohnt.

Das **Wasserschloss Mellenthin** selbst liegt auf einem von einem Wassergraben umgebenen Inselchen mit Park. Es besteht aus einem dreistöckigen Hauptgebäude und zwei niedrigeren Seitenflügeln. Bauherr war Rüdiger von Neuenkirchen, die Pläne für die Renaissance-Anlage (1575–80) lieferte der italienische Baumeister *Antonio Wilhelmi*, der auch maßgeblichen Anteil am Bau des Stettiner Stadtschlosses hatte. 1641 erlosch mit dem Ableben Christophs von Neuenkirchen die Adelslinie, in der Folgezeit sah das Schloss ständig wechselnde Herren. Mit der Gründung der DDR kam es in Staatsbesitz, wurde einer LPG angeschlossen und beherbergte bis kurz nach der Wiedervereinigung einen Kindergarten. Von der kostbaren Innenausstattung ist fast nichts erhalten. In der Eingangshalle des Mittelbaus überdauerte ein reich geschmückter *Kamin* von 1613. Sein farbiges Relief zeigt den einstigen Schlossherrn Rüdiger von Neuenkirchen in einem vom Teufel gelenkten goldenen Streitwagen. Seit 2001 ist das Schloss im Privatbesitz der Familie Fidora, die es von Grund auf saniert und in absehbarer Zeit für die Öffentlichkeit zugänglich machen will. Die Seitenflügel sollen ein Hotel und eine Schaubrauerei aufnehmen. Im alten

Schmuckes Backsteinambiente: Der einstige Gutshof des Mellenthiner Schlosses ist heute ein beliebtes Landhotel mit viel Komfort und einem bioorientierten Restaurant

Rittersaal steht Gästen bereits ein gutes *Restaurant* (s.u.) zur Verfügung.

Nördlich vom Schloss lässt sich auf einem von Weiden und Eichen gesäumten Weg ein halbstündiger Spaziergang zur **Schwedenschanze** im Borgwald machen. Die von den Schweden im Dreißigjährigen Krieg ausgebaute Befestigungsanlage war ursprünglich ein von Palisaden bewehrter slawischer Rundwall, 20 m hoch und mit 400 m Umfang. Er bot den Bewohnern der umliegenden Ortschaften im Ernstfall Zuflucht. Noch heute geben die aufgeworfenen Wälle samt Zugängen ein anschauliches Bild von der einstigen Funktion der Schanze.

Zünftig speisen mit Mittelalterflair: Rittersaal des Restaurants Wasserschloss Mellenthin

Praktische Hinweise

Hotel

*** **Gutshof Insel Usedom**, Dorfstr. 24, Mellenthin, Tel. 03 83 79/2 07 00, Fax 2 88 30, www.gutshof-usedom.de. Die einstigen Wirtschaftsgebäude des Mellenthiner Schlosses wurden 2001 komplett restauriert und zu einem komfortablen Landhotel mit 20 hübsch eingerichteten Zimmern und vier Maisonette-Ferienwohnungen ausgebaut. Hinzu kommen Sauna und Solarium. In dem nettem Café-Restaurant gibt es außer kleinen Gerichten wie Frischkornwaffeln mit heißen Himbeeren auch gesunde Vollkornpizza und ein herzhaftes Bio-Lamm mit Püree und grünen Bohnen.

Restaurant

Wasserschloss Mellenthin, Dorfstr. 25, Mellenthin, Tel. 03 83 79/2 89 30. Im historischen Ambiente des 2000 m^2 großen Rittersaals wird gutbürgerliche Küche kredenzt, etwa deftige Schweinshaxe, Schnitzel oder ein sämiger Kartoffeleintopf. An Fischgerichten ist das Lachsfilet im Sesammantel zu empfehlen. In der Hauptsaison gibt es zweimal in der Woche ein mittelalterliches Ritterbuffet, dazu Gaukler und Livemusik. Bei schönem Wetter sitzt man auf der Terrasse und schaut in den Schlosspark.

14 Morgenitz

Verträumtes Töpferdorf mit hübscher Backsteinkirche.

Das Bauerndorf Morgenitz (230 Einw.) am Nordrand des Usedomer Stadtforstes und südlich des Krienker Sees ist ein Stück ländliches Idyll in Reinkultur. Reetgedeckte Gehöfte aus rotem Backstein säumen schmale gepflasterte Straßen. Weidende Pferde, gackerndes Federvieh und herumstolzierende Katzen beleben die malerische Kulisse. Von den Slawen *Murignevitz* genannt tauchte der Ort erstmals 1270 in den Quellen auf, als das Kloster Grobe hier niedersächsische Bauern ansiedeln ließ.

Die **Dorfkirche** am westlichen Ortsrand ist ein hübscher Backsteinbau mit weit heruntergezogenem Dach, der anstelle eines spätmittelalterlichen Vorgängerbaus im 15. Jh. errichtet wurde. Wie viele Usedomer Sakralbauten hat auch die Morgenitzer Kirche keinen Turm, sondern einen frei stehenden hölzernen *Glockenstuhl*. Sechs hohe Blendbögen strukturieren die spätgotische Westfassade der Kirche. Die barocke *Innenausstattung* stammt aus dem 18. Jh., die ornamentalen *Malereien* (1777) an Kanzel, Altar und Gestühl sind Arbeiten von Peter Christoph Hiert. In der zugänglichen Gruft unter dem Altar steht ein *Prunksarg* von 1699. Es ist die Grabstätte des schwedischen Oberst Paul Weedeke von Borcke und seiner Gemahlin.

Die Dorfkirche von Morgenitz hat einen frei stehenden hölzernen Glockenstuhl

Die Kirche steht mitten auf dem interessanten alten **Friedhof**. Unter Linden und Maulbeerbäumen – sie wurden unter Preußenkönig Friedrich II. angepflanzt, der auf Usedom die Seidenraupenzucht heimisch machen wollte – berichten gusseiserne *Kreuze* mittels z. T. kaum noch entzifferbaren Inschriften vom Schicksal der Verstorbenen. So wurde etwa Ilse Farrenzin 1823 von ihrem Knecht umgebracht, und der Fischer Gotthard Oberländer ertrank 1874 in Ausübung seines Berufs im Krienker See. Wie ein kleines Freilichtmuseum muten zwischen den Gräbern liegende slawischen *Mahltröge* samt Reibesteinen an. Die rund 20 Exponate verdankt die Gemeinde dem rührigen Pfarrer Hörstel, der die alten Steine vor dem Zweiten Weltkrieg in den umliegenden Wäldern fand. Auf dem Kirchhof steht auch ein riesiger *Findling* aus einer Kiesgrube am Gothensee. Für den Transport des Kolosses nach Morgenitz sollen 16 Pferde notwendig gewesen sein.

In der Dorfmitte beherbergt ein großes reetgedecktes Gehöft die **Keramikwerkstatt Dannegger** (Dorfstr. 8, Tel. 03 83 72/7 09 10, Mo–Sa 11–13 und 14–18 Uhr). Das Künstlerehepaar Astrid und Manfred Dannegger fertigt traditionelle Fayencen, Terrakottaware für den Garten und formschönes Gebrauchsgeschirr, etwa Töpfe, Kannen, Krüge und Schüsseln. Besonders hübsch ist das *Steinzeug* mit blauer Kobaltoxidmalerei. Funktional und geradlinig präsentiert sich das lehmglasierte Braungeschirr im Stil der *Bunzlauer Keramik*, es wird im Holzofen bei Temperaturen von 1300° C etwa 20 Std. gebrannt. Das besondere Metier von Astrid Dannegger sind figürliche Dekorationsstücke, die sich durch ihren skurrilen Formenreichtum auszeichnen.

Die Danneggers sind zugleich die Organisatoren des **Morgenitzer Töpfermarktes**. Jeweils am letzten Wochenende im Juli stellen etwa 30 Werkstätten aus ganz Deutschland hier ihre Arbeiten aus. Die kopfsteingepflasterte Dorfstraße verwandelt sich dann in

TOP TIPP

einen großen Basar, der jedes Jahr Tausende von Besuchern anzieht und mit Livemusik, Getränkebuden und Imbissständen zunehmend Volksfestcharakter annimmt.

2,5 km südwestlich von Morgenitz ist die **Suckower Sockeleiche** ein gerne besuchtes Ausflugsziel. Das Naturdenkmal steht 500 m außerhalb von Suckow an der Landstraße nach Rankwitz auf einem bronzezeitlichen *Hügelgrab*. Dem Baum wird ein Alter von 1000 Jahren zugesprochen, er wurde bereits 1298 als Grenzmarke in einer Urkunde des Pommernherzogs Bogislaw IV. erwähnt. Die Jahre sind an dem Methusalem nicht spurlos vorübergegangen. Der in Brusthöhe heute 6,50 m dicke Stamm muss mittlerweile von zwei Eisenringen zusammengehalten werden. Im Sommer 1997 brach ein Sturm einen Hauptast ab, doch noch immer macht das 15 m hohe Naturdenkmal mit seiner weit ausladenden Krone einen imposanten Eindruck.

Fundgrube für Töpferwarenfans: Keramikwerkstatt Dannegger in Morgenitz

i Praktische Hinweise

Hotel

** **Residenz am Gutshaus Dewichow**, Dorfstr. 8, Dewichow, Tel. 03 83 77/7 10, Fax 7 12 00. Ruhige Ferienanlage 3 km nördlich von Morgenitz am Krienker See. Vermietet werden 20 geräumige Apartments (50–70 m^2) mit Platz für max. 6 Personen. Zur Ausstattung gehören Spülmaschine, Sat-TV und Telefon. Das 4000 m^2 große Wassergrundstück verfügt über einen eigenen Badesteg und einen Anleger für Ruderboote.

Restaurant

Bauernstube, Dorfstr. 32, Morgenitz, Tel. 03 83 72/7 09 24. Gemütlicher Landgasthof mit preiswerter pommerscher Küche. Es gibt auch Übernachtungsmöglichkeit in einfachen, ebenfalls erschwinglichen Mehrbettzimmern.

15 Lieper Winkel

Rankwitz – Quilitz – Liepe –Warthe

Landleben pur in einer der stillsten Ecken Usedoms.

Wie eine geballte Faust ragt die *Halbinsel* Lieper Winkel nördlich von Morgenitz ins Achterwasser hinein. An dem von dichtem Schilf gesäumten Westufer fließt gemächlich der breite *Peenestrom* vorbei, die anderen Ufer gehören dem Achterwasser. Noch im Mittelalter bedeckten unzugängliche Urwälder und Sümpfe den menschenleeren Winkel und bis heute gehört er zu den am dünnsten besiedelten Regionen Usedoms. Acht Minidörfer mit insgesamt weniger als 700 Einwohnern verteilen sich auf 33 km^2. Anstelle der Mischwälder von einst prägen heute Wiesen und sumpfige Niederungen das Bild. Das überwiegend flache Terrain wird von Alleen und Feldwegen erschlossen und lädt zu Entdeckungen zu Fuß oder per Rad ein.

Von der B 110 geht es gen Norden nach *Krienke* und weiter durch eine prächtige Kastanienallee zum Fischerhafen **Rankwitz**. Kleine Fischerkaten und reetgedeckte Fachwerkhäuschen machen den Ort am Westufer der Halbinsel überaus anziehend. Zu DDR-Zeiten waren die Rankwitzer Fischer in einer Produktionsgenossenschaft zusammengeschlossen, die nicht nur auf dem Achterwasser fischte, sondern auch Karpfen und Forellen züchtete. In einer alten Fachwerkscheune informiert der *Heimathof* (geöffnet nach Vereinbarung, Tel. 03 83 72/7 05 35) über die Arbeit der Fischer, Tischler und Weber. Ferner werden Volkstrachten aus dem Lieper Winkel, Spinnräder und ein 200 Jahre alter Handwebstuhl präsentiert. Eine nachgebaute Bauernküche

Bezaubernde Ausblicke auf die Seenlandschaft des Achterwassers bietet das malerische grüne Hochufer des Peenestroms zwischen Rankwitz und Grüsow

gibt einen Einblick in die Wohnkultur von anno dazumal. Ein Idyll ist der kleine *Hafen*. Netze hängen zum Trocknen aus, an der Mole liegen ein paar Fischerboote und Segeljachten auf dem Wasser, nahebei kann man sich in der *Fischräucherei* mit Räucherware eindecken.

Von Rankwitz auf kann man auf einem markierten **Radweg** am Achterwasser entlang den Lieper Winkel umfahren. Erste Station der 15 km langen Rundtour ist **Quilitz** 1,5 km nördlich von Rankwitz. In dem stillen Weiler mit einer Bungalowsiedlung an der Uferfront lädt ein fein-

Dornröschenträume: Das pittoreske ›Blaue Haus‹ in Warthe ist fotogener Inbegriff der Landlebenidylle des Lieper Winkel

sandiger schmaler Strand zu einem erfrischenden Bad im Peenestrom ein. Von Quilitz fährt man am Peenestrom entlang bis Warthe [s. S. 67] und von dort weiter am Nordufer des Lieper Winkels nach Grüsow. Hier schwenkt die Route wieder ins Landesinnere und läuft über Liepe zurück nach Rankwitz.

Der Moränenhügel namens **Jungfernberg** 1 km nördlich von Rankwitz an der Straße nach Liepe ist mit 18 m die höchste Erhebung der Halbinsel, er bietet einen schönen Ausblick über den Peenestrom auf die Festlandküste.

Das namengebende **Liepe** im Zentrum der Halbinsel war über Jahrhunderte der Hauptort des Lieper Winkels. Der slawische Name *Lipa* deutet darauf hin, dass die Siedlung einstmals von Linden gesäumt war. Das Ortsbild wirkt recht geschlossen, reetgedeckte Häuschen und große Backsteinscheunen scharen sich dicht um die Kirche *St. Johannes*. Sie wurde 1216 erstmals erwähnt und gilt als eine der ältesten Kirchen Usedoms. Mit dem hübschen, aus Feld- und Backsteinen in lebendiger Mixtur bestehenden Gebäude wurde gleich nach der Christianisierung der Insel begonnen. Im Inneren, an der Ostwand, zeigen *Wandmalereien* (Ende 15. Jh.) Kreuzigung und Auferstehung Christi. Die Kirche ist Bühne für Konzerte und Lesungen sowie Spielstätte des Usedomer Musikfestivals.

In **Warthe** an der nordwestlichsten Ecke der Halbinsel sorgen schmucke Reetdachkaten und Fachwerkhäuser für das gewisse Etwas. Quasi ein Wahrzeichen ist das *Blaue Haus*, das außer dem himmelblauen Anstrich auch eine hübsch bemalte Holztür vorweisen kann. Von dem recht bescheidenen *Badeplatz* am Ende des Peeneweges bietet sich eine schöne Aussicht über den Peenestrom aufs Festland und auf die Marienkirche von Lassan [Nr. 31].

Praktische Hinweise

Hotels

** **Am Achterwasser**, Dorfstr. 12, Warthe, Tel. 03 83 72/75 20, Fax 7 52 52, www.am-achterwasser.de. Die Ferienanlage besteht aus vier 1996 erbauten hübschen Fachwerkhäusern und einem Restaurant. Im Parterre befindet sich der Wohnraum mit Kochnische, im Obergeschoss liegen ein oder zwei Schlafzimmer und das Bad. Sehr idyllische und ruhige Lage.

Gemütliche Landpartie: Für eine Erkundung des Usedomer Winkels ist das Fahrrad ideal

** **Ferienanlage Hafen Rankwitz**, Am Hafen, Rankwitz, Tel. 03 83 72/7 05 21, Fax 7 05 28, www.usedomer-feinfisch.de. Vermietet werden vier schlichte Ferienhäuschen mit einer jeweils auf zwei Etagen verteilten Wohnfläche von 42 m^2. Aussichtsreiche Lage direkt am Peenestrom.

Restaurants

Rankwitzer Hof, Dorfstr. 15, Rankwitz, Tel. 03 83 72/7 05 63. Fangfrischer Fisch aus dem Peenestrom kombiniert mit regionalen Produkten sichern dem einfachen Dorfgasthof ein treues Stammpublikum.

Zur alten Fischräucherei, Am Hafen, Rankwitz, Tel. 03 83 72/7 05 21. Fisch in allen Varianten – neben Räucherfisch auch Brat- und Kochfisch. Spezialitäten des Hauses sind Räucheraal und Forellen aus eigener Zucht, die als Forelle blau oder nach Müllerin Art auf den Tisch kommen. Man sitzt direkt neben dem Bootsanleger am Peenestrom.

16 Usedom

Plan Seite 68

Die Stadt, die der Insel ihren Namen gab.

Schön, dass die B 110 am Rand der Kleinstadt Usedom (2000 Einw.) vorbeiläuft! So bleibt ihr die Autolawine erspart, die sich jeden Sommer vom Festland kommend durch den *Usedomer Winkel*, die Südwestspitze der Insel, in Richtung Seebäder wälzt. Das hübsche Landstädtchen am *Usedomer See* ist eigentlich nicht mehr als ein größeres Dorf. Als Namensgeber der Insel kommt dem Ort ein besonderer Stellenwert zu. Der *mittelalterliche Kern* und eine Hand voll interessanter Geschäfte machen einen Bummel durch die kopfsteingepflasterten Gassen überaus lohnend.

Geschichte Dass der Inselname wie vielfach kolportiert aus dem Spruch »O so dumm« entstanden sei, darf getrost ins Reich der Legenden verbannt werden. Usedom leitet sich von *Uznam* ab, im Slawischen bedeutet dies Mündung, was ursprünglich wohl auf den schmalen Mündungsarm des Usedomer Sees ins Stettiner Haff gemünzt war. Die älteste Siedlung der Insel wurde im Zuge der Völkerwanderung von slawischen Stämmen gegründet, die sich im 7. Jh. im Gebiet der Odermündung niederließen. Ein bedeutsames Jahr in der Geschichte des Ortes war 1128, als *Bischof Otto von Bamberg* auf dem heutigen Schlossberg die slawischen Stammesfürsten zum Christentum bekehrte.

Bald kamen neue Siedler ins Land, rodeten die Wälder und kultivierten Getreide und Hülsenfrüchte. 1155 gründeten Prämonstratensermönche nahe Usedom das *Kloster Grobe*. Um die Burg auf dem heutigen Schlossberg entwickelte sich ab 1250 Usedom zur Stadt, 1298 erhielt sie von Pommernherzog Bogislaw IV. formell das Stadtrecht. Außerdem war sie ein bedeutender Handelsplatz im südlichen Ostseeraum. Die Burg wurde im 14. Jh. zum Schloss umgebaut, das als Witwensitz der Herzoginnen diente.

Ein herber Rückschlag ging mit dem großen *Stadtbrand* von 1475 einher, von dem sich Usedom nur langsam erholte. Fortan stand es im Schatten der Städte Wolgast und Anklam [Nr 30, 32]. Im Westfälischen Frieden von 1648 fielen Ort und Insel an die Schweden, die bis 1720 im Rathaus das Sagen hatten. Ab 1876 verhalf der Anschluss an die Bahntrasse Berlin–Swinemünde dem Landstädtchen zu einem bescheidenen wirtschaftlichen Aufschwung. Doch ist Usedom bis heute eher verträumt geblieben, wenngleich es im Sommer zahlreiche Ausflügler anlockt.

Besichtigung Bester Ausgangspunkt für einen Stadtrundgang ist das **Klaus-Bahlsen-Haus** 1 an der Bäderstraße (B 110). Das hübsch restaurierte Backsteingebäude von 1876 war bis 1945 der Bahnhof, seit 2003 beherbergt es die Stadtinformation und die *Naturparkverwaltung Usedom* (Bäderstr. 5, Tel. 03 83 72/ 76 30, Mai–Sept. Mo–Fr 10–18, Sa 10–15 Uhr, Okt.–April Mo–Fr 10–16 Uhr). In den freundlichen Räumen erfährt der Besu-

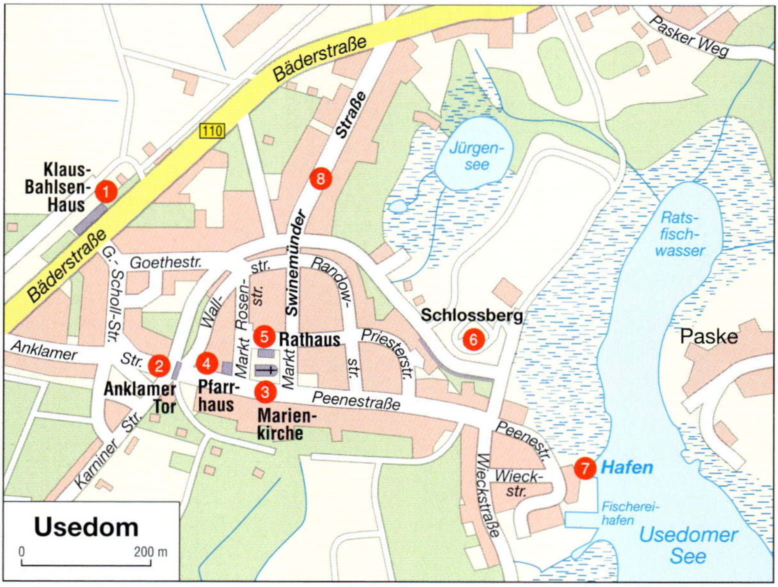

Schmucke Backsteinarchitektur: Das Klaus-Bahlsen-Haus, einst der städtische Bahnhof, ist heute Sitz der Naturparkverwaltung Usedom sowie der Stadtinformation

cher Wissenswertes über die geologische Geschichte der Insel und die verschiedenen Ökosysteme im Naturpark Usedom. Die permanente Ausstellung konzentriert sich auf das Thema Wasser als Lebensraum für Pflanzen und Tiere. Im Sommerhalbjahr werden geführte *Radtouren* und *Wanderungen* durch den Naturpark angeboten.

TOP TIPP Vom Alten Bahnhof ist es nur ein Katzensprung zum **Anklamer Tor** 2 am Rand der Altstadt. Das Wahrzeichen von Usedom ist eines von ursprünglich drei mittelalterlichen Stadttoren, die durch eine Ringmauer miteinander verbunden waren. Das Peenetor, das Swinetor und die Stadtmauer wurden im 19. Jh. abgerissen. Der erhaltene gotische Backsteinturm von 1450 imponiert durch seine von schmalen Blendbögen und eine Fallgitternische gegliederte *Fassade*, die in einem Walmdach gipfelt. An der Südseite des Turms führt eine Stahltreppe zum niedrigen Eingang der *Heimatstube* (Tel. 03 83 72/7 08 90, in der Regel Mai–Sept. tgl. 10–12 und 13.30–15.30 Uhr) hinauf. Das kleine Museum informiert über die Arbeit der Bauern, Handwerker und Fischer. Hier werden z. B. Gerätschaften zur *Flachsverarbeitung* gezeigt, die einstmals eine der wirtschaftlichen Stützen der Region war.

Vom Anklamer Tor erreicht man in wenigen Schritten den **Marktplatz**. Der etwa 100 x 100 m große Platz ist das Herzstück der mittelalterlichen Stadtanlage. Überragt wird er von der imposanten **Marienkirche** 3. Sie hat von den ursprünglich fünf Stadtkirchen als einzige die Zeiten überdauert. Ihre Ursprünge gehen auf den Anfang des 14. Jh. zurück, die heutige dreischiffige Hallenkirche im spätgotischen Stil entstand nach dem verheerenden Stadtbrand von 1475. 1891–93 wurde der Chor des Backsteinbaus erneuert, auch der obere Teil des gewaltigen Turmes mit der schlanken La-

Stattliches Wahrzeichen: Das als einziges Stadttor erhaltene Anklamer Tor in Usedom

Markante Erscheinung: Die imposante Marienkirche dominiert das Stadtbild Usedoms

terne und die wenig spektakuläre Innenausstattung stammen aus dieser Zeit.

Das **Pfarrhaus** 4 vis-à-vis der Marienkirche fällt durch sein in Fachwerk ausgeführtes Obergeschoss ins Auge. Der um 1800 errichtete wuchtige Bau hat außerdem eine schöne Holztür.

Neben der riesigen Kirche nimmt sich das **Rathaus** 5 Usedoms trotz seiner zwei Geschosse fast wie ein Spielzeuggebäude aus. An der marktseitigen Fassade des von einem Mittelrisalit gegliederten Traufenhauses (Ende 18. Jh.) prangt das *Usedomer Stadtwappen*. Von diesem Gemeindesitz aus wird der Usedomer Winkel verwaltet.

Vom Marktplatz führt die kopfsteingepflasterte *Peenestraße* in Richtung Hafen. Nach 250 m weist ein Schild nach links zum **Schlossberg** 6, der sich gerade mal 10 m über der Stadt erhebt. Vorbei an Gemüsegärten und Hühnerställen steigt man hinauf zu dieser *Keimzelle* der Stadt. Anstelle des im 17. Jh. zu Grunde gegangenen Schlosses befindet sich heute ein 5 m hohes Granitkreuz, das im Jahr 1928 anlässlich der 800-jährigen Wiederkehr der *Christianisierung* der Slawen errichtet wurde. Am Backsteinsockel steht als Inschrift das bedeutsame Zitat des Bischofs Otto von Bamberg: »Gott will nicht erzwungenen, sondern freiwilligen Dienst«.

Weiter geht es über die Peenestraße zum **Hafen** 7 am Usedomer See. Hier liegen einige Fischer- und Segelboote vertäut und die einfache *Hafenkneipe* hält für den kleinen Hunger Fischbrötchen oder eine Portion Räucherfisch bereit. Anstelle des beschaulichen Bootsanlegers soll hier bald eine schicke Marina für Sportboote entstehen, auch will man einen Fußgängersteg über die Enge ans andere Seeufer, zum Nachbarort Paske, legen. Und damit an der Mole auch Fahrgastschiffe anlegen können, muss die Wasserrinne ausgebaggert werden. Das alles kann noch dauern, zumal Umweltschützer bei dem ambitionierten Projekt ebenfalls ein Wörtchen mitreden wollen.

Nun geht es wieder zurück in die Altstadt, wo sich nördlich vom Markt die **Swinemünder Straße** 8 zu einer netten Flaniermeile gemausert hat. In einigen der niedrigen *Ackerbürgerhäuser* befinden sich heute Boutiquen und Antiquitätengeschäfte. Hier kann man nach Herzenslust stöbern, etwa nach altem Porzellan, Bilderrahmen, Lampen und Kunsthandwerk.

i Praktische Hinweise

Information: Stadtinformation, Klaus-Bahlsen-Haus, Bäderstr. 5, Usedom, Tel. 03 83 72/7 08 90, Fax 7 10 72, www.stadtinfo-usedom.de

Einkaufen

Antiquitäten & Lebensart, Swinemünder Str. 68, Usedom, Tel. 03 83 72/7 05 69. In der ausgebauten Scheune werden auf zwei Etagen antike Möbel, wilhelminisches Tafelsilber, historische Postkarten und antiquarische Bücher präsentiert. Interessant ist die Kombination von Antiquitäten mit Feinkost, Antipasti und Wein.

TOP TIPP **De Spinndönz**, Swinemünder Str. 20, Usedom, Tel. 03 83 72/7 63 90. In dem 2003 eröffneten Geschäft von Annelene Lühmann dreht sich alles um Naturtextilien. In den Regalen stapeln sich Pullis aus Merinowolle, Strickjacken im Norwegermuster sowie feine Tischwäsche aus Leinen – alle Produkte sind naturfarben. Auf historischen Webstühlen kann man in einem Schnupperkurs das alte Handwerk erlernen, auch werden Spinnkurse angeboten.

Usedomer Kaleidoskop, Swinemünder Str. 4, Usedom, Tel. 03 83 72/7 61 66. Im Angebot sind Kaleidoskope, Bernsteinschmuck sowie handgesponnene und handgefärbte Wolle aus eigener Schafhaltung, dazu Kunsthandwerk und hübsche Mitbringsel aus Keramik, Glas, Holz und Seide.

Hotel

** **Norddeutscher Hof**, Markt 12, Usedom, Tel. 03 83 72/7 02 66, Fax 7 07 12. Solides Haus in zentraler und doch ruhiger Lage am Marktplatz. Einige der 13 Zimmer haben Wasserbetten. Der dazugehörige Gasthof bietet gute regionale und internationale Küche. Von den Fischgerichten sind z. B. das Haffzanderfilet und die Rankwitzer Forelle empfehlenswert.

17 Stolpe

Altes Bauernland, Störche und ein Schloss, das auf bessere Tage wartet.

Nahe Usedom führt von der B 110 eine Landstraße nach Südosten ins Bauerndorf Stolpe (400 Einw.). Die kleine Gemeinde ist der Mittelpunkt einer ansonsten nur dünn besiedelten Region. Im Sommer nisten auf den Dächern einiger Höfe Storchenpaare, drum herum gibt es viele grüne Wiesen und Weiden mit friedlich grasendem Fleckvieh.

Die Geschicke des seit 1233 schriftlich belegten Ortes wurden über Jahrhunderte von dem slawischen Adelsgeschlecht derer *von Schwerin* bestimmt, erst 1817 hob man hier die Leibeigenschaft auf. Als Stammsitz der Feudaldynastie diente das **Schloss Stolpe** neben dem Dorfweiher. Der eher schlichte dreigeschossige Renaissancebau aus dem 17. Jh. erlebte unter Friedrich von Schwerin seine beste Zeit. Dieser ließ etwa 1905 das Anwesen um zwei Rundtürme erweitern, die durch einen vorgebauten Arkadengang miteinander verbunden waren. Kurz vor dem Ende des Zweiten Weltkriegs floh die letzte des Geschlechts, Gräfin Edda von Schwerin, in den Westen und das Schloss blieb sich selbst überlassen. Etliche Gebäudeteile dienten fortan als Steinbruch. Das Anwesen gehört heute der Gemeinde und wird derzeit saniert.

Die Geschichte der unscheinbaren **Dorfkirche** reicht bis ins Spätmittelalter zurück. 1867 wurde das Gebäude durch Blitzschlag zerstört. Der heutige neogotische Backsteinbau mit quadratischem Turm entstand 1871–73 und wurde weitgehend von ortsansässigen Handwerkern errichtet.

i Praktische Hinweise

Hotel

** **Stolperhof**, Ausbau 1, Stolpe, Tel. 03 83 72/7 10 81, Fax 7 10 82, www.stolperhof.de. Der etwas andere Ferienhof knapp 2 km außerhalb von Stolpe ist ökologisch orientiert: Sonnenkollektoren sorgen für Warmwasser und Heizung, Trinkwasser kommt aus der eigenen Anlage, die Küche serviert Bioprodukte aus dem Garten. Gewohnt wird in einem hübschen Fachwerkhaus mit 14 einfachen Zimmer, die für zwei bis sechs Personen eingerichtet sind. Eine große Bauernküche steht allen Gästen offen. Wer möchte, darf auch gerne in Hof, Stall und Garten mit Hand anlegen. Hafflinger Pferde, Kühe, Schafe, Federvieh und im Sommer reichlich Schwalben schaffen Landidylle. Zum kleinen Badeplatz am Haff sind es mit dem Rad 20 Min.

18 Karnin

Mönchow – Zecherin

Ein technisches Denkmal ist Pilgerort für Eisenbahnfans.

Westlich der Stadt Usedom, in der äußersten Ecke des Usedomer Winkels, liegt das winzige Dorf Karnin. Es zieht jährlich Tausende von Besuchern an, denn schon von weitem sichtbar erhebt sich hier ein gewaltiges Stahlskelett aus dem Peenestrom. Es handelt sich um das 33 m hohe Hubgerüst, Rest der Eisenbahnhubbrücke. Schon 1876 führte eine 360 m lange *Drehbrücke* vom Festland über den Peenestrom zur Insel. Der preußische Kriegs- und Handelshafen Swinemünde war damit von Berlin aus durchgehend auf der Schiene erreichbar. Die Brücke hatte folglich strategisch, wirtschaftlich und touristisch große Bedeutung, doch bald war sie dem steigenden Verkehrsaufkommen nicht mehr gewachsen.

Die Zecheriner Klappbrücke zwischen Usedom und Festland hat 330 m Spannweite ▷

Nach zweijähriger Bauzeit konnte 1934 schließlich die neue, zu jener Zeit modernste und mit 600 m längste **Eisenbahnhubbrücke** auf dem Kontinent ihrer Bestimmung übergeben werden. Sie verband Kamp auf dem Festland mit Karnin. Dank der dem Funktionsprinzip eines Fahrstuhls entsprechenden neuen *Hubtechnik* war es möglich die Gleise binnen max. drei Minuten zu heben bzw. zu senken. So blieb der Peenestrom selbst für große Frachtschiffe befahrbar und ansonsten konnten nun Züge die Brücke sogar mit einer Spitzengeschwindigkeit von 100 km/h befahren. Laut Sommerfahrplan 1935 brausten täglich 52 Züge über die Karniner Brücke, davon 12 Schnellzüge, die von Berlin bis Swinemünde genau 2 Std. 36 Min. unterwegs waren, eine Fahrzeit, von der Bahnpassagiere heute nur noch träumen können. Im Zweiten Weltkrieg beförderten die Züge weniger Badegäste als vielmehr kriegswichtige Güter nach Swinemünde. Am *29. April 1945* sprengte die Deutsche Wehrmacht auf dem Rückzug vor den russischen Truppen die Brücke und unterbrach damit für mehr als 50 Jahre die Bahnverbindung nach Usedom. Übrig blieb einzig und allein das Hubgerüst. Die 45,5 km langen Gleisanlagen zwischen Ducherow und Swinemünde wurden 1946/47 demontiert und als Reparationsleistung an Russland geliefert.

1990 wollte die Reichsbahn das Hubgerüst abreißen lassen, doch es formierte sich eine Bürgerinitiative gegen das Vorhaben, und das Zeugnis deutscher Eisenbahngeschichte wurde noch im gleichen Jahr unter Denkmalschutz gestellt. Der aus der Bürgerinitiative hervorgegangene *Verein Usedomer Eisenbahnfreunde* engagiert sich seither für den Wiederaufbau der Brücke, was angesichts der hohen Kosten allerdings recht unwahrscheinlich sein dürfte – die Bahn AG hat das Projekt bereits ad acta gelegt.

1998 erwarben die Eisenbahnfreunde den vom Verfall bedrohten **Bahnhof Karnin** (um 1900). Der historische Fachwerkbau auf rotem Backsteinsockel ist seither

Einzig das Hubgerüst in Karnin blieb von der einst modernsten Eisenbahnbrücke Europas

hübsch saniert worden und beherbergt heute das *Infocenter* (Tel. 03 83 72/7 14 46, Mitte April–Okt. tgl. 10–19 Uhr, Nov.–Mitte April Mi–Mo 10–17 Uhr) des Vereins. Eine ständige Ausstellung informiert über Historie und Technik der Karniner Hubbrücke. Außerdem wird ein teils antiquarisches Buchsortiment zur Eisenbahn- und Regionalgeschichte Vorpommerns angeboten. Auch ein Café lädt zum Verweilen ein.

Mit dem weißen **Lotsenturm** hat Karnin noch eine weitere Attraktion zu bieten. Der viergeschossige Rundbau mit seinem von roten Schindeln gedeckten Kegeldach und einer umlaufenden Galerie entstand 1938. Er wies bis 1945 als einziger Lotsenturm der vorpommerschen Küste den Schiffen den Weg durch den Peenestrom ins Stettiner Haff.

Ausflüge

Im Weiler **Mönchow** 1 km östlich von Karnin steht eine der hübschesten *Dorfkirchen* Usedoms. 1342 erstmals erwähnt und im Dreißigjährigen Krieg stark beschädigt wurde der Bau im 17. Jh. erneuert. Der Kirchturm erfreut mit einem schmucken Fachwerkaufsatz, der von einer Spitzhaube abgeschlossen wird. Auf dem *Friedhof* gegenüber steht ein bemerkenswertes *Mausoleum*. Den Backsteinbau mit neobarocken Stilelementen ließ die wohlhabende Familie Dannenfeld um 1900 errichten. Die Kuppel über dem Portal wird von vier kleinen Obelisken eingefasst.

Der alte Fährort **Zecherin** 3 km nordwestlich von Karnin war wahrscheinlich schon in der Frühzeit ein bedeutende Anlaufsstelle vom Festland. Ab 1861 wurde hier an einer 500 m langen Eisenkette ein Prahm mittels einer von Hand betriebenen Kurbel über den Peenestrom gezogen – vier starke Männer waren dazu nötig. Im Jahr 1914 übernahm ein Motor die Schweiß treibende Arbeit, 1931 löste die 330 m lange *Zecheriner Klappbrücke* diese Art von Fährbetrieb ab. In den letzten Kriegstagen wurde sie von den Nazis gesprengt, konnte jedoch bereits 1950 wieder hergestellt und in Betrieb genommen werden. Sie ist neben der Brücke von Wolgast die einzige Verbindung zwischen Usedom und dem Festland.

i Praktische Hinweise

Information: Infocenter, Bahnhof Karnin, Dorfstr. 12, Karnin, Tel. 03 83 72/7 14 46, Fax 7 61 38, www.infocenter-karnin.de

Restaurants

Haffschänke, Dorfstr. 19, Karnin, Tel. 03 83 72/7 03 75. Einfaches Lokal direkt am Peenestrom. Im Sommer sitzt man im Garten neben dem Bootsanleger und genießt frischen Fisch und deftige Hausmannskost.

Peene-Idyll, An der Zecheriner Brücke, Zecherin, Tel. 03 83 72/7 08 32. Das Lokal am Peenestrom ist bereits ab 9 Uhr morgens für eine Tasse Kaffee gut, ab Mittag gibt es preiswerte gutbürgerliche Kost, etwa hausgemachte Sülze, Schnitzel und natürlich auch frischen Fisch.

Café

Hubbrückencafé, im Bahnhof Karnin, Dorfstr. 12, Karnin, Tel. 03 83 72/7 61 37. Im einstigen Wartesaal des Bahnhofs gibt es kleine Gerichte, etwa Erbsensuppe und Soljanka, oder einfach nur eine Tasse Kaffee mit Kuchen (Nov.–Mitte April Mo/Di geschl.).

Usedoms Wespentaille – wo die Insel am schmalsten ist

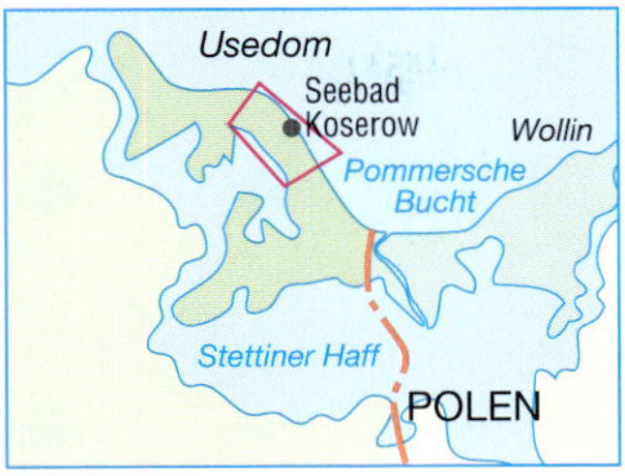

Eine schmale *Landbrücke* verbindet den Südteil Usedoms mit dem kleineren Nordteil. An der engsten Stelle misst der Isthmus kaum mehr als 300 m. Die Naturgewalten setzen der Insel hier besonders zu, immer wieder richten Sturmfluten schwere Schäden an. An Usedoms Taille reihen sich die *Seebäder* Ückeritz, Kölpinsee, Koserow und Zempin aneinander. Die Ortschaften orientierten sich ursprünglich alle nach Westen, zum Achterwasser. Erst durch den Tourismus entstanden dann auch Ortsteile an der Ostseeküste. Das hübsche **Ückeritz** hat einige kleinere Hotels, Pensionen und Privatzimmer vorzuweisen, vor allem aber den größten Campingplatz Usedoms, der sich auf über 4 km Länge am bis zu 60 m breiten feinen Sandstrand erstreckt. Als Attraktion gilt der *Usedomer Gesteinsgarten* im nahen Forsthaus Neu Pudagla. **Kölpinsee** war in den 1920er-Jahren der Treffpunkt deutscher Filmstars. Heute geht es in dem mit **Loddin** am Achterwasser zusammengeschlossenen Ort recht geruhsam zu. Ein idealer Ferienort für alle Gäste, die auf Erholung aus sind und auch das waldreiche Umland zu schätzen wissen. Sehr idyllisch nimmt sich der *Kölpinsee* aus, den nur eine Düne vom Meer trennt. Auf einem schönen Wanderweg kann man ihn umrunden. Das größte der vier Seebäder ist **Koserow**. Mit seiner mittelalterlichen Dorfkirche, dem Atelier des Malers Otto Niemeyer-Holstein, heute Museum, und dem Steilkliff am *Streckelsberg* vereint es zugleich die wichtigsten touristischen Attraktionen dieser Region auf sich. In **Zempin,** dem kleinsten Badeort der gesamten Insel, konzentriert sich der Ferienalltag ganz auf das Wesentliche und Schönste, den Strand.

19 Seebad Ückeritz

Wockninsee – Neu Pudagla – Stagnieß

Camper-Dorado und waldreichstes Seebad der Insel.

Das Seebad Ückeritz (1000 Einw.) zwischen Ostseestrand und Achterwasser gehört zu den ruhigeren Ferienorten auf Usedom. Das Fischerdorf liegt in einer der waldreichsten Gegenden der Insel, die zu ausgedehnten *Wanderungen* einlädt. Im Frühjahr bezaubert das frische Grün der Buchen, noch prächtiger zeigt sich die Natur im Herbst, wenn sich das Laub golden färbt. Und im Sommer lockt natürlich das Wasser.

1270 erstmals im Pommerschen Urkundenbuch als *Ukerz* (Grenzdorf) erwähnt ist Ückeritz eines der ältesten Dörfer der Insel. Es unterstand wie die meisten anderen Weiler zu jener Zeit dem Kloster Grobe. Nach dem Umzug der Mönche nach Pudagla regten diese 1388 an, man möge am Wockninsee eine Herberge für durchreisende Mönche und Kaufleute errichten. Der **Krug** am Wockninsee war somit das erste Gästehaus auf Usedom. Im Dreißigjährigen Krieg jedoch wurden Schänke und Dorf dem Erdboden gleichgemacht. Erst um 1660 siedelten sich wieder Bauern und Fischer in Ückeritz an.

Die ersten Sommergäste kamen 1893 hierher. Sie logierten im Gasthaus *Zum Deutschen Kaiser,* doch trotz des schönen Strandes und waldreichen Hinterlandes fasste der Badetourismus im Folgenden nur zögerlich Fuß. In den 1930er-Jahren schließlich kamen etliche Künstler, angezogen von der malerischen Lage des Ortes. Der Maler Otto Manigk (1902–1972) begründete 1932 die Ückeritzer **Künstlerkolonie**, zu der auch Herbert Wegehaupt (1905–1959) und ab 1941 Karen Schacht (1900–1988) gehörten. Mit Oscar Manigk

◁ *Faszinierendes Küstenpanorama: Die bis zu 60 m hohe Steilküste des Streckelsberges bei Koserow ist einer der schönsten Aussichtspunkte Usedoms*

und Matthias Wegehaupt, beide ebenfalls Maler, lebt heute bereits die zweite Künstlergeneration in Ückeritz.

Abgesehen vom einstigen Erholungsheim der Nationalen Volksarmee, das 1995 zur Reha-Klinik Ostseeblick umgebaut wurde, beschränkt sich das hiesige Übernachtungsangebot auf kleine Pensionen und Ferienwohnungen. In der DDR-Zeit war Ückeritz vor allem wegen seines riesigen **Campingplatzes** bekannt. Die Zelt- und Wohnwagenstadt mit Platz für 18 000 Urlauber erstreckte sich bis zum Langen Berg beim Seebad Bansin [Nr. 1]. Entsprechend turbulent ging es mitunter am Strand zu. Obwohl der Bansiner Teil des Platzes nach 1990 geschlossen wurde, ist der Ückeritzer Campingplatz nach wie vor der größte auf Usedom. Jedes Jahr kommen etwa 35 000 Camper hierher und im Sommer ist der Platz regelmäßig ausgebucht.

Die B 111 trennt das alte Ückeritz vom *Villenviertel*, durch einen stattlichen Buchenwald geht es dann noch 2 km weiter bis zur Ostsee. Hier wechseln sich über 7 km Steil- und Flachküste miteinander ab, davor liegt der feine **Sandstrand** mit seiner ausgedehnten Flachwasserzone, in der Kinder ausgiebig plantschen können. Auf dem 60 m breiten Strand findet jeden Sommer ein großes Beachvolleyball-Turnier statt.

Ausflüge

Vom östlichen Ortsrand führt ein Naturlehrpfad ins **Naturschutzgebiet Wockninsee**. Schautafeln machen mit der Flora und Fauna des seit 1967 geschützten 50 ha großen Biotops bekannt. Im Zentrum liegt der See, der seit der letzten Eiszeit zunehmend verlandet und inzwischen durch einem Schilfgürtel zweigeteilt ist. Die Wasserflächen werden von einem Flachmoorgürtel und einem Erlenbruchwald gerahmt. Hier haben sich seltene Pflanzen, etwa die Moorbirke, die Kriechweide und der Faulbaum, angesiedelt. Das Seeufer selbst ist nicht zugänglich, doch eine erhöht angelegte *Kanzel* erlaubt eine schöne Aussicht auf das Naturidyll. Im Gebiet nisten Wildgänse, ab und an zeigt sich die selten gewordene Sumpfschildkröte, und mitunter kann man auch eine harmlose Ringelnatter über den Weg schlängeln sehen.

2 km südlich von Ückeritz zweigt von der B 111 eine Straße zum **Forstamt Neu Pudagla** (Tel. 03 83 75/2 04 60, Mo–Fr 8–15.30 Uhr) ab, das alle Wälder im deutschen Teil Usedoms betreut. Zu dem Gebäudekomplex von 1849 gehört auch die frühere Forstscheune, heute *Waldkabinett* genannt. Hier werden eine interessante Pilz- und Fossiliensammlung sowie heimische Hölzer ge-

Zurück zu den Ursprüngen: In dem teils wie verzaubert wirkenden Naturschutzgebiet Wockninsee gibt es ein herrliches unberührtes Waldbiotop zu erkunden

zeigt. Von jeder der rund 45 auf Usedom vertretenen Baumarten werden Blüten, Blätter und Früchte vorgestellt. Am Waldkabinett beginnt ein *Lehrpfad,* der mit einem Insektenhotel, einer Fledermausburg und zahlreichen Frühlingsblütlern bekannt macht. Das Forstamt bietet zwischen Mai und September jeweils am letzten Freitag des Monats *Führungen* (Voranmeldung, s. o.) durch die waldreiche Region an. Eine besondere Attraktion am Forsthaus ist der **Usedomer Gesteinsgarten** (jederzeit zugänglich), in dem rund 140 *Geschiebe* aufgestellt sind. Es handelt sich um Findlinge, die eiszeitliche Gletscher von Skandinavien nach Usedom transportiert haben. Alle Geschiebe sind nach Gesteinsart, Herkunft und Fundort benannt, die meisten stammen aus Finnland, Südschweden und von Bornholm. Der älteste Findling hat fast 2 Milliarden Jahre auf dem Buckel, der schwerste bringt es auf ein Gewicht von 7 t.

Westlich von Neu Pudagla erreicht man auf einem Teersträßchen den Hafen **Stagnieß** am Achterwasser. Abgesehen von dem hübschen kleinen *Naturcampingplatz* (s. u.) geht es hier recht ruhig zu. Vom Sportboothafen aus kann man während der Saison einen Ausflug auf dem Achterwasser unternehmen.

Geschiebe und andere Findlinge: Der Usedomer Gesteinsgarten zeigt Spuren der Eiszeit

i Praktische Hinweise

Information: Kurverwaltung, Bäderstr. 5, Ückeritz, Tel. 03 83 75/25 20, Fax 2 52 18, www.ueckeritz.de

Schiff

Ückeritzer Personenschifffahrt, Stagnieß, Tel. 01 71/6 51 47 69, www.ms-astor.m-vp.de. Von April bis Oktober läuft die MS Astor täglich zu zweistündigen Achterwasserrundfahrten aus, mehrmals die Woche stehen auch romantische Mondscheinfahrten auf dem Programm.

Sport

Segel- und Surfschule Ückeritz, Am Achterwasser, Ückeritz, Tel. 03 83 75/ 2 06 41, www.windsport-usedom.de. In dem für Anfänger idealen Flachwasserbereich des Achterwassers werden Segel-, Kite- und Surfkurse angeboten. Segel- und Surfausrüstung gibt es leihweise, man kann Tret- und Ruderboote mieten und auch den amtlichen Sportbootschein machen.

Hotels

*** **Hotel Nussbaumhof**, Feldstr. 2, Ückeritz, Tel. 03 83 75/23 80, Fax 2 38 88, www.nussbaumhof.de. Neben den geräumigen 14 Nichtraucherzimmern des familiär geführten Hauses sind die Maisonette-Wohnungen mit zwei Schlafzimmern besonders hübsch. Gefrühstückt wird im Wintergarten unter einem großen Nussbaum.

** **Pension am Achterwasser**, Hauptstr. 35, Ückeritz, Tel. 03 83 75/2 06 00, Fax 2 06 43, www.pension-achterwasser.de. Familiäres Haus mit fünf Zimmern nahe dem Sportboothafen. Mit kleiner Liegewiese und Grillplatz. In dem zugehörigen Wintergarten-Café gibt es leckere Eiscreme.

Camping

Campingplatz Ückeritz, Ostseestrand, Tel. 03 83 75/2 09 23 und 25 20, Fax 2 52 18, www.ueckeritz.de. Das weitläufige Areal mit 700 Stellplätzen erstreckt sich direkt hinter dem Waldgürtel am 100 m entfernten Strand. Zum Platz gehören auch einfache Bungalows. Mehrere Gaststätten, ein Supermarkt, Spielplätze und ein Kino gehören zur Infrastruktur.

Naturcampingplatz Stagnieß, Stagnieß, Tel. 03 83 75/2 04 23, Fax 2 92 06. Der sehr schöne Wiesenplatz am Achterwasser ist ideal für Angler und auf Ruhe bedachte Camper, denen es am Ostseestrand zu überlaufen ist.

Restaurants

Deutsches Haus, Nebenstr. 1, Ückeritz, Tel. 03 83 75/2 09 40. Der Landgasthof ist für gute pommersche und deutsche Küche bekannt und bietet auch eine zünftige Vesper, das *Burenbrett* mit Landschinken und Hausmacher Wurst. Jeden Donnerstag Abend gibt es kross gebackenes Spanferkel aus dem Ofen. Das urige Lokal ist mit allerlei altem Hausrat dekoriert, man sitzt fast wie in einem Heimatmuseum (Di geschl.).

Utkiek, Am Strand, Ückeritz, Tel. 03 83 75/2 04 08. Recht preiswerte Fischküche, darunter Dorschfilet mit Sahne-Lauchgemüse, und leckere Kuchen aus eigener Konditorei. Von der Terrasse aus hat man einen zauberhaften Blick auf die Ostsee.

20 Seebad Loddin-Kölpinsee

Doppelort zwischen Bodden und Außenküste.

Der Doppelort Loddin-Kölpinsee (1000 Einw.) liegt quer über Usedoms Wespentaille. Keimzelle der Siedlung ist das einstige Fischer- und Bauerndorf Loddin am Achterwasser, der dazugehörige Ortsteil Kölpinsee liegt 2 km weiter nördlich an der Ostseeküste. Zu ihm gehört auch der gleichnamige See. Dritter und kleinster Ortsteil ist *Stubbenfelde* am Südufer des Kölpinsees. Mit dem Achterwasser, der Ostsee und dem Kölpinsee hat die Gemeinde Wasser satt – der Gast kann je nach Gusto sein Lieblingsrevier wählen.

Die slawische Gründung **Loddin** hieß früher *Loddino,* was frei übersetzt ›Dorf an der Lachsbucht‹ bedeutet, ein Zeichen dafür, dass das Achterwasser einst-

Einladung zu flotter Bootspartie und beschaulicher Rast: Mit schönem Blick auf das Achterwasser lockt der Biergarten von Kiki's Bootsverleih am Loddiner Sportboothafen

Stille Idylle: Die Seenlandschaft des Achterwassers ist eine Augenweide für Romantiker

mals reich an Lachsen gewesen sein muss. Im Dreißigjährigen Krieg plünderten und zerstörten Wallensteins Truppen das Dorf. 1720 kam es zu Preußen und wurde Staatsdomäne. Nach der Revolution von 1848 teilte man das Land zwischen den Bauern auf.

Bei einem Spaziergang durch den *alten Ortskern* ist noch viel von dem ursprünglichen Charakter zu spüren, wenngleich Fischfang und Landwirtschaft schon lange keine große Rolle mehr spielen. Etliche der Fischerkaten und Gehöfte bestehen seit dem 17. Jh., manche tragen noch das typische Reetdach. Beschaulich nimmt sich der geschützt am Achterwasser gelegene *Sportboothafen* aus, an dem man Ruder- und Tretboote mieten kann. Vom Fischlokal *Waterblick* aus lässt sich der Sonnenuntergang über dem Achterwasser bei einen guten Abendessen genießen. Nahe dem Hafen stehen noch einige *Korbweiden*, deren Zweige früher das Rohmaterial für die Korbflechterei lieferten. Heute sind die Höhlungen der uralten Bäume ein idealer Nistplatz für Vögel.

Südlich des Ortes ragt das als Naturschutzgebiet ausgewiesene **Loddiner Höft** weit ins Achterwasser hinein. Vom oben erwähnten Waterblick führt ein schöner *Rundweg* um die sanft gewellte Landzunge. Die *Steilküste* über dem Westufer bietet einen großartigen Panoramablick auf die Halbinseln Gnitz und Lieper Winkel, am westlichen Horizont gewahrt man die vorpommersche Festlandküste.

Der *Badetourismus* spielt sich wohlgemerkt nicht auf der Loddiner Seite, sondern in **Kölpinsee** ab. Auf einer Inselkarte des 17. Jh. war an dieser Stelle eine Siedlung namens *Colpa* eingetragen, die im Dreißigjährigen Krieg allerdings dem Erdboden gleichgemacht wurde. Das heutige Seebad am südöstlichen Ausläufer des Streckelsberges entstand als Loddiner Kolonie Ende des 19. Jh. Der erste Beherbergungsbetrieb, das *Hotel Wald und See*, öffnete seine Pforten 1896 (nicht erhalten). 1911 wurden mit der Anbindung an das Bahnnetz und dem Bau eines Schiffsanlegers die verkehrstechnischen Voraussetzungen für den weiteren Aufschwung geschaffen, der allerdings durch den Ersten Weltkrieg ein vorläufiges Ende fand. Seine Blütezeit erlebte Kölpinsee dann in den 1920/30er-Jahren, als sich das auf dem Steilufer über dem Strand idyllisch platzierte *Hotel Seerose* (1897 eröffnet) zu einem Treff der deutschen *Filmwelt* entwickelte. Auf der Gästeliste standen die Namen berühmter UFA-Stars, allen voran Hans Söhnker, Grete Weiser, Willy Fritsch und Lilian Harvey.

Mit der Klinik Klaus Störtebeker und dem IFA Kurheim Usedom hat sich das Seebad Kölpinsee heute auch als *Rehabilitationszentrum* für Kinder und Jugendliche sowie mit Mutter-Kind-Kuren einen Namen gemacht. Die therapeutischen Einrichtungen sind u. a. auf Erkrankungen der Atemwege und der Haut spezialisiert.

Mehr zur Ortsgeschichte erzählt das **Museum Heimatstube** (Tel. 03 83 75/ 2 12 61, Mai–Sept. Mi, So 15–17 Uhr, im Winter nach Vereinbarung) im Bahnhof Kölpinsee an der B 111. Ausgestellt werden Arbeitsgeräte der Bauern und Fischer und eine hübsche Bernsteinsammlung. Einblicke in die Wohnkultur um 1900 bieten Küche und Wohnzimmer dank ihrer originalgetreuen Inszenierung.

Badegäste schätzen außer der reizvollen Lage vor allem die ruhige Atmosphäre von Kölpinsee. Der auf Familienferien eingestellte Ort ist weitaus weniger trubelig als etwa die Kaiserbäder. Eine *Konzertmuschel* für musikalische Darbietungen darf dennoch nicht fehlen, sie steht in dem hübsch gestalteten *Kurpark* oberhalb des *Kölpinsees*. Eine Düne trennt das idyllische Gewässer vom Meer, man kann es auf einem Wanderweg umrunden.

Das Badeleben konzentriert sich an dem etwa 30 m breiten feinen **Ostseestrand** südlich vom *Strandhotel Seerose* (der Abschnitt unterhalb des Hotels ist den Fischern vorbehalten). Viel Trubel mit Sport und Spiel herrscht beim *Strandfest* der DLRG im August.

Einen inoffiziellen FKK-Abschnitt gibt es nördlich in Richtung Koserow. Der Campingplatz in Richtung Stubbenfelde verfügt ebenfalls über eine Zone für textilfreies Baden.

i Praktische Hinweise

Information: Kurverwaltung, Strandstr. 23, Loddin-Kölpinsee, Tel. 03 83 75/ 2 04 26, Fax 2 06 12, www.seebad-loddin.de

Wassersport

Kiki's Bootsverleih, Dorfstr. 23, Loddin-Kölpinsee, Tel. 03 83 75/Tel. 2 08 02. In dem Verleih von Rainer Kikiernicki am Achterwasser kann man fast alles mieten, was sich auf dem Wasser fortbewegt, von Tret-, Ruder- und Paddelbooten über Segel- und Motorbooten bis zu Katamaranen. Angeschlossen ist ein gemütlicher Biergarten.

Einkaufen

Bernsteinbasar Schwarzenholz, Waldsiedlung 4, Loddin-Kölpinsee, Tel. 03 83 75/ 2 06 49. Werkstatt und Verkauf von Bernstein. Außerdem kann die Privatsammlung des Betreibers besichtigt werden, unter den Exponaten findet sich auch Bernstein mit Einschlüssen von Insekten (tgl. 16–19 Uhr).

Hotels

*** **Strandhotel Seerose**, Strandstr. 1, Loddin-Kölpinsee, Tel. 03 83 75/5 40, Fax 5 41 99, www.strandhotel-seerose.de. Die Superlage direkt am Ostseestrand garantiert Einschlafen bei Wellenrauschen. Man logiert wahlweise im Doppelzimmer mit französischem Bett oder im geräumigen Studio mit Platz für bis zu vier Personen. Der Wellnessbereich mit Sauna, Pool und Solarium erstreckt sich über 400 m^2, außerdem gibt es einen Fitnessraum.

** **Alte Scheune**, Dorfstr. 30, Loddin-Kölpinsee, Tel. 0 30/92 09 10 80, Fax 0 30/92 09 10 81, www.alte-scheune-loddin.de. In der originell ausgebauten Reetdachscheune mit verglaster Giebelfront werden moderne Ferienwohnungen unterschiedlicher Größe vermietet. Direkt am Achterwasser gelegen, eine große Spielwiese befindet sich vor dem Haus.

** **Haus Nixe**, Waldstr. 2, Loddin-Kölpinsee, Tel. 03 83 75/2 01 77, Fax 2 01 79, scholastik6@aol.com. Das modernisierte Jugendstilhaus von 1913 liegt sehr ruhig im Wald etwa 300 m vom Strand entfernt und verfügt über sechs individuell gestaltete Zimmer. Hinzu kommt ein gutes Restaurant.

Camping

Campingplatz Stubbenfelde, Waldstr., Loddin-Kölpinsee, Tel. 03 83 75/2 06 06, Fax 2 21 86, www.stubbenfelde.de. Ein vor allem bei FKK-Fans beliebter Platz in einem meernahen Buchenwald mit direktem Strandzugang. Neben 275 Stellplätzen gibt es auch sechs Blockhäuser sowie Zimmer in einem hübschen Holzhaus zu mieten. Mit Gaststätte, Volleyballplatz, Sauna, Radverleih und komfortablen Sanitärgebäuden.

Restaurants

Kellerrestaurant Nixe, Waldstr. 2, Loddin-Kölpinsee, Tel. 03 83 75/2 23 09. In dem Lokal mit rustikaler Bohlendecke gibt es Steaks vom Grill und wechselnde Tagesgerichte. Im Sommer lockt der Biergarten (tgl. ab 17 Uhr).

TOP TIPP **Waterblick**, Am Mühlenberg 5, Loddin-Kölpinsee, Tel. 03 83 75/20 29. In dem rustikalen Panoramalokal überm Achterwasser kommt Fisch aus der eigenen Räucherei auf den Tisch. Sehr gefragt ist der Bratfischteller mit süß-saurer Sauce und Salzkartoffeln, klassisch der gekochte Zander in Dillsauce. Dazu trinkt man einen hausgekelterten Cabernet-Sauvignon von Deutschlands nördlichstem Weinberg – von den Gästen wurde der rare Tropfen ›Loddiner Abendrot‹ getauft. In der Hauptsaison ist Tischreservierung zu empfehlen (Mi geschl.).

21 Seebad Koserow

Sagenumwobenes Fischerdorf an der schmalsten Stelle von Usedom.

Das Seebad Koserow (1700 Einw.) liegt an der Stelle, wo sich Ostsee und Achterwasser bis auf 300 m nahe kommen. Das beschauliche Fischerdorf am Fuß des *Streckelsberges* hat außer herrlichem Wasser, schönem Strand, imposanter Steilküste und der neuen Seebrücke ein hübsches kleines Maritimmuseum und das viel besuchte Atelier des Malers Otto Niemeyer-Holstein zu bieten. Die Dorfkirche gehört zu den ältesten Sakralbauten auf Usedom.

Geschichte Koserow, 1347 als *Cuzerowe* erstmalig erwähnt, ist eine der ältesten Ortschaften an der Usedomer Außenküste. Mehr als vage sind allerdings die Hinweise auf die angeblich vor Koserow untergegangene sagenhaft reiche, frühmittelalterliche Stadt *Vineta*. Außerdem soll an der Steilküste des Streckelsberges der Freibeuter Klaus Störtebeker († 1402) in einer Höhle, der Volksmund nennt sie *Räuberkuhle*, einen Unterschlupf gehabt haben, in dem auch Beutestücke von gekaperten Hanseschiffen versteckt waren. Zweifelsfrei erwiesen ist hingegen, dass *Wilhelm Meinhold* 1821–27 in der Koserower Kirche predigte. Der Pfarrer erlangte mit der fingierten Chronik ›*Die Bernsteinhexe*‹ [s. S. 13] landesweite Berühmtheit.

Koserow begrüßte 1846 die ersten Badegäste, so manche fühlten sich von Vineta und Bernsteinhexe angezogen und wollten die Legenden am Originalschau-

Da sind die Mühen des Alltags schnell vergessen: Der hübsche Sandstrand von Koserow mit Blick auf die neue Seebrücke lädt ein zu unbeschwerten Sommertagen

Sagenumwoben und geheimnisvoll: Vineta als Holzstich-Fantasie von 1881

Vom Mythos einer versunkenen Stadt

Im frühen Mittelalter soll **Vineta** die prächtigste und größte Metropole an der ganzen Ostseeküste gewesen sein. Eine pommersche Sage erzählt von Häusern mit goldenen Dächern und Einwohnern, die darin in Saus und Braus lebten. Sie glaubten nicht an Gott, sondern an die *Macht des Geldes*. Ihre Gottlosigkeit und Raffgier wurde den Bewohnern schließlich zum Verhängnis – der Allmächtige ließ das ›**Atlantis der Ostsee**‹ kurzer Hand in den Meeresfluten untergehen. Doch rund um diese Legende ranken sich zahllose Fragen und Vermutungen. Manche bezweifeln die Existenz von Vineta überhaupt und meinen, die Stadt sei bloß ein Hirngespinst von Fantasten. Andere streiten darüber, wann und wo sie bestanden haben könnte. Als eines der wenigen Zeugnisse über die versunkenen Stadt ist ein Dokument des Chronisten *Adam von Bremen* zur Hamburger Kirchengeschichte von 1075 überliefert, das Vineta als Stadt an der Odermündung in Nachbarschaft zu Rügen erwähnt. Lange galt als ausgemacht, dass Vineta auf Usedom vor **Koserow** gelegen habe. Auf der 1618 publizierten *Karte* des Rostocker Geografen Eilhard Lubin (eine Kopie befindet sich im Heimatmuseum Zinnowitz, s. S. 91) ist Vineta denn auch als Insel vor Koserow eingezeichnet. Noch im 19. Jh. ragte hier das sog. **Vineta-Riff** aus der Brandung, auf dem der Koserower Pfarrer *Wilhelm Meinhold* beim Empfang des preußischen Kronprinzen und späteren Königs Friedrich Wilhelm IV. diesen mit den Worten »Willkommen auf den Trümmern von Vineta« begrüßte. Das Usedomer Vineta wurde aber spätestens ab 1953 in Zweifel gezogen, als polnische Wissenschaftler auf der Nachbarinsel **Wollin** die Überreste einer mittelalterlichen Stadt ausgruben. Diese soll 1184 von den Dänen geschleift worden sein. Und als aktuellster Standort ist heutzutage der **Barther Bodden** westlich von Stralsund im Gespräch. Der Wissenschaftler Klaus Goldmann hat herausgefunden, dass das weit verzweigte Delta der Oder vor 1000 Jahren einen weiteren Mündungsarm hatte und da nach Aussage der zeitgenössischen Chronisten Vineta an der Odermündung lag, könnte die Stadt also im Schlamm des Barther Bodden liegen (dazu erschienen: Klaus Goldmann, Günter Wermusch, ›Vineta‹, 2001). Die pfiffigen Touristikmanager des Städtchen *Barth* nahmen dies zum Anlass, den Beinamen Vineta-Stadt beim Patentamt rechtlich schützen zu lassen und seitdem empfangen sie zahlreiche neugierige Besucher, obgleich man auch hier bislang nicht mit erhellenden Dokumentationen aufwarten kann.

platz auf sich wirken lassen. Eine Genossenschaft baute 1853 am Strand eine erste Badeanstalt, die allerdings vier Jahre später einer Sturmflut zum Opfer fiel. Kurz darauf zog der Gasthof *Zur Stadt Vineta* neue Gäste nach Koserow. Einen Aufschwung nahm der Badebetrieb nach 1925, als dank des neuen 100 m langen Schiffsanlegers immer mehr Ausflügler nach Koserow kamen. 1928 ließ der Siemens-Halske-Konzern ein Erholungsheim für seine Mitarbeiter bauen und ab 1930 ermöglichte ein Salzwasser-Warmbad Badebetrieb auch bei kühler Witterung. Nach dem Krieg brachten der 1956 eröffnete *Campingplatz* und ein Ferienlager für Kinder neue Gäste. Seit 1993 ist Koserow staatlich anerkanntes Seebad.

Reich verziert: Der interessante Schnitzaltar in der Evangelischen Dorfkirche von Koserow blieb als einziger seiner Art auf Usedom vollständig erhalten

Besichtigung Den Anziehungspunkt des alten Ortes bildet die **Evangelische Dorfkirche** (Fischerstr.), die als einziges Gotteshaus im Umkreis lange Zeit auch für die Nachbarsiedlungen zuständig war. Die *Baugeschichte* der von einem Ring aus Findlingen umschlossenen Feldsteinkirche reicht bis ins 13. Jh. zurück. Sie wurde um 1230 geweiht und im 15. Jh. um Chor und Westturm erweitert. Gotische Stilelemente sind noch am alten Portal an der Nordseite und am Turmeingang erhalten. Das wertvollste Stück der Innenausstattung ist ein kunstvoll geschnitzter *Flügelaltar* aus dem 15. Jh., die Mitteltafel zeigt Christus am Kreuz flankiert von Maria und Johannes. Das überlebensgroße Kruzifix daneben bargen Fischer aus dem Meer. Es wurde *Vinetakreuz* genannt, da man davon überzeugt war, es könne nur aus der versunkenen Stadt Vineta stammen. Experten wiesen jedoch nach, dass die etwa 600 Jahre alte Holzarbeit aus einer schwedischen Werkstatt stammt. Beachtenswert ist ferner ein *Votivschiff*, das der Fischer Labahn aus Ückeritz 1823 stiftete. In den Sommermonaten ist die Kirche ein Forum für Lesungen und für die Konzertreihe *Klassik am Meer*.

Über die Hauptstraße kommt man an Post und Kurverwaltung vorbei zur **Seebrücke**. Sie wurde 1993 eingeweiht und ersetzt die durch eine Sturmflut im Zweiten Weltkrieg zerstörte erste Mole. Der 261 m lange Steg ist ein beliebter Parcours zum Flanieren und Schauen, im Sommer legen hier Fahrgastschiffe nach Zinnowitz und zu den Kaiserbädern ab. Neben dem Zugang zur Seebrücke stehen sechs hübsch restaurierte **Salzhütten**. Die niedrigen Fachwerkhäuschen mit Rohrdach ließ der preußische Staat 1820 errichten. Sie dienten der Lagerung des groben Salzes, das zur Konservierung der Heringe benötigt wurde. In einer der Katen informiert das Museum *Uns Fischers Arbeitshütt* (Mai–Sept. Di–Sa 10–15 Uhr) über die traditionelle Arbeit der Fischer. Inmitten des maritimen Ambientes werden gelegentlich auch Paare getraut (Auskunft bei der Tourist-Information, s.u.). Nebenan, in dem inselbekannten hervorragenden Restaurant *Koserower Salzhütte*, kann man den Fang des Tages kosten.

Folgt man der Promenade und geht dann weiter am Strand entlang in Richtung Kölpinsee, gewahrt man bald die faszinierende, bis zu 60 m hohe Steilküste des **Streckelsberges**. Die nach dem Golm zweithöchste Erhebung Usedoms ist seit 1961 Naturschutzgebiet. Schon im 19. Jh. begann man die bis dato unbewaldete *Kliffranddüne* mit Rotbuchen aufzuforsten, um so den vom Wind auf die Felder getragenen Sand zu stoppen und gleichzeitig das sensible Ökosystem zu festigen. Später kam eine schützende Brandungsmauer hinzu. Dennoch setzt sich der Abtragungsprozess weiter fort, Sturmfluten brechen immer wieder Teile des Kliffs ab. Vom Strand aus kann der Streckelsberg in wenigen Minuten bestiegen werden. Durch das Fernrohr auf der *Aussichtsplattform* bietet sich eine herrliche Schau auf die Insel Greifswalder Oie, in südöstlicher Richtung sind die Steilufer der Insel Wollin auszumachen. Auch in botanischer Hinsicht lohnt der Aufstieg. Rote Heckenkirschen, Schwarzer Holunder und Sanddorn stellen im Buchenwald die Strauchschicht, im Frühjahr sind *Orchideen* zu bewundern, etwa die Breitblättrige Sitter, das Rote Waldvögelein und die Waldhyazinthe.

TOP TIPP Für Liebhaber der Schönen Künste ist das **Atelier Otto Niemeyer-Holstein** (Tel. 03 83 75/2 02 13, www.atelier-otto-niemeyer-holstein.de, 15. April–15. Okt. tgl. 10–18 Uhr, 16. Okt.–14. April Mi, Do, Sa/So 10–16 Uhr; Führungen 11 und 14 Uhr, im Sommer auch 15 Uhr) an der B 111 zwischen Koserow und Zempin ein Wallfahrtsort ersten Ranges. Das Gedenkatelier befindet sich an der schmalsten Stelle der Insel, an der das Land zwischen Ostsee und Achterwasser gerade mal 300 m breit ist. Das von dem Maler Otto Niemeyer-Holstein (1896–1984) *Lütten Ort* getaufte Anwesen präsentiert sich als ein kleines Gesamtkunstwerk, in dem Malerei und Plastik auf geradezu spielerische Weise eine Symbiose mit Architektur und Gartenbaukunst eingehen. Niemeyer-Holstein verfügte, man möge nach seinem Tod Atelier, Haus und Garten so belassen wie zu seinen Lebzeiten. Sein Wille wurde respektiert – im Atelier steht auf der Staffelei seine letzte Arbeit, ein unvollendetes Selbstporträt. Die *Neue Galerie* zeigt wechselnde Ausstellungen mit Werken von Niemeyer-Holstein und dem Usedomer Künstlerkreis. Aus seinem Œuvre seien als wichtigste Arbeiten ›Winter am Usedomer Strand‹ (1964), ›Obstgarten mit Leiter‹ (1968/69) und ›Buhnenpfähle‹ (1974) erwähnt. Im *Skulpturengarten* stehen etwa 30 Plastiken von namhaften Bildhauern und Freunden des Künstlers, z. B. die ›Große Marina‹ (1957) von Gustav Seitz oder der ›Mongolische Steppenreiter‹ (1967) von Jo Jastram. Gleich im Eingangsbereich wacht die ›Große Stehende‹ (1968) von Milan Förster, von Niemeyer-Holstein scherzhaft Empfangsdame genannt. Der Kunstverein organisiert hier regelmäßig Autorenlesungen und Konzerte klassischer Musik. In Tageskursen werden Anfänger und Fortgeschrittene in die Malerei eingeführt. Jeden Mittwoch um 18 Uhr (im Winter 16 Uhr) wird der noch zu Niemeyer-Holsteins Lebzeiten gedrehte TV-Film ›Und der Strand ist meine große Geliebte‹ (1982) gezeigt.

i Praktische Hinweise

Information: Tourist-Information, Hauptstr. 34, Koserow, Tel. 03 83 75/2 04 15, Fax 2 04 17, www.seebad-koserow.de

Camping

Campingplatz Am Sandfeld, Tel. 03 83 75/2 07 59, Fax 2 14 05, www.amsandfeld.de. Der Platz mit 150 Stellflächen liegt am südlichen Ortsrand in einem lichten Kiefernwald etwa 500 m vom Ostseestrand entfernt. Zur Ausstattung gehört auch ein Abenteuerspielplatz.

Hotels

*** **Hotel Forsthaus Damerow**, Tel. 03 83 75/5 60, Fax 5 64 00, www.usedom.com/urlaub. Das gepflegte Resort in Alleinlage zwischen Koserow und Zempin umfasst zwei architektonisch attraktive rohrgedeckte Wohntrakte mit insgesamt 68 Zimmern. Außerdem geboten sind ein schönes Hallenbad, zwei Tennisplätze sowie Rad- und Kanuverleih.

** **Nautic**, Triftweg 4, Koserow, Tel. 03 83 75/25 50, Fax 2 55 55, www.hotel-nautic.de. Das moderne Haus liegt am Dorfplatz, wenige Gehminuten vom Ostseestrand entfernt. Die Zimmer sind mit ISDN und auf Wunsch mit Internetzugang ausgerüstet. Zum Haus gehören ein 4 x 8 m kleines Hallenbad mit Gegenstromanlage und eine Sauna sowie Internetcafé und Biergarten. Einsteiger können einen Internetkurs buchen.

Restaurants

Grafenstube, im Hotel Forsthaus Damerow, Tel. 03 83 75/5 60. Das im Landhausstil ausstaffierte Lokal bietet Wildspezialitäten vom Reh, Hirsch und Wildschwein.

Kelch's Fischrestaurant, Karlstr. 9, Koserow, Tel. 03 83 75/2 04 58. Das Tra-

Altehrwürdiger Reetdachcharme: Die Ferienanlage des Hotels Forsthaus Damerow lockt abseits vom Koserower Seebadtrubel mit gepflegtem Komfort und erholsamer Ruhe

ditionslokal ist seit 1896 eine feste Burg der pommerschen Küche. Man sitzt gemütlich in maritimem Dekor und genießt fangfrischen Fisch aus Topf und Pfanne. Für den großen Appetit empfiehlt sich die Fischplatte nach Art des Hauses. Mit Nichtraucherbereich und im Sommer mit Terrasse.

TOP TIPP **Koserower Salzhütte**, an der Seebrücke, Koserow, Tel. 03 83 75/2 06 80. In dem kleinen, wegen des großen Andrangs häufig ausgebuchten Lokal dreht sich alles um Fisch, wahlweise gebraten, gekocht oder geräuchert. Die Gerichte sind nicht allzu teuer und kommen in üppigen Portionen auf den Tisch. Die Räucherware gibt es auch zum Mitnehmen. Vom ›Feinschmecker‹ hoch gelobt. Im Sommer sitzt man gemütlich auf der Terrasse. Reservierung unbedingt empfohlen.

22 Seebad Zempin

Das kleinste Seebad der Insel, ein Idyll mit viel Strand und Ruhe.

Zwischen Zinnowitz und Koserow liegt dem Achterwasser zugewandt das Seebad Zempin (850 Einw.). Zur Ostsee hin schützt den Ort ein breiter Waldstreifen vor den mitunter ungestümen Meereswinden. Die Wege vom Achterwasser zur Ostsee sind kurz, gerade mal 15 Min. Fußweg sind es von der See zum Bodden. In dem einstigen Fischer- und Bauerndorf ist Hektik bis heute ein Fremdwort. Wer Unterhaltung sucht, hat es dennoch nicht weit – die Bäderbahn verbindet Zempin mit Zinnowitz (Fahrzeit 6 Min.).

Beim Fremdenverkehrsamt in der Fischerstraße beginnt ein 9 km langer **Orts- und Naturlehrpfad**, auf dem man Wissenswertes zur Geschichte und zu den Naturbesonderheiten von Zempin erfährt. Das Ortsbild wird von über 40 reetgedeckten Häusern geprägt, etliche davon waren ursprünglich kleine Fischerkaten. Die meisten stehen in der Dorf-, Rieck- und Peenestraße. Am Ende der Peenestraße, am Achterwasser, erinnert eine alte **Fischräucherei** an den Haupterwerbszweig früherer Zeiten. Bis zum Ende des Zweiten Weltkriegs gab es in Zempin sechs Fisch verarbeitende Betriebe, die Räucherware wurde mit der Bahn bis nach Berlin versandt. Heute widmen sich nur noch zwei Familien dem alten Gewerbe, eine davon gehört zum Traditionslokal *Tau'n Fischer un sin Fru* (s. u.) in der Waldstraße.

Historische Details über den 1571 erstmals erwähnten Ort hat der *Heimatverein Zempin* zusammengetragen. Im Vereins-

Als hätte der Maler nur eine kurze kreative Pause eingelegt: Das Atelier von Otto Niemeyer-Holstein in Lütten Ort blieb im Originalzustand erhalten

Und der Strand ist meine große Geliebte

Der Berliner Kollege Max Liebermann bemerkte über den jungen **Otto Niemeyer-Holstein**: »Aus dem wird wat, denn der klaut sich de Farben aus'm Meer«. Doch der 1898 in Kiel als Sohn des Völkerrechtlers Theodor Niemeyer geborene Maler hatte es recht schwer, bis eine breitere Öffentlichkeit Notiz von ihm nahm und das Kürzel ›ONH‹, mit dem er seine Bilder signierte, bekannt wurde. Im politischen Spannungsfeld zwischen Ost und West war sein Lebensweg von poltischen Rahmenbedingungen bestimmt, die ihn über Jahrzehnte hinweg isolierten. Dabei ließ sich zunächst eigentlich alles ganz gut an. Seine ersten Malschritte machte Niemeyer-Holstein in der Schweiz. In Ascona lernte er 1918 die Künstlergruppe um **Alexej von Jawlensky** und **Marianne von Werefkin** kennen, denen er wichtige Anregungen verdankte. Gemeinsam mit ihnen stellte er in Zürich (1919 und 1924) erste Arbeiten aus. 1925 wurde er in *Berlin* ansässig, doch als man 1933 seine Bilder in deutschen Galerien abhängte, zog sich ONH in einen ausrangierten S-Bahn-Waggon zurück, den er eigens nach *Usedom* hatte transportieren lassen. 1939 ließ er sich mit seiner Familie hier endgültig nieder und überstand den Krieg unbehelligt.

Auch mit der DDR hatte ONH so seine Probleme. Er verweigerte sich dem neuen System und hatte zunächst keine Chance seine Werke auszustellen. Anfang der 1950er-Jahre schipperte der Maler auf seinem Segelboot Sommergäste über den Bodden und hielt sich und seine Familie damit über Wasser. Offizielle Anerkennung erfuhr Niemeyer-Holstein erstmals 1961 zu seinem 65. Geburtstag, als die *Nationalgalerie Berlin* (Ost) sein Œuvre in einer umfassenden **Retrospektive** präsentierte. 1974 erhielt er den Nationalpreis für Kunst, ein Jahr darauf wurde er Ehrenpräsident der Ostsee-Biennale.

Niemeyer-Holsteins Hauptthema war die **Ostsee**, die er in Lütten Ort praktisch vor der Haustür hatte und ein halbes Jahrhundert lang studieren konnte. Seine Bilder, die dem *Impressionismus* nahe stehen, zeigen die Küste in all ihren Facetten. Zudem porträtierte er Fischer und Bauern der Umgebung. Lütten Ort war zugleich die Keimzelle der **Usedomer Künstlerkolonie**. Fast zeitgleich mit ONH ließen sich in Ückeritz die Maler *Otto Manigk* (1902–1972) und der Bauhausschüler *Herbert Wegehaupt* (1905–1959) nieder. Als Nachbarn und Künstlerfreunde diskutierten und musizierten sie zusammen oder unternahmen Malreisen ins sozialistische Ausland. ONH verstarb in Lütten Ort am 24. Februar 1984 – er hinterließ ein 4500 Arbeiten umfassendes Werkverzeichnis.

haus **Uns olle Schaul** (Fischerstr. 11, Tel. 03 83 75/2 04 15, Mi, Sa 14–17 Uhr) werden von dem ortsansässigen Fischer Konrad Tiefert gefertigte Schiffsmodelle ausgestellt. Außerdem erinnert ein originalgetreu rekonstruierter Kaufmannsladen mit einer Registrierkasse an die guten alten Zeiten.

Der kleine **Hafen** am Achterwasser gehört zu den beschaulichsten Winkeln von Zempin. Ein paar Fischerboote dümpeln am dicht von Schilf bewachsenen Ufer. Nahe der Angelstelle steht die älteste *Eiche* im Ort. Ihr Alter wird auf 350 Jahre geschätzt, der Stammumfang misst beachtliche 4,3 m.

Am 30 m breiten Ostseestrand liegen hinter Dünen versteckt die Zempiner **Salzhütten**. Im 19. Jh. lagerte man hier das Salz zur Konservierung der Heringe. Folgt man dem Strand in Richtung Koserow, erreicht man nahe Lütten Ort die mit 330 m schmalste Stelle Usedoms. Beim Forsthaus Damerow dokumentiert ein *Gedenkstein* die schwere Sturmflut vom 9./10. Februar 1874, als das Wasser den Damm wegriss und die Insel in zwei Hälften zerlegte. Dank der tatkräftigen Hilfe der Zempiner und Koserower Bevölkerung konnte die Lücke wieder geschlossen werden. Heute verläuft ein schöner *Radweg* über den Deich.

Der **Kurplatz** mit dem neuen Musikpavillon und einer kleinen Promenade befindet sich oberhalb vom Strand in Richtung Zinnowitz. Neben dem Pavillon trotzt eine krumme Kiefer Sturm und Wind. Den arg gebeutelten Windflüchter bedachte der Maler *Hugo Scheele* (1881–1960) mit dem hübschen Reim: »Vom Sturmwinde geknickt/ Leb ich gebückt/ Doch strebend zum Licht/ Ergeb ich mich nicht.« Scheele kam 1921 als erster Maler nach Zempin. Er wusste die ruhige Lage abseits vom Trubel der großen Badeorte zu schätzen. Ihm folgten bald weitere Kreative. 1980 ließ sich *Kurt-Heinz Sieger* (1917–2002) hier nieder. In den 1950/60er-Jahren verkörperte er die volksverbundene neue Kunst in der DDR. Seit 1952 lebt die schlesische Kunstmalerin *Rosa Kühn* (* 1928) in Zempin. Die Schülerin von Otto Niemeyer-Holstein widmet sich vor allem der Aquarell- und Keramikmalerei.

i Praktische Hinweise

Information: Fremdenverkehrsamt, Fischerstr. 1, Zempin, Tel. 03 83 77/4 21 62, Fax 4 24 15. www.seebad-zempin.de

Camping

Camping Am Dünengelände, Campingweg 1, Zempin, Tel. 03 83 77/4 13 63, www.camping-zempin.de. Der schöne Platz mit 350 Stellplätzen für Zelt und Caravan liegt in einem lichten Mischwald am 20 m breiten Ostseestrand zwischen Zempin und Zinnowitz. Mit Gaststätte und eigener Bäckerei.

Hotels

** **Hotel Wikinger**, Seestr. 6, Zempin, Tel. 03 83 77/7 50, Fax 7 51 15, www.hotel-wikinger.de. Der fünfgeschossige funktionale Bau aus der DDR-Zeit wurde nach der Wiedervereinigung komplett saniert und neu eingerichtet. Mit 68 Zimmern und Apartments ist er der größte Beherbergungsbetrieb im Ort. Das Haus liegt mitten im Wald etwa 100 m vom Ostseestrand entfernt. Es gibt Bowlingbahn, Sauna und Fitnessraum.

* **Apartmentanlage Inselhof**, Dorfstr. 6 a, Zempin, Tel. 03 83 77/4 27 49, Fax 4 13 32, www.inselhof.de. Der Ferienpark befindet sich am Achterwasser und hat eine eigene Bootsanlegestelle. Die schlicht möblierten geräumigen Apartments mit bis zu 56 m^2 Wohnfläche bieten sich vor allem für Familienurlaub an. Zum Haus gehören Radverleih, Sauna und Spielplatz.

* **Pension zum Achterwasser**, Fischerstr. 10, Zempin, Tel. 03 83 77/4 03 71, Fax 4 27 26, www.zum-achterwasser.de. Kleine Frühstückspension nahe dem Bodden. Die individuell eingerichteten Zimmer sind teils mit Küchenzeile ausgestattet.

Restaurants

Inselhof, Dorfstr. 6 a, Zempin, Tel. 03 83 77/4 27 49. Auf zwei Terrassen mit Achterwasser-Blick genießt man hausgebackenen Kuchen und gutbürgerliche Kost, vorzugsweise Fisch und Wildgerichte. Im Sommer gibt es täglich wechselnde Bufetts, angefangen von Grill- und Räucherabenden bis hin zu Spezialitäten aus der Mittelmeerküche.

Tau'n Fischer un sin Fru, Waldstr. 11, Zempin, Tel. 03 83 77/4 00 54. In dem Familienbetrieb kommt Fisch aus eigenem Fang und eigener Räucherei auf den Tisch. Spezialitäten sind die Fischplatte mit drei Sorten Bratfisch und die hausgemachte Fischsülze. Im Sommer mit Biergarten.

Usedoms Norden – von Zinnowitz bis Peenemünde

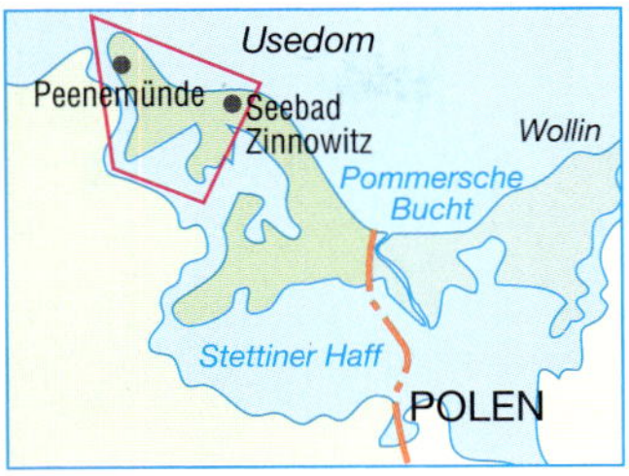

Die Nordhälfte Usedoms war bis kurz nach der Wiedervereinigung militärisches Sperrgebiet und hatte daher lange nicht allzu viel vom touristischen Kuchen abbekommen. Eine Ausnahme war und ist das **Seebad Zinnowitz**, das heute als einer der größten Badeorte der Insel durch eine gepflegte Hotellerie, viel Kultur und Sport den boomenden Kaiserbädern im Süden Paroli bieten kann. Wer jedoch lieber in aller Ruhe Ferien machen möchte, findet nördlich von Zinnowitz in den **Seebädern Trassenheide** und **Karlshagen** die dafür geeigneten einsamen Strände. Ausgesprochen ruhig geht es auch im Hinterland der Ostseeküste zu. Zwischen Achterwasser und Krumminer Wiek entfaltet sich die liebliche Hügellandschaft der **Halbinsel Gnitz**, auf einer Exkursion lässt sich dort etwa das steinzeitliche *Megalithgrab* von Lütow oder das romantische Steilufer am *Weißen Berg* entdecken. Betont ländlich gibt sich in **Mölschow** der *Kulturhof*, in dem alte Handwerkskunst demonstriert wird. Im hohen Norden schließlich liegt **Peenemünde**, der international bekannteste Ort Usedoms – dem kleinen Hafenplatz verhalf Hitlers Versuchsgelände für ferngesteuerte, bombenbestückte Raketen zu zweifelhaftem Ruhm. Seit 1991 dokumentiert hier das *Historisch-Technische Informationszentrum* das dunkle Kapitel deutscher Geschichte und hat sich seither zu einem Besuchermagneten ersten Ranges entwickelt.

23 Seebad Zinnowitz

Plan Seite 90

Ferienort mit urbanem Flair und lebendiger Kulturszene.

Mit 6500 Gästebetten und 135000 Besuchern jährlich ist Zinnowitz (3700 Einw.) nach Heringsdorf das *zweitgrößte* Seebad Usedoms. Es besitzt alles, was ein Ferienort von Rang heute braucht: einen feinen Sandstrand mit breiter Kurpromenade und eine neue Seebrücke zum Flanieren. Auch kulturell hat die Kleinstadt etliches zu bieten. Zur Zinnowitzer ›Kulturmeile‹ gehören ein ganzjährig bespieltes *Theater*, das *Usedomer Kunsthaus* und als Highlight im Veranstaltungskalender die *Vineta-Festspiele*. In der Theaterakademie der Vorpommerschen Landesbühne wird seit 2000 der künstlerische Nachwuchs in Stimmbildung, Ballett, Tanz und Pantomime ausgebildet. Auch in sportlicher Hinsicht tut sich einiges. Leichtathletikanlage und Sportschule werden von Profis genutzt, Wasserratten steht ein *Segelzentrum* und eine kompetente *Tauchbasis* zur Verfügung.

◁ *Mit traditionsreichen schmucken Hotels wie dem Preußenhof in Zinnowitz* (**oben**) *und einem vielfältigen Kulturangebot wie den Vorführungen alter Handwerkskunst im Kulturhof von Mölschow* (**unten**) *bietet Usedoms Norden den Kaiserbädern Paroli*

Geschichte Das erste gesicherte Datum zu Zinnowitz ist eine Schenkungsurkunde aus dem Jahr 1309, in der der pommersche Herzog Bogislaw IV. dem Zisterzienserinnenkloster am Krumminer Wiek neben den Weilern Krummin und Mahlzow auch *Tzys* überließ. Der slawische Name Tzys, man leitet ihn von Korn oder Schilfrohr ab, wurde bald durch das deutsche *Zitz* ersetzt. Im Dreißigjährigen Krieg zerstört fiel der Ort nach dem Westfälischen Frieden an die Schweden und wurde 1721 nach dem Zweiten Nordischen Krieg preußisch. Friedrich II., der Große ließ in dem Bauerndorf 1751 eine *Domäne* errichten, wo er acht Familien aus Mecklenburg, Schweden und Neuvorpommern ansiedelte. Der Milchbetrieb wurde seither Zinnowitz genannt. Geldmangel zwang den preußischen Staat 1811 die Anlage an den wohlhabenden Swinemünder Kommerzienrat F. W. Krause zu verkaufen. Dieser ließ den nur wenig Gewinn abwerfenden Besitz in Parzellen aufteilen und stieß diese an Zinnowitzer Bauern ab.

Der **Badetourismus** begann in Zinnowitz 1851 mit dem Bau von Badehütten und der Einrichtung einer Badedirektion. Die ersten Gäste logierten in einfachen Bauernhäusern, sie mussten sich selbst verpflegen und hatten auch eigenes Bettzeug mitzubringen. Der Durchbruch kam 1876 mit der Eröffnung der Bahnlinie Ducherow–Swinemünde. Ab dem Bahnhof Karnin verkehrten nun Boote über den Peenestrom und das Achterwasser bis Zinnowitz. Vor allem ein ab 1886 eingesetzter Raddampfer stellte für viele Gäste eine beliebte Anreisemöglichkeit dar. Auf dem *Glienberg* oberhalb der Dünen setzte ein rege Bautätigkeit ein, prächtige Villen und Hotels beherbergten in der Saison 1891 bereits 3000 Gäste. Mit dem Bau eines *Warmbades* (1892), der 400 m langen *Seebrücke* (1909), von Tennisplätzen und Reitwegen entwickelte sich Zinnowitz bis zum Ersten Weltkrieg zu einem der populärsten Seebäder an der Ostsee.

Bald machte Zinnowitz keinen Hehl mehr aus seiner deutsch-nationalen Gesinnung. In dem 1920 gegründeten ›Zweckverband zur Reinhaltung des Ostseebades Zinnowitz‹ wurde unmissverständlich klar, dass jüdische Gäste unerwünscht waren. 1922 schrieb der Satiriker *Kurt Tucholsky* (1890–1935): »Zinnowitz lässt auf dem Gemeindehaus ein großes blank poliertes Hakenkreuz anbringen. Ein Herz erfrischender Wind pfeift brausend über den judenreinen Strand des anmutigen Badeortes, seine Toiletten sind sämtlich schwarz-weiß-rot angestrichen und mit frommen Wünschen für die Monarchie versehen«. In der Weimarer Republik flatterten an der Strandpromenade Hakenkreuzfahnen und auch viele Hoteliers schmückten ihre Werbeprospekte mit dem unrühmlichen Symbol der aufkeimenden Naziherrschaft. Nach der Machtergreifung 1933 scherte der ›Führer‹ sich jedoch wenig um die linientreue Gesinnung der Zinnowitzer. 1936 wurde wegen der im Bau befindlichen *Heeresversuchsanstalt* in Peenemünde [Nr. 29] der ganze Inselnorden samt Zinnowitz hermetisch von der Außenwelt abgeriegelt. Im Seebad quartierten sich hochrangige Militärs und Wissenschaftler ein, unter ihnen der technische Leiter des Projekts *Wernher von Braun*.

Eine neuerliche Blüte begann ab 1953, als durch die ›Aktion Rose‹ der größte Teil der Hotellerie an die Sowjetisch-Deutsche Aktiengesellschaft Wismut

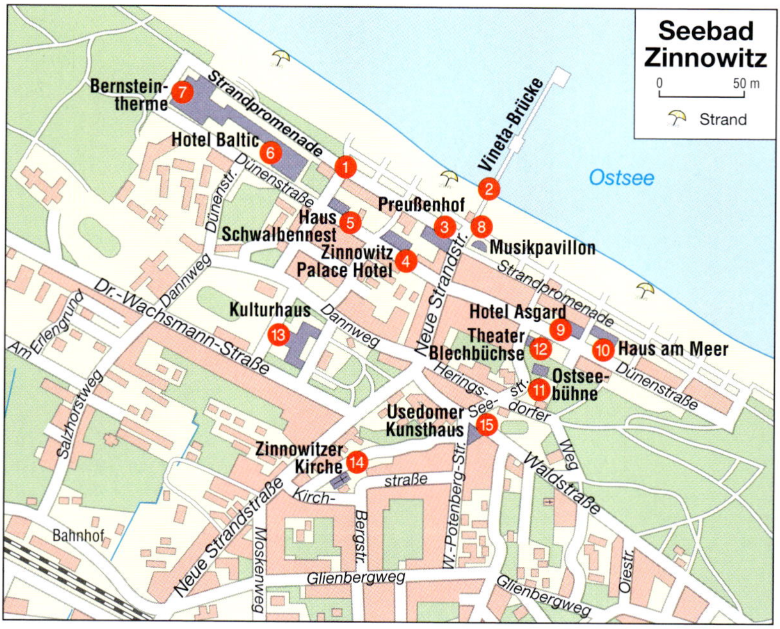

Kulturspektakel unter freiem Himmel: Aufstieg und Fall der legendären Stadt Vineta werden auf der Zinnowitzer Ostseebühne jeden Sommer neu in Szene gesetzt

überging. Der prosperierende Bergbaubetrieb ließ für seine Kumpel *Wohnheime* errichten und investierte mit dem Bau einer neuen Schwimmhalle auch in die Infrastruktur. Auch das 1957 eröffnete *Kulturhaus* entstand unter maßgeblicher Beteiligung der SDAG Wismut. Hier gastierten zahlreiche Künstler von Weltrang, etwa das Indische Nationalballett oder die Ensembles der Mailänder Scala und der Grand Opera von Paris. Zinnowitz gehörte nun zu den beliebtesten Ferienorten der DDR und avancierte zu einem Zentrum des *Massentourismus*. Nach der Wiedervereinigung baute man das touristische Angebot weiter aus. Die neue Seebrücke von 1993 setzt einen architektonischen Akzent, kulturelles Event ist das seit 1997 alljährlich veranstaltete Vineta-Festival.

Besichtigung Für eine Ortsbegehung ist die **Strandpromenade** ❶ der beste Einstieg. Die Flaniermeile wurde jüngst verbreitert, hat überraschend viel Grün, einen schmucken Rosengarten und wird von prachtvollen Hotels und Villen im Stil der *Bäderarchitektur* gesäumt. Der neue Schiffsanleger, er trägt den Namen **Vineta-Brücke** ❷, schiebt sich 315 m ins flach abfallende Meer hinaus. Vom Brückenkopf aus genießt man den weiten Blick bis zur Insel Greifswalder Oie und bei klarem Wetter sogar bis hinüber zu den Rügener Kreidefelsen.

Gleich gegenüber steht das Traditionshotel **Preußenhof** ❸ (Dünenstr. 10, Tel. 03 83 77/3 90). Der durch Runderker und einen eleganten Eckturm gegliederte viergeschossige Bau wurde 1890 als *Kurhaus Strandhöhe* eröffnet und nach 1925, als der preußische Kronprinz Wilhelm darin Quartier bezog, in Preußenhof umbenannt. 1953–89 hieß das von der SDAG Wismut betriebene noble Haus *Glück Auf* und war ein Erholungsheim für Arbeiter aus dem sächsischen Uranbergwerk. Im Erdgeschoss des Hotels, es bietet heute 28 Luxusapartments, zeigt das **Heimatmuseum** (April–Sept. Sa/So 15–18 Uhr, Okt.–März Sa/So 14–17 Uhr) Wissenswertes zur Ortsgeschichte. Hübsch ist die *Bernsteinsammlung*, manche der Steine haben Einschlüsse von Insekten oder Farnen. Eine *Fotoausstellung* der beiden Naturfotografen Siegfried Trieglaff und Wolfgang Nehls zeigt wunderschöne Tieraufnahmen. Historische Postkarten informieren über die Geschichte der Dampfschifffahrt auf der Ostsee, und in Fotoalben kann man das Ausmaß der jüngsten Sturmflutschäden an der Ostseeküste begutachten. Das *Museumscafé* (Tel. 03 83 77/ 3 94 50) im Preußenhof ist ein beliebter Treff, in dem außer Kaffee und Torten auch feine Küche geboten wird.

Architekturschauspiel: Elegante Bädervillen säumen die Zinnowitzer Strandpromenade

Das **Zinnowitz Palace Hotel** 4 (Dünenstr. 8, s. u.) westlich vom Preußenhof kann in seiner mehr als hundertjährigen Geschichte ebenfalls auf eine illustre Gästeliste verweisen, u. a. logierten hier der Greifswalder Romancier Hans Fallada, die Schriftstellerin Hedwig Courths-Mahler und der Politiker Walther Rathenau. Der 1900 eröffnete Prachtbau, ein Höhepunkt der Bäderarchitektur, strahlt seit 2000 wieder in kaiserlichem Glanz und möchte mit Fünf-Sterne-Komfort an die wilhelminische Ära anknüpfen. Den Hauptturm der schlossartigen Anlage schmückt eine pyramidenförmige Lichtkuppel, von der sich Hotelgästen eine prächtige Aussicht auf Ort und Strand bietet.

Neben diesem Komplex nimmt sich das **Haus Schwalbennest** 5 (Dünenstr. 6, www.haus-schwalbennest.de) recht winzig aus. Mit seiner Fachwerkfassade, dem Erkerturm und den zur See ausgerichteten Wintergartenzimmern macht die hübsche Villa einen betont ländlich-verspielten Eindruck.

Aus diesem rundum attraktiven Rahmen fällt die einfallslose Architektur des **Hotels Baltic** 6 (Dünenstr., Tel. 03 83 77/ 7 00 00, www.baltichotel.de). Den lang gestreckten monströsen Bau über den Dünen ließ die SDAG Wismut 1977 erbauen. Bis zur Wiedervereinigung hieß es *Roter Oktober* und beherbergte viel Prominenz, darunter Olympiasieger und Weltmeister, die die Trainingsanlagen des benachbarten Leistungszentrums nutzten. Mit 332 Zimmern gehört das Sport- und Wellness-Hotel heute zu den größten Ferienanlagen an der mecklenburg-vorpommerschen Ostseeküste.

In unmittelbarer Nachbarschaft zum Baltic verfügt Zinnowitz seit 2001 mit der **Bernsteintherme** 7 (Dünenstr., Tel. 03 83 77/3 55 00, www.bernsteintherme.de, tgl. 10–22 Uhr) über ein erstklassiges Badezentrum. Das Hallenbad umfasst eine 850 m^2 große Meerwasserbadelandschaft inklusive Kinder- und Strömungsbecken sowie ein 450 m^2 großes Solebecken mit behaglichen 32° C. In den Außenbecken gibt es Sprudelbänke und einen 10 m hohen Geysir. Der Clou der Therme ist die Sauna, von der man durch einen Glastunnel direkten Zugang zur Ostsee hat.

Östlich der Vineta-Brücke setzt sich neben dem 1935 erbauten **Musikpavillon** 8 die hübsche Zinnowitzer Bäderarchitektur fort. Zu den interessantesten Gebäuden gehört das um 1900 errichtete **Hotel Asgard** 9 (Dünenstr. 20, Tel. 3 83 77/ 46 70, www.hotelasgard.de). Mit seinen verputzten Fachwerkgiebeln, Erkern und Türmchen wirkt der einst *Baltisches Haus* genannte Bau äußerst anziehend. Wunderschön ist auch das benachbarte **Haus am Meer** 10 (Dünenstr. 22, Tel. 03 83 77/ 45 20, www.haus-am-meer-zinnowitz.de), anmutig sind die hölzernen Dekorelemente und der pittoreske Aussichtsturm.

Die **Ostseebühne** 11 ist seit 1997 alljährlich im Sommer Schauplatz der beim Publikum äußerst beliebten *Vineta-Festspiele* (Tel. 03 83 77/4 09 36, www.vineta-festspiele.de), einer multimedialen Theatershow. Die von der SDAG Wismut erbaute Freilichtbühne mit 1400 Plätzen bildet zusammen mit dem benachbarten **Theater Blechbüchse** 12 (s. u.) den kulturellen Mittelpunkt von Zinnowitz. Dieser auffällige gelb getünchte Bau diente früher als Lagerhalle für Strandkörbe, heute wird er von der Vorpommerschen Landesbühne Anklam bespielt.

Zu DDR-Zeiten hatte der Kulturbetrieb im **Kulturhaus** 13 im Stadtpark seien Bühne. Nach der Einweihung 1957 war der 900 Personen fassende Saal ein Forum für Auftritte weltbekannter Solisten und Ensembles aus Ost und West. Der neoklassizistische Monumentalbau, es ist der größte seiner Art auf der Insel, steht seit der Wiedervereinigung mangels Investoren leer und verfällt zusehends – auf der zum Eingangsportal führenden Freitreppe wachsen bereits junge Birken.

Das Ortsbild wird von der ein Stück landeinwärts gelegenen **Zinnowitzer Kirche** 14 (Kirchstr.) dominiert. Die vierjochige Saalkirche wurde 1895 nach Plänen der Berliner Architekten Frank und Hoßfeld im neobarocken Stil erbaut. An den großen Backsteinbau mit seinem steilen Pyramidendach lehnt sich der schlanke Turm an, den zwei kleine Treppentürmchen flankieren. Über dem Westportal schmückt eine fünfteilige Fensterrose die Fassade.

Für Freunde der Schönen Künste ist das **Usedomer Kunsthaus** 15 (Wilhelm-Potenberg-Str. 1, Tel. 03 83 77/4 22 34, Di–Fr 14–18, Sa 10–12 Uhr) eine gute Adresse. Die Villa des Malerehepaares Brigitte und Reinhard Meyer ist ganzjährig ein Forum für Ausstellungen aus den Bereichen Malerei, Grafik, Plastik und Skulptur.

Kaiserliches Plätzchen: Wilhelminisches Flair hat das Museumscafé im Hotel Preußenhof

Praktische Hinweise

Information: Kurverwaltung, im Haus des Gastes, Neue Strandstr. 30, Zinnowitz, Tel. 03 83 77/49 20, Fax 4 22 29, www.zinnowitz.de

Schiff

Adler-Schiffe, Seebrücke, Zinnowitz, Tel. 03 83 77/03 83 78/4 77 90, www.adler-schiffe.de. Tagesausflüge ab der Seebrücke nach Rügen, Bornholm und Swinemünde.

FGS Flicka, Jachthafen, Zinnowitz, Tel. 01 72/3 10 33 31. Das Fahrgastschiff bietet im Sommer Rundtrips auf dem Achterwasser an.

Sport

Minigolfanlage, Dünenstr. 2a, Zinnowitz, Tel. 01 72/9 93 37 60. Golfspaß für die ganze Familie, gespielt wird auf Schwedenfilz (im Sommer tgl. 10–21 Uhr, ansonsten nach Bedarf).

Sail Away Usedom, Zinnowitz, Tel. 03 83 77/3 60 18, www.sail-away-usedom.de. Die Segel- und Surfschule ist sowohl am Ostseestrand (nahe Bernsteintherme) als auch am Achterwasser (Hafenstraße, neben dem Bootsanleger) präsent. Neben Katamaran- und Surfkursen (auch für Kinder) gibt es einen Brettverleih. Außerdem kann man Segelboote und Kanus mieten. Geführte Kajaktouren auf dem Achterwasser werden ebenfalls angeboten.

Sportpark Barge, Möskenweg 24, Zinnowitz, Tel. 03 83 77/4 30 50, www.barge.de. Das etwa 10 000 m^2 große Sportzentrum verfügt über Tennisplätze, Badminton Courts, eine Squashhalle und Kegelbahnen. Außerdem gibt es Sauna, Solarium und ein Fitnessstudio.

Tauch-Sport-Zentrum, Neue Strandstraße 49, Zinnowitz, Tel. 03 83 77/3 60 86, www.ostseetaucher.com. Der beste Anlaufpunkt für Taucher und solche, die es werden wollen. Professionell geführte Tauchkurse, Exkursionen, Nacht- und Wracktauchen sowie Ausrüstungsverleih von der Flosse bis zur Unterwasserkamera. Die Tauchgenehmigung für Usedom wird von der Basis besorgt.

Einkaufen

Angelcenter Niepel, Ahlbecker Str. 30, Zinnowitz, Tel. 03 83 77/4 02 98. Außer Angelbedarf findet man hier auch Boots- und Campingzubehör.

Buchhandlung Philip Otto Runge, Neue Strandstraße 25, Zinnowitz, Tel. 03 83 77/4 18 49. Belletristik, Bildbände und historische Abhandlungen zu Usedom, und natürlich ist auch ›Die Bernsteinhexe‹ vorrätig.

Nachtleben

Hühnerstall, im Sportpark Barge, Möskenweg 24, Zinnowitz, Tel. 03 83 77/4 30 50, www.tanzlokal-huehnerstall.de. In der Großdisco wird Dancefloor und House Music aufgelegt. Es gibt zwei Bars und ein Bistro (Do–Sa ab 22 Uhr).

Sinatra Cocktailbar, im Hotel Asgard Meereswarte, Dünenstr. 20, Zinnowitz, Tel. 03 83 77/46 70. Kleine, aber feine Bar im vierten Stock. Von den bequemen Ledersesseln lässt sich durch die Fensterfront der Sonnenuntergang über dem Peenemünder Haken genießen.

Theater Blechbüchse, Heringsdorfer Weg, Zinnowitz, Tel. 03 83 77/4 09 36, www.blechbuechse.de. Ganzjährig bespielte Bühne mit einem bunten Programm von Theaterinszenierungen, Varieté und Kleinkunst.

Camping

Familien-Campingplatz Pommernland, Dr.-Wachsmann-Str. 40, Zinnowitz, Tel. 03 83 77/4 03 48, Fax 4 03 49, www.camping-pommernland.m-vp.de. Der 7,5 ha große Platz verfügt über 500 Stellplätze und liegt am westlichen Ortsrand im Kiefernwand hinter den Dünen. Zum Ostseestrand mit großem FKK-Bereich sind es lediglich 200 m. Der Platz ist ganzjährig geöffnet, außer Wohnwagen werden auch recht komfortable finnische Blockhäuser (sog. Spechthäuser) mit Dusche, Kochecke und TV vermietet. Mit zwei Abenteuerspielplätzen, Radverleih, Restaurant und Supermarkt.

Hotels

***** **Zinnowitz Palace Hotel**, Dünenstr. 8, Zinnowitz, Tel. 03 83 77/39 60, Fax 3 96 99, www.zinnowitz-palacehotel.de. Luxuriöses Haus in imposanter Bäderarchitektur mit direktem Strandzugang. Die 40 Zimmer sind mit allem Komfort ausgestattet, teuer und besonders schön sind die zur Seeseite ausgerichteten Balkonzimmer. Das schmucke Hallenbad verfügt über eine Gegenstromanlage.

TOP TIPP **** **Strandhotel Zinnowitz**, Dünenstr. 11, Zinnowitz, Tel. 03 83 77/3 80 00, Fax 3 85 55, www.tc-hotels.de. Das in bester Strandlage 2002 eröffnete Hotel hat sich schnell einen guten Namen gemacht. Zwei Uhrtürme bilden den optischen Blickfang, in einem davon logierte Gerhard Schröder während seiner Wahlkampftournee durch Mecklenburg-Vorpommern. Der Aufpreis für die Seezimmer lohnt, landeinwärts hat man zwar mehr Sonne, schaut jedoch auf den Parkplatz hinab. Für Familien sind die Maisonette-Wohnungen mit zusätzlichem Schlafraum im ausgebauten Dachstuhl ideal.

*** **Aparthotel Seeschlösschen**, Dünenstr. 15, Zinnowitz, Tel. 03 83 77/48 00, Fax 4 80 49, www.seeschloesschen-zinnowitz.de. Das stilvolle Haus von 1897 in Superlage an der autofreien Strandpromenade vereint den Flair der Gründerzeit mit modernem Komfort. Die Apartments zur Seeseite haben einen getrennten Wohn- und Schlafbereich sowie Marmorbäder. Nostalgisch möbliert sind die Kaiser-Wilhelm-Zimmer.

** **Hotel Dünenschloss**, Neue Strandstr. 27, Zinnowitz, Tel. 03 83 77/7 90, Fax 7 92 59, www.hotel-duenenschloss.de. Strandnahes Jugendstilhaus in zentraler Lage mit 32 Zimmern. Im Souterrain gibt es Beauty Salon, Sauna und Solarium.

** **Hotel Sonneneck**, Wilhelm-Potenberg-Str. 12, Zinnowitz, Tel. 03 83 77/4 20 63, Fax 4 37 80, www.hotel-sonneneck.m-vp.de. Das familiär geführte 100 Jahre alte Haus liegt etwas ab vom Schuss am Fuß des Glienberges, zum Strand sind es 10 Gehminuten. Die 22 Einzel-, Doppel- und Mehrbettzimmer sind alle mit Kabel-TV ausgestattet, gefrühstückt wird auf der kleinen Gartenterrasse. Angeschlossen ist eine öffentliche Sauna.

Restaurants

Belle Epoque, im Hotel Preußenhof, Dünenstr. 10, Zinnowitz, Tel. 03 83 77/3 94 60. Deutsche und internationale Küche, die trotz des pompösen Rahmens gar nicht mal so teuer ist. Auf dem Parkett kann man auch das Tanzbein schwingen.

Nautilus, Waldstr. 30, Zinnowitz, Tel. 03 83 77/4 24 31. Das kleine maritime Fischlokal offeriert gutbürgerliche Küche in gemütlichem Rahmen. Fisch von Aal bis Zander, Spezialitäten sind die Fischterrine und die Speckscholle nach Art des Hauses (tgl. ab 17 Uhr).

Besinnliche Landschaft : Sanft geschwungene Hügel bilden das Herz der Halbinsel Gnitz

Ristorante Primavera, Neue Strandstr. 24, Zinnowitz, Tel. 03 83 77/4 20 46. Der Italiener hat rund ums Jahr täglich durchgehend geöffnet und bietet Klassiker wie Saltimbocca a la Romana und einer großen Auswahl an Pizza und Nudelgerichten. Außerdem locken Eisspezialitäten, etwa Zabaglione, Cassata und Tartuffo.

Cafés

Marimar, Waldstr. 1, Zinnowitz, Tel. 03 83 77/4 09 33. Das Kaffeehaus ist ein Mix aus Konditorei und Bistro. Unbedingt probieren sollte man die Pralinen, die ebenso aus eigener Herstellung stammen wie die ›Usedomer Strandkiesel‹ aus Marzipan und Mandeln. Auch Außer-Haus-Verkauf.

Museumscafé, im Hotel Preußenhof, Neue Strandstr./Ecke Strandpromenade, Zinnowitz, Tel. 03 83 77/3 94 50. In wilhelminischem Flair werden sehr gute internationale Gerichte und Torten aus der eigenen Konditorei zelebriert. Das Lokal wurde bereits zweimal mit dem *Tüftenpokal* [s. S. 129] ausgezeichnet.

24 Halbinsel Gnitz

Neuendorf – Insel Görmitz – Netzelkow – Lütow – NSG Südspitze Gnitz

Paradies für Naturliebhaber und Wanderer.

Der Gnitz im Hinterland von Zinnowitz ist eine der landschaftlich reizvollsten Naturräume Usedoms. Die sanft geschwungene **Hügellandschaft** der Halbinsel wird am Westufer von der *Krumminer Wiek*, einer großen Bucht zwischen Peenestrom und Achterwasser, eingefasst. Auf engstem Raum begeistern bewaldete Steilküsten, kleine Salzwiesen sowie Feuchtbiotope mit einer nicht nur für Botaniker interessanten Flora. Bis ins 19. Jh. hinein war der Gnitz eine Insel für sich. Der *Große Strumminsee* bildet noch ein Relikt des heute fast verlandeten Wasserarms, der als schmaler Schlauch von der Krumminer Wiek bis zum Fuß des Zissberges südlich von Zinnowitz verläuft. Gleichzeitig ist der Gnitz einer der ältesten Siedlungsräume auf Usedom. Archäologische Funde und *Megalithgräber*

Eine schöne Aussicht bietet der Weiße Berg im Naturschutzgebiet Südspitze Gnitz

belegen, dass die Halbinsel schon vor 4000 Jahren besiedelt war.

Ausgangspunkt für eine Exkursion auf die Halbinsel ist Zinnowitz. Am südlichen Ortsrand des Seebades führt jenseits der B 111 ein Sträßchen durch die Kappenwiesen und den Eichholzer Forst nach **Neuendorf**. Das Minidorf war von 1367 bis 1945 der Stammsitz der pommerschen Großgrundbesitzer *von Lepel*, die von hier den ganzen Gnitz kontrollierten. Nach 1945 führte eine LPG das Gut weiter, bis man Anfang der 1960er-Jahre auf dem Gnitz *Erdöl* entdeckte. Rund um Neuendorf förderten 20 Pumpen aus 2000 m Tiefe das schwarze Gold zutage, bis 1994 das Vorkommen erschöpft war. Von dem kurzen Ölboom zeugen noch einige der ›Pferdeköpfe‹ genannten Förderanlagen.

Refugium für Eigenbrötler: Auf der Halbinsel Gnitz kann man noch Seeadler beobachten

Östlich von Neuendorf verbindet ein Damm den Gnitz mit der **Insel Görmitz**. Das *Vogelschutzgebiet* ist ab dem Damm nur zu Fuß oder per Rad zugänglich. An den schilfbewachsenen Ufern nisten Haubentaucher, und im seichten Achterwasser können Watvögel und Reiher bei der Futtersuche beobachtet werden.

Von Neuendorf aus erreicht man über ein schmales Sträßchen den Weiler **Netzelkow** am Ostufer des Gnitz. Sehenswert ist hier die spätmittelalterliche Kirche *St. Marien*. Der turmlose gotische Backsteinbau geht auf das 15. Jh. zurück, der frei stehende hölzerne Glockenstuhl davor entstand im 17. Jh. Die Marienkirche ist die Grablege der Familie von Lepel. In einem restaurierten *Holzsarkophag* ruht Christian Carl von Lepel (1668–1747), die Liegefigur auf dem Deckel zeigt den Baron im Harnisch und mit Trophäenbündel. Der *Taufstein* stammt aus dem 14. Jh. und gilt als der älteste auf ganz Usedom.

Einer der Hauptanziehungspunkte auf dem Gnitz ist das steinzeitliche *Megalithgrab* von **Lütow**. Am Ortseingang von Lütow weist ein Schild zu der unter Eichen versteckten Begräbnisstätte. Ihr Alter wird auf etwa 4000 Jahre geschätzt. Die Dolmen des Steinkreises waren ursprünglich mit schweren Steinplatten abgedeckt – sie mussten 1911 für das Fundament des neuen Pfarrhauses von Netzelkow herhalten. Bei Ausgrabungen kamen 1936 etliche steinzeitliche Fundstücke ans Tageslicht, darunter Bernsteinschmuck und Tongefäße.

Der Ort Lütow (370 Einw.) selbst gefällt durch seine hübschen reetgedeckten Häuser. In den 1990er-Jahren entstand hier der große Komplex *Ferienparadies Lütow* (s. u.), dessen Sportanlagen auch Nicht-Gästen offen stehen.

TOP TIPP Vom Naturcampingplatz Lütow führt ein Wanderweg ins **Naturschutzgebiet Südspitze Gnitz**. Das 61 ha große Areal ist das landschaftliche

Aushängeschild des Gnitz und steht seit 1994 unter besonderem Schutz. In den *Sandklippen* haben Uferschwalben ihre Nisthöhlen gebaut und mit etwas Glück zeigen sich über der Landspitze kreisende Seeadler. Auch der selten gewordene *Fischotter* hat hier ein Rückzugsgebiet gefunden. In den Feuchtgebieten quaken Moor- und Springfrösche, auf den Wiesen blühen im Frühling Orchideen wie das Breitblättrige Knabenkraut. Vom Steilufer am 32 m hohen *Weißen Berg* genießt man eine grandiose Aussicht auf den Lieper Winkel und über die Krumminer Wiek bis nach Wolgast. Nördlich vom Weißen Berg ragt ein Tonnen schwerer Findling, der *Rieke-Stein*, aus dem Wasser. Der südliche Zipfel der Halbinsel bildet eine *Möwenort* genannte Schwemmsandebene, auf der sich anspruchslose, Salz liebende Pflanzen angesiedelt haben.

i Praktische Hinweise

Camping

Natur-Camping-Usedom, Zeltplatzstr. 20, Lütow, Tel. 03 83 77/4 05 81, Fax 4 15 53, www.natur-camping-usedom.de. Der 18 ha große Platz mit 450 Stellplätzen befindet sich in landschaftlich sehr reizvoller Lage am Steilufer des Krumminer Wiek. Es können auch Blockhäuser gemietet werden, am Achterwasser gibt es eine große Badestelle und einen Kanuverleih.

Hotel

** **Ferienparadies Lütow,** Lütow, Tel. 03 83 77/49 30, Fax 4 93 19, www.ferien-paradies.de. Das beliebte Resort liegt 7 km südlich von Zinnowitz auf einem 50 km^2 großen Wiesen- und Waldstück. Die 1994 errichtete Anlage umfasst 44 Doppelhaushälften mit jeweils 80 m^2 großen Apartments für max. fünf Personen. Für Sport und Zerstreuung sorgen Pools, ein Hallenbad, eine Sauna, ein Kunstrasenfußballplatz, Tennisplätze und eine Beautyfarm.

Restaurants

Achterwasser, Am Jachthafen, Netzelkow, Tel. 03 83 77/4 05 75. Die Schifferkneipe ist Treff von Seglern und Ausflüglern, die bei einer Portion Barsch- oder Hechtfilet den Blick auf Hafen und Achterwasser genießen.

Galeriegarten-Café, Dorfstr. 17, Lütow, Tel. 03 83 77/4 01 90. In dem urigen Gartenlokal werden auch handgemachte Keramik und Schafswollpullis angeboten (April–Okt. geöffnet).

Lebensraum für seltene Tiere: Die Südspitze Gnitz bietet Fischottern ein sicheres Revier

25 Halbinsel Wolgaster Ort

Ziemitz – Neeberg – Krummin

Stille Dörfer abseits der touristischen Pfade.

Wer über die *Zecheriner Brücke* nach Usedom anreist, kennt zumindest von der Durchfahrt auf dem Weg in die Seebäder die Halbinsel Wolgaster Ort. Nur die Wenigsten nehmen sich die Zeit von der B 111 abzubiegen, um die auf den ersten Blick unspektakuläre Region näher kennen zu lernen. Auf der Ostseite der Krumminer Wiek schlummern hier stille Weiler im Dornröschenschlaf. Aus der überwiegend flachen Landschaft ragt als höchste Erhebung die gerade mal 26 m hohe *Gazberge* heraus.

Gleich hinter der Klappbrücke zweigt in *Wolgaster Fähre* ein Landsträßchen von der B 111 ab, auf dem man über Sauzin nach **Ziemitz** an der Südspitze des Wolgaster Ortes kommt. Beschaulich liegt die kleine Siedlung am Peenestrom. Am Ufer dümpeln ein paar Boote auf dem Wasser, vom Ausflugslokal *Zur Reuse* genießt man die schöne Aussicht über den Strom aufs Festland. Am Bootsanleger gibt es einen der wenigen Badeplätze an den überwiegend von dichtem Schilf gesäumten Ufern der Halbinsel.

Die Krumminer Kirche St. Michael ist der einzige erhaltene klösterliche Bau Usedoms

Ganz weltabgeschieden liegt das Fischernest **Neeberg** im Osten an der Krumminer Wiek. Große Entdeckungen dürfen hier nicht erwartet werden, doch gibt es ein schönes Reetdachhaus und im *Fischerstübchen* am kleinen Hafen ein ordentliches Mittagessen. Wanderer können auf dem hübschen Uferweg in südlicher Richtung zum *Erischowort* spazieren, einer Landzunge östlich von Ziemitz, vor deren Küste ein riesiger Findling aus dem Wasser ragt.

Ein geschichtsträchtiger Ort ist das nordöstlich gelegene frühere Klosterdorf **Krummin** (250 Einw.), das der flachen Bucht zwischen den beiden Halbinseln Wolgaster Ort und Gnitz zum Namen verholfen hat. Man erreicht es über eine von der B 111 bei Bannemin abgehende *Lindenallee*. Rund 300 alte Linden mit wie zu einem Tunnel verdichteten Kronen machen die als Naturschutzdenkmal ausgewiesene knapp 2 km lange Allee zu einer der schönsten an der Ostseeküste. Die Keimzelle von Krummin war das 1304 von Zisterzienserinnen gegründetes *Kloster*. Den Nonnen unterstanden neben Krummin auch die Landgüter Mahlzow und Tzys (heute Zinnowitz). Nach der Reformation wurde das Kloster säkularisiert und der Besitz fiel an die Stadt Wolgast. Das mittelalterliche Konventsgebäude wurde im Dreißigjährigen Krieg von kai-

Erhabenes Blätterwerk: 300 alte Linden säumen den Weg nach Krummin

serlichen Truppen dem Erdboden gleichgemacht. Übrig blieb die heutige Pfarrkirche *St. Michael,* deren älteste Bauteile auf das 16. Jh. zurückgehen. Seither hat man den Backsteinbau mehrmals erweitert, das heutige Gesicht erhielt er nach umfassendem Umbau 1857. Aus dieser Zeit stammen der quadratische *Turm* und die seitlichen Anbauten. Das wertvollste Stück der Innenausstattung ist ein mittelalterliches *Kruzifix* im Chor. In der Kirche predigte 1827–44 Usedoms berühmter Pfarrer Wilhelm Meinhold, der durch seine Chronik ›Die Bernsteinhexe‹ bekannt wurde.

i Praktische Hinweise

Hotel

*** **Gutshaus Ziemitz**, Hauptstr. 19, Sauzin, Tel. 0 38 36/2 37 39 77, Fax 2 37 39 78, www.sonnenferienaufusedom.de. Das große Gutshaus mit ausgebautem Dachgeschoss liegt direkt an einem kleinen Badeplatz am Peenestrom. Alle großzügig geschnittenen Ferienwohnungen (55–70 m^2) sind mit modernen Küchen (inkl. Spülmaschine) ausgestatteten und zur Südseite mit Blick aufs Wasser ausgerichtet.

Restaurants

Jagdstübchen Krummin, Schwarzer Weg 4 a, Krummin, Tel. 0 38 36/20 65 74. In dem rustikalen Gasthaus an der Straße nach Neeberg sind besonders die Wildgerichte zu empfehlen.

Zur Reuse, Peenestr. 2, Ziemitz, Tel. 0 38 36/60 28 55. Spezialität des Landgasthofs ist der gemischte Fischteller. Nicht allzu teuer (März–Okt geöffnet).

26 Mölschow

Landwirtschaftlicher Erlebnisbereich und alte Handwerkskunst im Kulturhof.

Fährt man vom Wolgaster Ort wieder Richtung Ostsee gelangt man inmitten einer flachen Wiesenlandschaft nach Mölschow (850 Einw.). In dem Bauerndorf, zu dem auch die Weiler Zecherin und Bannemin gehören, ist der **Kulturhof** (Trassenheider Str. 7, Tel. 03 83 77/4 14 23, Mai–Okt. Mi–Fr 10–18, Sa/So 11–18 Uhr, Nov.–April Di–Fr 10–16, Sa 11–16 Uhr) ein viel besuchtes Ausflugsziel. Das alte

Sonnenschutz nach alter Manier: Flechthandwerk live im Kulturhof von Mölschow

Gutshaus vom Ende des 19. Jh. steht mitten im Ort und beherbergt auf 560 m^2 etliche Schauwerkstätten. In den Ateliers zeigen Handwerker, wie aus Weidenruten Körbe entstehen und wie Wolle gesponnen, gewebt oder gefilzt wird. In der Töpferei werden Tassen, Teekannen, Krüge und anderes Gebrauchsgeschirr gebrannt und glasiert. Wer sich nicht nur auf das Zuschauen beschränken will, kann im Rahmen eines *Kurses* eine der traditionellen Arbeitstechniken Schnitzen, Filzen oder Weben erlernen, Unterbringungsmöglichkeiten sind vorhanden. Im *Galerie-Café* stellen Künstler aus Mecklenburg-Vorpommern und aus dem Nachbarland Polen ihre Arbeiten aus.

Dem Kulturhof ist der **Landwirtschaftliche Erlebnisbereich** (Mai–Okt. Mo–Fr 10–18, Sa/So 11–18 Uhr) angegliedert. Das knapp 4 ha große Areal einer früheren LPG liegt 1 km südlich von Mölschow an der Straße nach Krummin. Im alten *Schweinestall* sind allerlei bäuerliche Arbeitsgeräte ausgestellt, etwa ein Dreschkasten und ein Butterfass. Auf dem Freigelände davor haben ausgediente Pflüge und Eggen, ein Traktor und andere Landmaschinen ihren Platz gefunden. Im *Bauerngarten* werden verschiedene Heilpflanzen, Kräuter und Biogemüse kultiviert. Selbstverständlich dürfen auf einem richtigen Gutshof auch Tiere, etwa Schafe, Ponys, Kaninchen und gackerndes Federvieh, nicht fehlen.

Praktische Hinweise

Sport

Reiterhof Bannemin, Trassenheider Str. 1, Bannemin, Tel. 03 83 77/4 11 78, www.reiterhof-bannemin.m-vp.de. Eine gute Adresse für Urlaub im Sattel. Für Anfänger und Fortgeschrittene werden Reit- und Dressurkurse angeboten, Profis können im Dressurstall eine Ausbildung absolvieren. Für Kinder gibt es Ponyreiten und Kutschfahrten.

Einkaufen

Kleine Galerie im Garten, Trassenheider Str. 7, Mölschow, Tel. 03 83 77/4 07 47. Der Maler Hans Seifert verkauft Aquarelle mit schönen Landschaftsmotiven und führt auf Voranmeldung auch durch sein Atelier.

Restaurant

Banneminer Krug, Zinnowitzer Str. 9, Bannemin, Tel. 03 83 77/3 98 31. Der Traditionsgasthof wartet mit einem gemütlichen Bauerngarten und einer großen Speisekarte auf. Außer Fischspezialitäten wie der Ostseeplatte sind die Steaks vom Lavagrill zu empfehlen. Zu besonderen Anlässen gibt es Spanferkel aus dem Holzofen.

27 Seebad Trassenheide

Ruhiger Badeort zwischen Moor, Heidekraut, Wald und herrlichem Strand.

Im Süden des Peenemünder Hakens zwischen Karlshagen und Zinnowitz liegt das Seebad Trassenheide (900 Einw.), durch eine breiten Waldstreifen ist es von Dünen und Ostsee getrennt. Trotz des *Superstrandes* von fast 4 km Länge ist Trassenheide ein eher ruhiger Ferienort. Im Hinterland laden Wander-, Rad- und Reitwege zu Ausflügen in die von Wiesen und Mooren geprägte *Heidelandschaft* ein. Wer auf viel Natur wert legt und auf mondänes Flair verzichten kann, liegt mit Trassenheide genau richtig.

Der Ort wurde erstmals 1786 im Kirchbuch von Krummin erwähnt. Dort ist von einem Platz namens *Hammelstall* die Rede, der aus nicht viel mehr als einem großen Schafstall bestand. Die eigentliche Ortsgründung geht auf den Oberpräsidenten von Pommern-Stettin *Johann August Sack* (1764–1831) zurück, dieser siedelte 1823 in dem bis dato unbewohnten Landstrich ein gutes Dutzend Fischerfamilien an.

Als 1905 am Strand die ersten *Sommergäste* Erholung suchten, erschien den Einwohnern von Hammelstall ihr Ortsname nicht mehr die geeignete Werbung für einen Ferienort zu sein, ein neuer Name musste her. Man verständigte sich auf die Bezeichnung *Trassenheide*. Sie erinnert an einen Förster namens Trassen, der im Moor unweit des Dorfes umgekommen sein soll. Aufgrund der abgeschiedenen Lage und fehlender finanzkräftiger Investoren wollte das Geschäft mit den Fremden jedoch nicht so recht anlaufen und kam schließlich sogar völlig zum Erliegen, als die Nazis den Peenemünder Haken 1936 zum *militärischen Sperrgebiet* erklärten. Für den Arbeitskräftebedarf der Heeresversuchsanstalt in Peenemünde entstand in Trassenheide ein Zwangsarbeiter-Lager, es wurde 1943 beim britischen Bombenangriff zerstört.

Nach dem Krieg brachten einige neue Betriebsferienheime bescheidenen Badetourismus, ein verhaltener Aufschwung stellte sich aber erst nach der Wiedervereinigung ein. Seit 1997 ist Trassenheide staatlich anerkanntes *Seebad*. Der feinkörnige Sandstrand gehört zu den natürlichsten Strandabschnitten Usedoms und bietet selbst in der Hochsaison genügend Platz und Ruhe. Der ausgedehnte Flachwasserbereich empfiehlt sich besonders für Familien mit Kleinkindern, die hier nach Herzenslust spielen und plantschen können. In Richtung Karlshagen schließt sich dann ein FKK-Strand an.

Praktische Hinweise

Information: Kurverwaltung, Strandstr. 36, Trassenheide, Tel. 03 83 71/2 09 28, Fax 2 09 13, www.seebad-trassenheide.de

Sport

Friesenhof, Bahnhofstr. 48, Trassenheide, Tel. 03 83 71/26 10, Fax 2 61 11. Der neu erbaute rohrgedeckte Hof verfügt über einen Reitplatz und eine 20 x 60 m große Reithalle. Zum Angebot zählen Kurse und geführte Ausritte, Kinder können auf Ponys reiten oder sich in einer Kutsche chauffieren lassen.

Urlaub der ruhigen Art: Ferienhäuser im inseltypischen Stil im Seebad Karlshagen

Sportpoint, Wiesenweg 5, Trassenheide, Tel. 03 83 71/2 82 18. Großes Sportzentrum mit 6 Tennis-, 3 Squash- und 4 Badmintonplätzen sowie 6 Bowlingbahnen. Ergänzt wird der Sportpark durch Fitnesscenter, Sauna und Solarium.

Hotels

*** **Hotel Kaliebe**, Zeltplatzstr. 5, Trassenheide, Tel. 08 00/5 25 43 23 (gebührenfrei), Fax 03 83 71/5 22 99, www.kaliebe.de. Herrliche Lage inmitten des ausgedehnten Waldgebiets mit eigenem Zugang zum 250 m entfernten Ostseestrand. Das Hauptgebäude verfügt über 35 geräumige Zimmern, außerdem werden sechs Blockhäuser vermietet. Angeschlossen sind Fahrradverleih und Sauna.

** **Strandhotel Sanddorn**, Strandstr. 10, Trassenheide, Tel. 03 83 71/5 30, Fax 53 23, www.strandhotel-sanddorn.m-vp.de. Neu erbautes Haus im Küstenwald nahe dem Strand. Die 16 Zimmer sind hübsch eingerichtet, auf Wunsch kann man auch in einem Wasserbett nächtigen.

Restaurants

Kaliebe, Zeltplatzstr. 5, Trassenheide, Tel. 03 83 71/5 20. Die bereits mehrfach prämierte Gaststätte mit schönem Wintergarten wartet mit deftiger pommerscher Küche auf, hervorragend sind vor allem die Wildgerichte.

Sanddorn, im gleichnamigen Hotel, Strandstr. 10, Trassenheide, Tel. 03 83 71/5 30. Nomen est omen – das Restaurant nimmt seinen Namen wörtlich und verfeinert die Gerichte mit Sanddornbeilagen, so gibt es etwa Filetstreifen auf Sanddornnudeln oder Wurzelgemüse mit Sanddorn-Vinaigrette.

28 Seebad Karlshagen

Usedoms jüngster und nördlichster Badeort.

Das im Norden zwischen Ostseestrand und Peenestrom – ein gutes Stück abseits der berühmten Bäderstrecke – gelegene Seebad Karlshagen (3200 Einw.) gilt als einer der stilleren Ferienorte. Der feine Sandstrand ist zwar selten überfüllt, doch ein bisschen enger zusammenrücken muss man neuerdings schon. Seit 2001 darf sich der Ort nun auch Ostseebad nennen. Karlshagen hat sich besonders als *sportlerfreundliches Ferienziel* einen Namen gemacht. Eine Surf- und Segelschule bietet Kurse an und der alljährlich veranstaltete Beachvolleyball-Cup findet reges Interesse. Das stille Hinterland lädt zu Radtouren und Reitausflügen ein. Naturverbundene Feriengäste wissen auch den hübsch in den Dünen gelegenen *Campingplatz* zu schätzen.

Karlshagen verdankt sein Entstehen einer Initiative des Stettiner Regierungsrats *Karl Triest*, der 1837 auf dem staatseigenen Land ein Fischerdorf anlegen ließ. Das bis an die Dünen heranreichende Waldgebiet wurde parzellenweise an Neukolonisten verkauft. 1885 wollte man auch in Karlshagen vom einsetzenden Badetourismus profitieren und errichtete eine Strandhalle (Badehaus) und einen 100 m ins Meer ragenden Bootsanleger. Als 1936 der ganze Inselnorden zum *militärischen Sperrgebiet* erklärt wurde, kam der Tourismus schlagartig zum Erliegen. Der Fischerhafen wurde zum *Marinehafen* ausgebaut, am Ortsrand entstand eine große Wohnsiedlung für die in Peenemünde beschäftigten Zwangsarbeiter. Der Luftangriff britischer Verbände zerstörte 1943 einen Teil der Siedlung.

Seit der Wiedervereinigung bemüht sich Karlshagen recht erfolgreich um eine Steigerung der Besucherzahlen. Als eine Schönheit kann der Ort zwar nicht bezeichnet werden, denn etliche Plattenbauten aus DDR-Zeiten verunzieren das Ortsbild, doch am Strand entstanden moderne Ferienanlagen und auch die *Strandpromenade* hat nach einer Rundumerneuerung an Charme gewonnen. Der frühere Marinehafen am Ostufer des Peenestromes stellt sich heute als moderner **Jacht- und Fischereihafen** dar. Mit 112 Liegeplätzen ist er zugleich Usedoms größter Hafen. Von der *Mole* legen Fahrgastschiffe zu den kleinen Inseln Ruden und Greifswalder Oie ab.

An der Strandpromenade, nördlich der Konzertmuschel und des hübschen Kurparks mit altem Buchenbestand, informiert das **Naturschutzzentrum Karlshagen** (Tel. 03 83 71/2 17 49, Mai–Okt. Di–Fr 10–18, Sa/So 10–17 Uhr, Nov.–April Di–So 10–16 Uhr) über den Naturpark Usedom. Eine ständige Ausstellung erläutert das Ökosystem der Insel, und in einem Diorama werden rund 100 Seevögel präsentiert. Wer will, kann sich nach telefonischer Anmeldung einer fachkundigen Führung oder auch organisierten Pilz- und Radwanderungen anschließen.

Vom Naturschutzzentrum aus bietet sich ein Spaziergang zum Ende des TOP TIPP **Ostseestrands** von Usedom an, der sich nach 5 km schließlich am Nordzipfel des Peenemünder Hakens in reizvollen flachen Strandwiesen verliert. Schön ist auch der Blick übers Meer zu den Inseln Ruden, Rügen und Greifswalder Oie. Dies ist der ruhigste Strandabschnitt der über 40 km langen Usedomer Außenküste. Der Ufersaum ist feinsandig, fällt flach ins Meer ab und angesichts der abgeschiedenen Lage ist er prädestiniert für hüllenloses Badevergnügen.

Am südlichen Ortsrand, an der Straße nach Trassenheide, erinnert seit 1970 eine **Gedenkstätte** an den verheerenden Luftangriff von 1943. Auf dem nahe gelegenen Friedhof sind mehr als 2000 Opfer aus dem Zweiten Weltkrieg beigesetzt.

i Praktische Hinweise

Information: Tourist-Information, Hauptstr. 16, Karlshagen, Tel. 03 83 71/2 07 58, Fax 2 85 37, www.karlshagen.de

Sport

Sportschule Thorsten Kürbis, Campingplatz Dünencamp Karlshagen, Zeltplatzstr., Karlshagen, Tel. 07 00/34 34 10 00, www.sportstrand.de. Die Surf- und Segelschule bietet verschiedene Kurse an und verleiht neben Boards, Riggs und Neoprenanzügen auch Kajaks und Katamarane.

Camping

Campingplatz Dünencamp Karlshagen, Zeltplatzstr., Karlshagen, Tel. 03 83 71/2 02 91, Fax 2 03 10, campingplatz@karlshagen.de. Der Platz liegt geschützt hinter einer großen Düne am Rand des Küstenwaldes. Die rund 300 Stellplätze für Zelte und Wohnmobile sind vornehmlich von FKK-Fans belegt.

Hotels

*** **Strandhotel Ostseebad Karlshagen**, Strandpromenade 1, Karlshagen, Tel. 03 83 71/26 90, Fax 26 91 99. www.strandhotel-usedom.de. Das 2002 eröffnete Haus gefällt durch seine Lage in der ersten Reihe. Es verfügt über elegante Zimmer sowie mit viel Holz ausgestattete Studios und Maisonette-Wohnungen. Die Bäder glänzen mit Marmorfließen und Fußbodenheizung. Der hübsche Wohlfühlbereich umfasst einen Whirlpool und eine finnische Sauna.

** **Dünenresidenz Usedom**, Am Maiglöckchenberg 21, Karlshagen, Tel. 03 83 71/2 60 65, Fax 2 12 73, www.wob-karlshagen.de. Die neuen Ferienhäuser liegen in unmittelbarer Strandnähe direkt an den Dünen. Beson-

Sommergast aus dem Norden: Die Mantelmöwe ist die größte Möwenart Europas

TOP TIPP Greifswalder Oie und Ruden – Zwei Vogelinseln vor Usedom

Gut 5 sm nördlich vom Peenemünder Haken scheint das Inselchen **Greifswalder Oie** etwas verloren in der See zu schwimmen. 1936–91 war das 55 ha große Eiland militärisches Sperrgebiet, seit der Wiedervereinigung hat es sich zu einem beliebten Ausflugsziel (90 Min. per Schiff) entwickelt. Die als *Naturschutzgebiet* ausgewiesene Insel ist ein Paradies für Ornithologen, an manchen Tagen rasten hier über 10 000 *Seevögel*. Seit 1994 gibt es eine Vogelwarte, die die Zugvögel beringt und dokumentiert. Eine weitere Attraktion für Besucher sind die in den 1970er-Jahren hier ausgewilderten *Shetlandponys*, die jüngst von einer Herde Gotlandschafe Gesellschaft bekommen haben. Vom Bootsanleger kann man auf einem *Rundweg* zum Inselhof (früher Pension, heute Vogelwarte), und zum 38 m hohen Leuchtturm von 1855 wandern.

Die Bootsfahrt zur nur halb so großen Insel **Ruden** (27 ha) dauert etwa 30 Min. Das Mini-Eiland ist der letzte Rest der alten *Landbrücke* zwischen Rügen und Usedom. Es verlor in den letzten 300 Jahren rund zwei Drittel seiner Fläche, heute versucht man durch Uferschutzbauten den weiteren ›Landraub‹ der See aufzuhalten. Auch Ruden ist ein wichtiger Lebensraum für Wasservögel und gleichzeitig ein *Biotop* für Strandastern, Orchideen und andere seltene Wildblumen. Von dem 1906 erbauten Lotsenturm aus wurden bis 1972 die Schiffe durch den Flachwasserbereich des Greifswalder Boddens dirigiert. Ein zweiter Turm im Inselsüden hatte einen ganz anderen Zweck: Von ihm aus beobachteten die Peenemünder Raketenbauer die Flugbahn ihrer Versuchsprojektile.

Von den Häfen Peenemünde und Karlshagen setzen im Sommer ein- bis zweimal täglich Fahrgastschiffe zu den beiden kleinen Schwesterinseln Usedoms über. Infos:

Apollo Fahrgastreederei,
Tel. 03 83 71/2 08 29,
www.peenemuende-info.de.

Die grazile Strandaster ist die einzige wildwachsende Asternart Norddeutschlands

Der farbenkräftig blühende braunrote Stendelwurz gehört zur Familie der Orchideen

Dinner mit Stil: Das Restaurant Strandhotel Ostseebad Karlshagen bittet stimmungsvoll und mit künstlerischem Touch zu Tisch

ders hübsch sind die reetgedeckten Villen an der Promenade, drei Schlafzimmer bieten Platz für max. sechs Personen. Mit komplett ausgestatteter Küche, Balkon oder Terrasse und Pkw-Stellplatz.

Restaurants

Dünenschloss, im gleichnamigen Hotel, Strandstr. 11, Karlshagen, Tel. 03 83 71/26 20. Das Restaurant offeriert nicht allzu teure Fischgerichte, etwa die Rankwitzer Mandelforelle oder das Rotbarschfilet in Bierteig.

Peenemünder Eck, Strandstr. 1a, Karlshagen, Tel. 03 83 71/2 18 15. Der Gasthof direkt an der Durchgangsstraße bietet Wild- und Fischgerichte und zur Kaffeezeit hausgebackenen Quark- und Streuselkuchen.

Restaurant Strandhotel Ostseebad Karlshagen, Strandpromenade 1, Karlshagen, Tel. 03 83 71/26 90. Geboten wird schmackhafte Fischküche, etwa Filet vom Haffzander auf Rahmsauerkraut. Daneben gibt es auch vegetarische Gerichte und spezielle Kindermenüs. Küchenchef Daniel Telle wurde 2003 zum kreativsten Koch der Insel gekürt (tgl. ab 17.30 Uhr).

29 Peenemünde

Plan Seite 106

Museumsdorf mit Welt bewegender Historie.

Den Norden Usedoms nimmt der *Peenemünder Haken* ein, ein von Niedermooren und Feuchtwiesen geprägter flacher Landstrich zwischen der Ostsee und der Mündung des Peenestroms. Der vorgelagerte Flachwasserbereich mit etlichen Sandbänken sowie der Halbinsel Struck und der Insel Ruden wurde aufrgund der bedeutenden Vogelkolonien bereits 1925 als Naturschutzgebiet ausgewiesen.

Der Hafenort Peenemünde (340 Einw.) selbst liegt am zum Festland ausgerichteten Westufer des Peenemünder Hakens und ist die nördlichste Siedlung Usedoms. Eine Schönheit ist er aber nicht, denn die fast 50-jährige Militärpräsenz hinterließ tiefe Narben. Außerdem vermitteln alte Kasernen und verödete Brachflächen eine nüchterne Atmosphäre. Peenemünde war einst ein Ort des Schreckens, hier in einem Hochtechnologiepark entwickelten die Nazis *Massenvernichtungswaffen*. Wären nach der Wiedervereinigung nicht ein paar zugkräftige Museen entstanden, würde sich wohl kaum ein Feriengast auf den Weg nach Peenemünde machen.

Geschichte Kein anderer Ort Usedoms blickt auf eine so bewegte Historie zurück wie das kleine Peenemünde. Das Fischer- und Bauerndorf wurde 1282 im Pommerschen Urkundenbuch erstmals erwähnt, als Herzog Bogislaw IV. seiner Residenzstadt Wolgast ein Stück Weideland am Peenemünder Haken stiftete. Im Mittelalter war der Peenestrom der alleinige Schifffahrtsweg von der Ostsee ins *Stettiner Haff* mit seinen aufblühenden Hafenstädten und zur Odermündung. Wer den nördlichen Zugang zum Peenestrom beherrschte, kontrollierte folglich das *Einfallstor* nach Pommern. Der kaiserliche Oberbefehlshabers *Albrecht von Wallenstein* (1583–1634) ließ 1628 während des Dreißigjährigen Krieges nahe der heutigen Peenemünder Hafenmole mit Erdwällen eine *Sternschanze* aufwerfen. Zwei Jahre darauf landete der Schwedenkönig *Gustav II. Adolf* mit einem 15 000 Mann starken Heer bei Peenemünde und eroberte von dort aus, ohne auf nennenswerten Widerstand zu stoßen, ganz Usedom. In den folgenden zwei

Museumsmagnet Usedoms: das Historisch-Technische Informationszentrum in Peenemünde mit dem riesigen ehemaligen Kohlekraftwerk und dem Museumsschiff Tarantul 1

Jahrhunderten wechselte die Kontrolle über die Peenemünder Schanze mehrmals zwischen Schweden, Dänemark und Preußen, immer wieder kam es in der Region zu Kämpfen.

Eine folgenschwere Zeit brach für Peenemünde 1936 an, als die Nazis mit dem Bau der **Heeresversuchsanstalt** (HVA) begannen. Der ganze Norden Usedoms wurde zum *Sperrgebiet* erklärt. Das Dorf riss man 1940 kurzer Hand ab und errichtete an der Stelle ein Kohlekraftwerk, das die Energie für das aufwendige Versuchsprogramm zu liefern hatte. Nach der Kapitulation wurden bis auf das Kraftwerk alle übrigen etwa 70 Gebäude der HVA gesprengt. Auch nach der Gründung der DDR blieb Peenemünde weiterhin Sperrgebiet. Im Hafen stationierte die Nationale Volksarmee einen *Flottenverband*. Nach der Wiedervereinigung zog dann die Bundeswehr in die Barackensiedlung ein, blieb aber nur bis 1994. Seither ist Peenemünde frei von Militär.

Von Raketen und Wissenschaftlern

Gleich an der Ortseinfahrt steht wie ein Mahnmal das monströse Gerippe der alten **Sauerstofffabrik** 1, die selbst die Sprengversuche der Sowjets überstand. In der Fabrikhalle produzierte die HVA flüssigen Treibstoff für ihre Raketen. Vom Maschinenpark ist nichts mehr übrig, denn alles was nicht niet- und nagelfest war, nahmen die Russen mit. Betreten werden darf die Ruine nicht – es herrscht Einsturzgefahr.

TOP TIPP Am großen Hafenbecken befindet sich das Areal des **Historisch-Technischen Informationszentrums** 2 (HTI, Bahnhofstr. 28, Tel. 03 83 71/50 50, www.peenemuende.de, April/Mai, Okt. Di–So 9–18 Uhr, Juni–Sept. tgl. 9–18 Uhr, Nov.–März Di–So 10–16 Uhr). Zu dem weitläufigen Komplex gehören das frühere Kohlekraftwerk, das heute das Museum des HTI beherbergt, ein Museumsschiff und das Freigelände mit martialischem Kriegsgerät. Im *Kesselhaus* und in der *Turbinenhalle* des Kraftwerks finden im Sommer Vorträge, Theateraufführungen und Konzerte statt. Trotz oder vielleicht auch gerade wegen der schwierigen Themenstellung stößt die 1991 eröffnete Sammlung auf überaus großes Interesse. Mit mehr als 300 000 Besuchern im Jahr gehört sie zu den bedeutendsten Museen in Deutschland.

Das gigantische **Kohlekraftwerk** wurde 1938–42 erbaut und war damals mit einer Leistung von 30 Megawatt das modernste in ganz Europa. Es überstand den Krieg so gut wie unbeschadet und wurde erst 1990 abgeschaltet. Der Backsteinbau entspricht ganz der für Industriebetriebe im Dritten Reich üblichen sachlichen For-

Blickfang ersten Ranges: Modell der Rakete A4 auf dem Freigelände des HTI in Peenemünde

mensprache. Der rechteckige Kubus mit einer Grundfläche von 93 x 64 m ruht auf einem Fundament von 3500 Stahlbetonpfählen und ist aus etwa 22 Mio. Ziegeln errichtet. Der *Bekohlungskran* steht am Ende eines etwa 130 m langen Transportbandes über dem Brecherhaus. Dort wurde die Steinkohle zu max. 40 mm großen Stückchen zerkleinert und über ein weiteres Förderband in die Verbrennungskessel geleitet.

Die **Ausstellung** im Kraftwerk gibt auf zwei Etagen einen Einblick in die *Geschichte* der Raketenforschung und -produktion seit 1920, insbesondere im Zusammenhang mit den hier entwickelten V1- und V2-Raketen, die im Zweiten Weltkrieg als Massenvernichtungswaffen eingesetzt wurden. Wand füllende Fotos zeigen die Einschlagstellen der Raketen während der Angriffe auf London 1944/45. Aufschlussreich ist auch das Kurzporträt des leitenden HVA-Ingenieurs *Wernher von Braun*, der nach dem Krieg mit seinem ganzen Team von den USA übernommen wurde und die dortigen Raumfahrt- und Satellitenprogramme maßgeblich mitgestaltete. Außerdem wird die Fliegerin Hanna Reitsch vorgestellt, die als freiwillige Testpilotin in Peenemünde tätig war. Bewegend sind die Dokumentationen zu den Einzelschicksalen der Zwangsarbeiter und KZ-

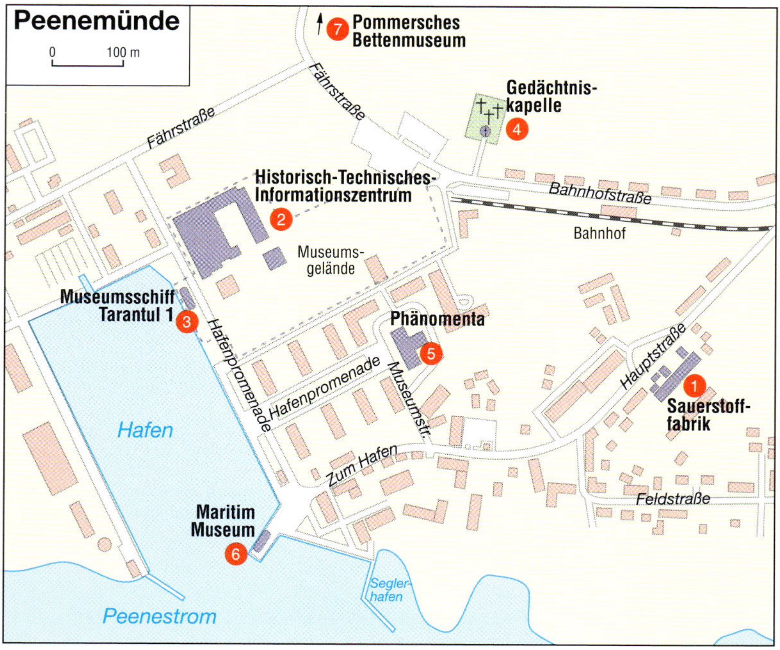

Staatsgeheimnis als Ausstellungsthema: Im Historisch-Technischen Informationszentrum in Peenemünde wird die Operation Hydra der Heeresversuchsanstalt dokumentiert

Alptraum Heeresversuchsanstalt

Auf der Suche nach einem günstigen Standort für ein Forschungszentrum überflog Ende 1935 der junge Ingenieur **Wernher von Braun** (1912–1977) den Norden Usedoms. Seine Wahl fiel auf den abgeschiedenen und eher dünn besiedelten Peenemünder Haken. Wenig später wurde der Fischerort **Peenemünde** zwangsgeräumt und der Nordteil der Insel als Sperrgebiet abgeschirmt.

Bereits im August 1936 begann der Aufbau der **Heeresversuchsanstalt** (HVA). Spätestens seit Kriegsbeginn wurde hier nun unter dem Deckmantel der Forschung zur Raumfahrt an der Erprobung von *Massenvernichtungswaffen* gearbeitet. In das Peenemünder Projekt waren 10 000–15 000 Menschen eingespannt: Techniker, Wissenschaftler, Militärs und vor allem Zwangsarbeiter und KZ-Häftlinge aus ganz Europa. Am 3. Oktober 1942 konnte die erste Rakete erfolgreich gezündet werden. Sie erreichte eine Höhe von 84,5 km, verließ damit als erste die Erdatmosphäre, und brachte es auf eine Reichweite von 90,6 km.

Trotz noch so strenger Geheimhaltung bekamen die Engländer schließlich Wind von der Sache. Im Rahmen der **Operation Hydra** flog in der Nacht vom 17. auf den 18. August 1943 fast die gesamte britische Bomberflotte mit 596 Maschinen einen Angriff auf Peenemünde. Wegen falscher Zielmarkierungen traf es aber vornehmlich die Wohnlager in Trassenheide, unter den 730 Toten waren über 500 Zwangsarbeiter. Die Schäden in der HVA aber hielten sich in Grenzen. Als Folge der Angriffe lagerten die Nazis die *Produktion* in eine unterirdische Fabrik bei Nordhausen im Harz aus, die Forschungsabteilung blieb aber weiterhin in Peenemünde. Im Sommer 1944 waren die ersten mit Bomben bestückten Raketen einsatzfähig. Kriegsentscheidend waren sie nicht mehr, Schaden richteten sie dennoch mehr als genug an. Bis zur Kapitulation wurden rund 3000 V1- und 22 000 V2-Raketen auf belgische, französische und englische Städte abgeschossen. Allein in London fielen zwischen Juni 1944 und März 1945 dem Raketenbeschuss über 8000 Menschen zum Opfer.

Häftlinge. Eindrucksvolle Bilder zeigt auch der *Dokumentarfilm* ›Peenemünde – Schatten eines Mythos‹. Frühere Mitarbeiter der HVA berichten darin von Leben und Arbeit in der Waffenschmiede. Historische Aufnahmen von den Raketenversuchen runden das Gesamtbild ab.

Eine zweite Abteilung der Ausstellung widmet sich der *Weltraumforschung nach 1945*, wobei der Wettlauf zwischen dem Sputnik-Programm der Russen und den Apollo-Flügen der Amerikaner einen breiten Raum einnimmt.

Auf dem **Freigelände** vor der Bunkerwarte, der Schaltzentrale des Kraftwerks, steht ein originalgetreues Modell der 14 m hohen *Rakete A4* (d. h. Aggregat 4, später als Vergeltungswaffe V2 bezeichnet). Diese erste Fernrakete der Welt wurde von Wernher von Braun entwickelt und am 3. Oktober 1942 erstmals erfolgreich gezündet. Desweiteren sind hier aus dem DDR-Nachlass der Nationalen Volksarmee etliche Hubschrauber, Bodenluftraketen und sowjetische Jagdflugzeuge vom Typ MIG versammelt.

Im Hafen liegt vor dem früheren Siebhaus das **Museumsschiff Tarantul 1** 3. Das russische Raketenschnellboot Baujahr 1986 war bis 1990 im Dienst der DDR-Volksmarine in Dranske auf Rügen stationiert, seit 1994 gehört es zur Sammlung des HTI. Ein Gang über das 56 m lange Schiff führt zu den Aufbewahrungsmagazinen der Flugabwehrraketen, zu den Offizierskammern und auf die Brücke.

Von Experimenten, U-Booten und Betten

Nahe dem Parkplatz des Museumsgeländes steht die einstige Friedhofskapelle von Peenemünde. Der achteckige Fachwerkbau von 1876 wurde 1993 zum 50. Jahrestag des Bombenangriffes auf die HVA von Grund auf restauriert und dient seither als **Gedächtniskapelle** 4 für die Kriegsopfer. Vor der Kapelle erinnert ein *Gedenkstein* an den Schwedenkönig Gustav II. Adolf, dessen Truppen im Dreißigjährigen Krieg in Peenemünde an Land gingen und Usedom besetzten.

Östlich des HTI bietet das seit dem Jahr 2000 bestehende interaktive Museum **Phänomenta** 5 (Museumsstr. 12, Tel. 03 83 71/2 60 66, www.phaenomenta-peenemuende.de, Mitte März–Mitte Nov. tgl. 10–18, 20. Dez.– 4. Jan. tgl. 11–16 Uhr) Erlebnisse für Jung und Alt. Rund 250 Experimentierstationen und Exponate aus Physik und Technik laden zum Mitmachen und Ausprobieren ein, die meisten davon begeisterten bereits auf der EXPO 2000 in Hannover ein Millionenpublikum. Eine besondere Attraktion ist der *Astronautentrainer*, in dem die Schwerelosigkeit des Weltraums erfahrbar wird. Ferner kann man mit einem Paukenschlag eine Kerze ausblasen, in eine Seifenblase kriechen oder sich in einem Spiegel von hinten sehen. Mit dem Trabi-Heber schließlich kann jedes Kind mühelos einen 770 kg schwerer Trabant hochstemmen. Das Museum organisiert übrigens äußerst spannende Kindergeburtstage, die den kleinen Gästen noch lange in Erinnerung bleiben, schließlich können sie dann in der Sammlung nach Herzenslust spielen.

Die Attraktion im Peenemünder Hafen ist das **Maritim Museum** 6 (Tel. 03 83 71/2 85 65, April–Juni, Mitte Sept.–Okt tgl. 10–18 Uhr, Juli–Mitte Sept. tgl. 9–21 Uhr, Nov.–März tgl. 10–16 Uhr). Am Pier des einstigen Marinestützpunktes der DDR liegt das russische *Unterseeboot Juliett U-461* vertäut. Es wurde 1961 gebaut und führte im Dienst der Baltischen Rotbannerflotte bis 1991 Übungs- und Patrouillenfahrten im Nordatlantik durch. Seit 1998 befindet sich die U-461 im ›Ruhestand‹ in Peenemünde. Allein die *technischen Daten* des 86 m langen und 10 m breiten und damit weltweit größten U-Boots sind beeindruckend. Der Koloss wiegt 4127 t, angetrieben wurde er von zwei Dieselmotoren mit jeweils 4000 PS. Das Boot hatte eine Reichweite von 18 000 sm, konnte bis zu 300 m tief tauchen und war mit Torpedos und Marschflugkörpern bestückt. Der *Rundgang* durch das Innenleben des Museumsschiffs empfiehlt sich nur für gelenkige und nicht allzu korpulente Personen, da etliche Luken mit einem Durchmesser von 80 cm durchstiegen werden müssen. Die beengenden Verhältnisse sind es dann auch, die besonders auffallen, sei es in den Mannschaftsquartieren, der Offiziersmesse oder der Kombüse, unvorstellbar, dass eine Besatzung von 80 Mann hier leben und arbeiten konnte. Das Schaltpult und die Steuerautomatik für das Horizontalruder vermitteln einen Eindruck von der komplizierten Funktionsweise des U-Boots, auch wenn die Technik naturgemäß nicht modernem Standard entspricht.

Eine humoristische Note erhält die alles in allem nachdenklich stimmende Peenemünder Museumslandschaft durch das **Pommersche Bettenmuseum**

7 (Am Flugplatz 2, Tel. 01 61/4 40 56 30, April–Okt. 10–17 Uhr). Hier wird unterhaltsam aufgezeigt, wie man sich zu Uromas Zeiten bettete. Von verschiedenen Bettgestellen über Nachtgewänder, Nachtgeschirr und Wärmflaschen ist alles rund um den Schlaf zusammengetragen. Dabei werden so wichtige Fragen beantwortet, wie auf was Erich Honecker schlief und wie man als Astronaut im Weltall zur Ruhe kommt. Wer möchte, kann sich in Schlummerposition bekleidet mit einem nostalgischen Nachtkostüm für ein Erinnerungsfoto ablichten lassen.

Praktische Hinweise

Einkaufen

Alte Wache, Zum Hafen 4, Peenemünde, Tel./Fax 03 83 71/2 14 64, www.altewache-peenemuende.de. Der Buchladen im Wachgebäude des früheren Marinestützpunktes lässt keine Fragen zu Usedom und der Raketenversuchsanstalt offen. Nebenan gibt es ein kleine Cafébar.

Hotels

** **Haus Arielle**, Feldstr. 13, Peenemünde, Tel. 03 83 71/2 65 97, Fax 2 65 98, www.haus-arielle.de. Das hübsche neue Reetdachhaus beherbergt sechs großzügig geschnittene Ferienwohnungen mit wahlweise einem oder zwei Schlafzimmern, Küchenzeile sowie Terrasse bzw. Balkon. Die Apartments im Obergeschoss sind über eine Außentreppe zugänglich . Im Garten gibt es einen Grillplatz. Haustiere sind willkommen, werden jedoch extra berechnet. Nichtraucher-Unterkunft.

** **Pension am Deich,** Feldstr. 1a, Peenemünde, Tel. 03 83 71/2 85 82, Fax 2 86 12, www.usedom-hotel.de. Das kleine familiäre Haus verfügt über sechs hübsch mit Polster- und Korbmöbeln eingerichtete Zimmer mit TV sowie über eine geräumige Ferienwohnung mit zwei Schlafzimmern, Wohnbereich und großer Küche.

Restaurants

Feldsalonwagen, auf dem Museumsgelände des HTI. Der frühere Manöver-Verpflegungswagen für Minister und Generäle der NVA stellt das originelle Ambiente. Offeriert werden Kaffee und Kuchen sowie kleine Gerichte, etwa milchsauer eingelegter Brathering oder ukrainische Krautsuppe.

Das begehbare Unterseeboot Juliett U-461 ist die größte Sensation des Maritim Museum

Flunder, Hafenpromenade 7, Peenemünde, Tel. 03 83 71/2 19 95. In dem nicht allzu teuren Fischlokal gibt es Flunder in allen Variationen: geschnetzelt, gebraten mit Speckstippe (Specksauce) oder als Filet im Bierteig. Man sitzt auf Plastikstühlen im geschützten Wintergarten mit Blick auf das Museums-U-Boot.

Zur Zwiebel, Peeneplatz 3, Peenemünde, Tel. 03 83 71/2 64 39. In dem Traditionslokal stillten früher die Matrosen der 1. Flottille ihren Durst, heute genießen Museumsbesucher deftige Hausmannskost. Eine Spezialität ist die Edelfischplatte aus der Pfanne. Zum Gasthof gehören auch eine Fischräucherei und ein kleines Hotel.

Café

Café am Deich, Feldstr. 1 a, Peenemünde, Tel. 03 83 71/2 85 82. In dem gemütlichen Café hat man die Qual der Wahl zwischen 64 Kaffeevariationen, dazu gibt es hausgemachten Kuchen (Mo geschl.).

Besuch auf dem Festland – Brückenpfeiler zur Insel Usedom

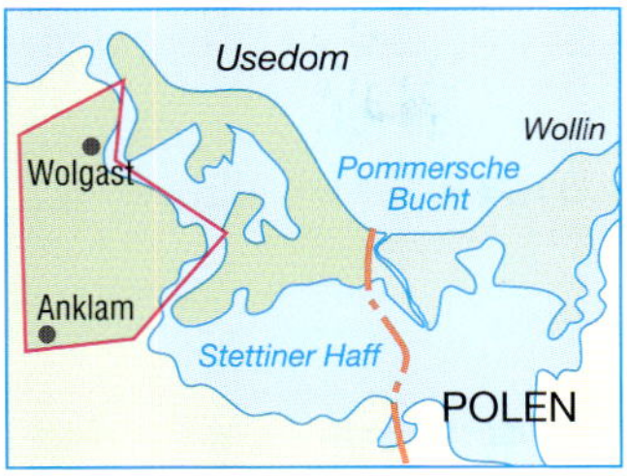

Die Insel Usedom ist vom Festland durch den **Peenestrom** getrennt, einen breiten Mündungsarm der Oder, der am Peenemünder Haken in die Ostsee fließt. Die Festlandküste ist größtenteils in den *Naturpark Usedom* integriert, das sensible Ökosystem im Mündungsbereich des Stroms steht ebenso unter besonderem Schutz wie die angrenzenden Niedermoore und Heidegebiete. Auf der Festlandseite der Wasserstraße markieren die beiden alten Hansestädte Wolgast und Anklam die Eingangstore nach Usedom. **Wolgast** im Norden ist durch die *›Blaues Wunder‹* genannte Brücke mit der Ferieninsel verbunden. Die Hafenstadt gefällt durch ihr hübsch saniertes barockes Zentrum, vom Turm der *St.-Petri-Kirche* bietet sich über den Peenestrom hinweg ein eindrucksvoller Blick auf Usedom. Etwa auf halber Strecke nach Süden, vis-a-vis vom Usedomer Lieper Winkel, ist das Landstädtchen **Lassan** einen Besuch wert. Der proper wirkende Ort erzählt vom alten Handwerk der Fischer, Müller und Tischler. Vor allem letztere haben es hier zu einer hohen Kunstfertigkeit gebracht, was allein die hübschen Türen der *Ackerbürgerhäuser* unter Beweis stellen. **Anklam,** der südliche Brückenpfeiler nach Usedom, steht ganz im Zeichen des Flugpioniers Otto Lilienthal. Das dem berühmtesten Sohn der Stadt gewidmete *Museum* lässt keine Frage zum Thema Fliegen offen und erklärt wie ein Traum der Menschheit in Erfüllung ging.

30 Wolgast

Plan Seite 112

Alte Pommernresidenz am Peenestrom, das nördliche Eingangstor nach Usedom.

Die Hafen- und Werftstadt Wolgast (13 000 Einw.) ist für viele Usedom-Urlauber ein Ausflugsziel für einen Regentag. Schade, denn gerade bei schönem Wetter entfaltet die einstige Herzogsresidenz ihren Charme. Die Kleinstadt am Peenestrom hat in den letzten Jahren erfolgreich ihr graues DDR-Erbe abgestreift und präsentiert sich mit frisch herausgeputzten barocken Kaufmanns- und Kapitänshäusern sowie alten Getreidespeichern in neuem Gewand. Modernes Wahrzeichen von Wolgast ist die 1996 eingeweihte *Hebebrücke*, die dem Autoverkehr nach Usedom zur Verfügung steht. Über die wegen ihres auffälligen Anstrichs ›Blaues Wunder‹ genannte Brücke verbindet seit 2000, nach 55-jähriger Unterbrechung, auch wieder eine Bahnlinie das Festland mit der Insel.

◁ *Highlights vor den Toren Usedoms: Das ›Blaue Wunder‹ von Wolgast* (**oben**) *und das eindrucksvolle Otto-Lilienthal-Museum in Anklam* (**unten**)

Kleinstadt mit großer Vergangenheit

Im 7. Jh. gründete der slawische Stamm der Liutizen am Peenestrom einen Ort namens *Hologost*. Von der Burg auf der heutigen Schlossinsel kontrollierten die Liutizen die Zufahrt ins Stettiner Haff. Wegen seiner strategisch bedeutsamen Lage überfielen 919 die Dänen den damals *Castrum Wolgast* genannten Ort, gut 200 Jahre darauf eroberte der Pommernkönig Wartislaw I. (um 1100–1153) die Siedlung. Dieser ließ sich 1128 von Bischof Otto von Bamberg taufen und errichtete auf der Anhöhe gegenüber der Schlossinsel eine Kirche über den Resten eines geschleiften Tempels.

Wolgast erhielt 1282 das Stadtrecht und wurde 1295 *Hauptstadt* des Herzogtums Pommern-Wolgast. Der Marktflecken schloss sich der Hanse an und stieg zu einem überregionalen Handelszentrum auf. Die alte slawische Burg wurde zu einem der prächtigsten *Schlösser* Norddeutschlands ausgebaut und bestimmte über Jahrhunderte die Silhouette der Stadt. Wolgast blieb für 330 Jahre Residenzstadt, bis 1625 mit dem Tode von Herzog Philipp Julius das Wolgaster Adelsgeschlecht ausstarb und sich die politische Macht nach Stettin verlagerte. Im Dreißigjährigen Krieg fiel die Stadt an die Schweden, im Zweiten Nordischen Krieg wurde sie 1713 von den Russen nahezu komplett eingeäschert. Unter Beibehaltung des mittelalterlichen Grundrisses machten sich die Bewohner unverdrossen an den Wiederaufbau. Im aufstrebenden Hafen wurde bald ein Großteil der pommerschen Getreideernte umgeschlagen. Eine Werftindustrie entstand, Wolgaster Segler waren fortan auf allen Weltmeeren zuhause. Mitte des 19. Jh. wurden dieses jedoch von der aufkommenden Dampfschifffahrt ins Abseits gedrängt und der Wolgaster Hafen musste seine Führungsrolle an den neuen Seehafen Swinemünde abgeben.

Nach dem Zweiten Weltkrieg, in der Zeispanne von 1952 bis 1993, war Wolgast *Kreisstadt*, ihr unterstand auch der deutsche Teil Usedoms. Wichtigster Wirtschaftsfaktor ist heute die *Peenewerft*, die bis zur Wiedervereinigung Marinewerft der DDR war und auch nach der Privatisierung volle Auftragsbücher schreibt. Die sanierten Kaianlagen des Stadthafens sind auch ein beliebtes Ziel von Flusskreuzfahrten.

Schlossinsel, Museumsmeile und barocke Altstadt

Wolgast erschließt sich am besten von der östlich der Altstadt vorgelagerten **Schlossinsel** ❶, auf der es in der Regel gute Parkmöglichkeiten gibt. An das Residenzschloss der Pommernherzöge erinnert heute nur noch der Name der Insel. Der Renaissancebau selbst wurde im Dreißigjährigen Krieg stark beschädigt und verfiel zunehmend, sodass die Ruine 1798, noch unter der Herrschaft der Schweden, als Steinbruch freigegeben wurde. 1995 konnten bei Räumungsarbeiten lediglich die Kellergewölbe freigelegt werden.

Die Attraktion auf der Schlossinsel ist der **Museumshafen** ❷. An der Mole vor einem restaurierten Kornspeicher ankert seit 1997 das *Dampffährschiff ›Stralsund‹* (Tel. 0 38 36/20 30 41, Sept.–Mai Di–Fr 10–17, Sa 10–14 Uhr, Juni–Aug. Di–Fr 10–18, Sa/So 10–14 Uhr). Eine Ausstellung informiert über die wichtigsten Einsatzgebiete des 1890 vom Stapel gelaufenen Schiffes. Kurz nach ihrem hundertjährigen Jubiläum wurde die ›Stralsund‹ 1990 in den

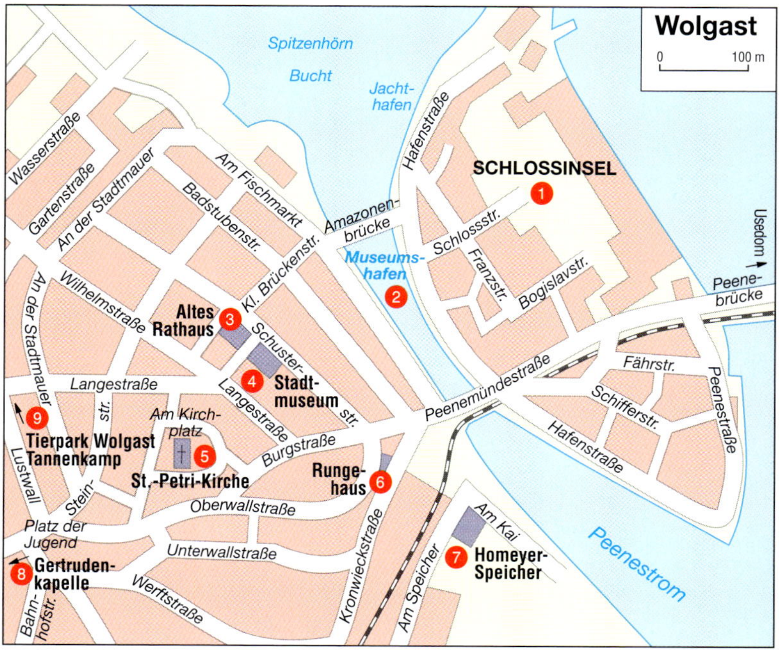

Einst Pommernresidenz und Hansestadt: Wolgast hat sich mit seinen schmucken Barockhäusern und mittelalterlichen Straßen seinen unverwechselbaren Charme bewahrt

Ruhestand versetzt. Das technische Denkmal gilt als die weltweit älteste Fähre ihrer Art. Während der Besichtigung stehen die Kapitänskammer und der Maschinenraum offen. Im Jahr 2000 bekam die ›Stralsund‹ durch den ausgemusterten *Schlepper ›Steppke‹* (Baujahr 1888, nicht zugänglich) Gesellschaft, der bis dato im Dienst der Peenewerft stand.

Vom Museumshafen erreicht man über die *Amazonenbrücke* die überschaubare **Altstadt**. Sie war im Mittelalter von einem Mauerring eingefasst, von dem noch Reste in der Oberwallstraße und am Lustwall erhalten sind. Die drei Stadttore riss man 1850 aus verkehrstechnischen Gründen ab. Auf dem *Marktplatz* zieht das hübsche **Alte Rathaus** 3 die Aufmerksamkeit auf sich. Seine ältesten Bauteile stammen aus dem frühen 15. Jh. Den barocken Giebel mit dem aufgesetzten Turmreiter erhielt der Repräsentationsbau nach dem Stadtbrand von 1713. Die beiden über drei Geschosse schrittweise zurückgestuften Pfeiler zuseiten des hübsch bemalten Rundbogenportals stammen vom Vorgängerbau. In den Räumlichkeiten des denkmalgeschützten Hauses sind heute die Wolgast-Information und das Standesamt untergebracht. Der *Brunnen* (1936) vor dem Rathaus ist eine Arbeit von Kurt Baer. Er ist mit zehn Reliefs geschmückt, die Szenen aus der Stadtgeschichte zeigen. Rund um den Brunnen werden jeden Donnerstag auf dem *Altstadtmarkt* überwiegend Frischprodukte aus der Region angeboten.

Schräg neben dem Rathaus ist im ältesten Profanbau von Wolgast, einem Kornspeicher aus dem 17. Jh., das **Stadtmuseum** 4 (Tel. 0 38 36/20 30 41, Juni–Aug. Di–Fr 10–18, Sa/So 10–16, Sept.–Mai Di–Fr 10–17, Sa 10–14 Uhr) untergebracht. Er ist eines von wenigen Gebäuden, die wie durch ein Wunder die Feuersbrunst von 1713 überstanden. Das Fachwerkhaus mit seiner Dachhaube im holländischen Stil ähnelt entfernt einer alten *Kaffeemühle* und wird von den Wolgastern auch als solche bezeichnet. 1955 hat man das zwischenzeitlich als Wohn- und Gasthaus genutzte Gebäude zum Museum umgebaut. Hier wird die Geschichte der Peenestadt präsentiert. Auf dem einstigen *Kornboden* befinden sich die historische Werkstatt eines Schuhmachers, eine alte Apotheke und eine Knüpfstube, in der einige Freester (Fischerteppiche) gezeigt werden. Schön anzusehen ist auch die kleine Bernsteinsammlung. Im *Museumsshop* auf dem Dachboden wird Kunsthandwerk der Region zum Kauf angeboten.

Oberhalb vom Marktplatz, auf der höchsten Erhebung der Stadt, thront die TOP TIPP imposante spätgotische **St.-Petri-Kirche** 5 (April–Okt. Mo–Sa 10–12.30 und 13.30–17 Uhr). Sie steht an der Stelle des Tempels, der nach der Christianisierung der Slawen im 12. Jh. zerstört wurde. Die dreischiffige Backsteinbasilika erhielt ihr heutiges Aussehen im 14./15. Jh. Zwei slawische Steine aus dem 12. Jh. wurde in die Kirche übernommen. Der eine links neben dem Portal zeigt den auf der Weltenkugel thronenden Christus. Der andere an der Ostwand im Inneren, der *Gerovitstein,* zeigt den mit einer Lanze bewaffneten slawischen Hauptgott Gerovit, dem der Tempel geweiht war. Vom 55 m langen Mittelschiff der Kirche haben zumindest die Grundmauern den Brand von 1713 überstanden. Am massigen Turm musste das Dach erneuert werden, es erhielt eine barocke Haube, in die allerdings 1925 der Blitz einschlug. Seither deckt ein schlichtes Pultdach den quadratischen Turm.

Das *Innere* von St. Petri brannte dagegen so gut wie vollständig aus, Reste mittelalterlicher Fresken sind im Gewölbe des Chorumgangs erhalten. Zur ansonsten eher sparsamen Ausstattung gehört der interessante *Totentanzzyklus* (1698–1700) an den Wänden der beiden Seitenschiffe, der ursprünglich an der Empore der Gertrudenkapelle (s. u.) angebracht war. Das Bildprogramm nach

Heilsame Wässerchen von anno dazumal: Das Wolgaster Stadtmuseum dokumentiert mit seiner alten Apotheke ein Stück regionaler Zeitgeschichte

Als imposanter Blickfang beherrscht die wuchtige St.-Petri-Kirche das Stadtbild von Wolgast

Holzschnitten von Hans Holbein d. J. schuf Caspar Sigmund Köppe, die Zweizeiler steuerte Adrian Diedrich Bentschneider bei. Die 24 Szenen zeichnen sich durch ihren überaus lebendigen Erzählstil und mitunter beißenden Humor aus. Sie zeigen den Tod als Skelett, wie er die Menschen ungeachtet ihres Standes und Alters überrascht und mitten aus dem Leben reißt.

Mit graziler Schlichtheit und erhabener Höhe beeindruckt die spätgotische St.-Petri-Kirche in ihrem Inneren

In der *Gruft* unter dem Hochchor befindet sich hinter einer Glasscheibe die Grablege der pommerschen Herzöge. Von den neun *Prunksarkophagen* aus Zinn wurden 1688 alle bis auf zwei Kindersärge von Grabräubern aufgebrochen und dabei stark beschädigt. Von der Herzogsfamilie wurden hier u. a. Philipp I. († 1560) und seine Frau Maria († 1583) sowie der letzte Wolgaster Herzog Philipp Julius († 1625) beigesetzt.

Als Abschluss der Kirchenbesichtigung empfiehlt sich die Besteigung des 56 m hohen *Turmes*. Über eine Wendeltreppe mit 184 Stufen gelangt man zur 40 m hohen Aussichtsplattform. Der mühevolle Aufstieg wird mit einem grandiosen Panorama belohnt – über das barocke Rathaus schaut man auf den Peenestrom und gar bis zur Außenküste Usedoms.

Anschließend geht es über die Oberwallstraße zum **Rungehaus** 6 (Kronwiekstr. 45, Tel. 0 38 36/20 20 00, Juni–Aug. Di–Fr 10–18, Sa/So 10–16 Uhr, Sept.–Mai Di–Fr 10–17, Sa 10–14 Uhr). Das spätbarocke zweistöckige Traufenhaus aus der zweiten Hälfte des 18. Jh. war einst Kapitänsdomizil. Hier erblickte *Philipp Otto Runge* (1777–1810) das Licht der Welt. Er gilt zusammen mit dem Greifswalder Caspar David Friedrich als Begründer der deutschen Romantik auf dem Gebiet der Malerei. Der berühmteste Sohn der Stadt wird in seinem Geburtshaus mit einer permanenten Ausstellung geehrt. Seine Gemälde sind allerdings nur als *Reproduktionen* präsent, die meisten Originale befinden sich in der Hamburger Kunsthalle. In der Wolgaster Sammlung werden ganz andere Seiten des multitalentierten Malers gezeigt. Vorgestellt wird z. B. die *Runge'sche Farbenlehre*, die bis heute Gültigkeit hat. Runge entwickelte ein dreidimensionales Farbsystem in Form eine Kugel, das die Farben in ihrer Beziehung zueinander dokumentiert. Ferner schrieb er Abhandlungen über die *Landschaftsmalerei*, zeichnete aber auch die beiden pommerschen *Märchen* ›Vom Fischer un syner Fru‹ und ›Von dem Machandelboom‹ für die Gebrüder

Der Schrecken des Todes macht nicht Halt vor Stand und Alter: Der Totentanzzyklus an den Seitenschiffwänden der St.-Petri-Kirche entstand nach einem Vorbild von Hans Holbein

Grimm auf. Ebenfalls kaum bekannt ist, dass Runge das gespiegelte Kartenbild im französischen *Spielkartenblatt* entworfen hat. Im Bastelraum des Museums können sich Kinder am *Scherenschnitt* versuchen, eine weitere Kunstfertigkeit, die Runge meisterhaft beherrschte.

Ein ganz anderes Bild bietet sich am Kai des Nordhafens, wo der imposante **Homeyer-Speicher** 7 die Blicke auf sich zieht. Der 1835 errichtete dreigeschossige Ziegelfachwerkbau war mit 80 m Länge und 18 m Breite seinerzeit das größte Speichergebäude an der Ostseeküste und bot auf sechs Schüttböden Platz für 5000 t Getreide. Wegen des sumpfigen Untergrundes im Hafengelände setzte man das Lagerhaus vorsorglich auf 99 Eichenpfähle – sie haben bis heute gehalten.

Südöstlich des Zentrums lohnt die **Gertrudenkapelle** 8 (Feldstr., Mo–Fr 10–12 Uhr) auf dem alten Friedhof einen Besuch. Die 1420 vor den Toren der Stadt erbaute zwölfeckige Kapelle war ursprünglich Teil eines Hospizes und später Begräbniskapelle. Unter ihrem Zeltdach birgt dieses besonders hübsche Beispiel norddeutscher Backsteingotik ein prächtiges Sterngewölbe, das einzig auf dem Mittelpfeiler ruht. Im Stil erinnert die Kapelle entfernt an die viel größere Erlöserkirche in Jerusalem.

Der **Tierpark Wolgast Tannenkamp** 9 (Tel. 0 38 36/20 37 13, Mai–Sept. tgl. 9–18, Okt.–April tgl. 9–16 Uhr) am nördlichen Stadtrand präsentiert seit 1960 auf einem 10 ha großen Areal in naturbelassener Waldkulisse etwa 400 Tiere. Zu den 52 Arten gehören neben heimischen Hirschen, Wildschweinen und Bibern auch etliche außereuropäische Arten, darunter südamerikanische Nasenbären und afrikanische Zwergziegen. Besondere Publikumslieblinge sind Paviane, Kapuzineraffen und Weißbüscheläffchen im Affengehege.

Gemütlicher Ausklang eines Stadtbummels: Restaurant Alter Speicher im Museumshafen

Praktische Hinweise

Information: Wolgast-Information, Rathausplatz 10, Wolgast, Tel./Fax 0 38 36/60 01 18, www.wolgast.de

Schiff

Nord-Ost-Reederei Wolgast, Hafenstr. 1 b, Wolgast, Tel./Fax 0 38 36/20 32 20. Auf einer 60 minütigen Rundfahrt ab dem Wolgaster Hafen können die Hebebrücke ›Blaues Wunder‹ und die Werftanlagen vom Wasser aus betrachtet werden. Ferner werden Ausflüge auf dem Achterwasser und zur Insel Ruden angeboten.

Sport

Angeln-Exklusiv, Am Fischmarkt, im Museumshafen, Wolgast, Tel. 01 71/7 21 97 12, www.angeln-exklusiv.de. Zu den Fischgründen im Peenestrom werden Angelfahrten organisiert. Wer auf eigene Faust los will, kann sich ein Außenborderboot mieten, auch Angelausrüstung und Regenzeug können ausgeliehen werden.

Segelschule Rückenwind, Hafenstr. 4, Wolgast, Tel. 0 38 36/60 00 13, Fax 23 47 50, www.segelschule-rueckenwind.de. Die renommierte Schule bietet ein komplettes Kursprogramm für Segler und Motorbootfahrer an, angefangen von Kinder- und Schnupperkursen in der Optimistenklassen bis hin zur Abnahme des amtlichen Sportbootführerscheins.

Hotels

** **Petris Garten**, Langestr. 1, Wolgast, Tel./Fax 0 38 36/23 77 35. Die freundliche Familienpension in einem alten Fachwerkhaus bietet sieben einfache Zimmer, im angeschlossenen Restaurant gibt es recht preiswerte italienische Küche. Bei Radfahrern sehr beliebt.

** **Weidehof**, Tannenkampweg 52, Wolgast, Tel. 0 38 36/23 40 20, Fax 23 40 22. Der einstige Gutshof 4 km nördlich von Wolgast ist vor allem für Pferdenarren interessant. Man kann Reitunterricht nehmen und Ausritte entlang des Peenestroms machen. Die hellen Zimmer in dem reetgedeckten Bauernhaus sind mit Massivholzmöbeln eingerichtet und verfügen über moderne Bäder.

* **Weiberwirtschaft**, An der Stadtmauer 10, Wolgast, Tel. 0 38 36/20 50 60, Fax 20 50 61, www.usedom.de/utg/weiberwirt. Die kleine Pension mit vier freundlichen Zimmern wird von einem Frauenprojekt gemanagt, steht aber natürlich allen Gästen offen.

Restaurants

Alter Speicher, Hafenstr. 4, Wolgast, Tel. 0 38 36/20 59 94. Das urige Gasthaus mit maritimem Flair befindet sich im ersten Stock des früheren Kornspeichers am Museumshafen. Mit eigener Fischräucherei und im Sommer mit Hofbewirtschaftung. Am Wochenende gibt es gelegentlich Livemusik.

Zum alten Schweden, Breite Str. 18 b, Wolgast, Tel. 0 38 36/2 73 70. In dem gemütlich eingerichteten kleinen Gastraum wird nicht allzu teure gutbürgerliche Küche geboten. Spezialitäten sind Grillgerichte, etwa der Filetteller mit Champignons und Kroketten (Mo geschl.).

31 Lassan

Sympathischer Fischerort vis-à-vis des Usedomer Lieper Winkels.

Die Kleinstadt Lassan (1600 Einw.) liegt beschaulich auf einer lang gestreckten Endmoräne, die sanft abfallend in eine Ausbuchtung des Peenestroms mündet. Das Erscheinungsbild des Ortes hat sich in den letzten 200 Jahren kaum verändert. Die einstöckigen Ackerbürgerhäuser gruppieren sich um zwei parallele Straßenzüge, die am Hafenplatz zusammenlaufen. Dank der Aufnahme in das Städteförderungsprogramm des Landes Mecklenburg-Vorpommern wirkt Lassan heute wie aus dem Ei gepellt. Seit 1991 wurde der Ort grundlegend saniert und hat sich zu einem der attraktivsten der Region gemausert. In der *Wendenstraße* und der *Langen Straße* reihen sich in heiteren Farben gehaltene Fassaden, darunter auch schmucke Fachwerkbauten, aneinander. Hier wurde so manches Detail sorgfältig herausgearbeitet, attraktive Hingucker sind etwa die hübsch bemalten Haustüren und die in das Straßenpflaster eingelassene Klinkerspuren.

Die niedrigen Häuserzeilen werden von der Stadtkirche **St. Johannes** überragt. Der quadratische Backsteinchor der dreischiffigen ansonsten spätgotischen Hallenkirche entstand Mitte des 13. Jh. Der wuchtige *Westturm* hat im Obergeschoss hübsche zweiteilige Blendbögen, sein mit Schindeln gedecktes achteckiges Pyramidendach erhielt er im 17. Jh. Von dem ursprünglich vierstimmigen Geläut hat nur die 1731 in Stralsund gegossene große Glocke überlebt, die anderen wurden im Zweiten Weltkrieg eingeschmolzen und erst 2001 ersetzt. Von der *Innenausstattung* ist der Schnitzaltar im Chor mit den vier Evangelisten hervorzuheben. Es ist eine Arbeit des Stralsunder Meisters Elias Keßler, eines der bekanntesten Bildschnitzer des norddeutschen Barock. Von ihm stammt auch die mit Putten besetzte Kanzel.

Westlich der Kirche lohnt die denkmalgeschützte **Lassaner Mühle** den Besuch. Der Standort der Wassermühle ist bereits seit 1410 bezeugt, der heutige zweigeschossige Fachwerkbau entstand 1907. Seit 1988 beherbergt er das *Heimatmuseum* (Mühlenstr. 2 a, Tel. 0 39 71/24 55 00, Juni–Sept. Mo–Fr 10–12 und 13–16, Sa 10–12 und 14–16, So 10–12 Uhr, ansonsten nach Vereinbarung, Tel. 0 39 71/8 02 34). Im Hochparterre wird die Stadtgeschichte aufgezeigt. Das Obergeschoss macht mit verschiedenen Erwerbszweigen bekannt, wobei dem Tischlerhandwerk eine besondere Bedeutung zukommt. Ein Schmuckstück des Museums ist das Zunftgeschirr der Schreinerinnung von 1786. Im Keller werden mit einer alten Schmiede und Exponaten zum Stellmacherhandwerk weitere Berufsgruppen der Lassaner vorgestellt.

Im Rahmen der Stadtsanierung wurde auch der **Hafen** erneuert, mit 42 Liegeplätzen ist er heute ein beliebter Anleger

für Kanuten und Ruderer auf Wasserwanderung. In den Sommermonaten verbindet ein Fahrgastschiff mit den Usedomer Häfen im Lieper Winkel und mit Netzelkow auf dem Usedomer Gnitz. Direkt am Hafen soll künftig eine moderne Apartmentanlage das bislang bescheidene Unterkunftsangebot erweitern. Am Koppelbusch östlich vom Bootsanleger sind in einem kleinen *Freilichtmuseum* Reusen, Netze und anderes Handwerkszeug der Fischer ausgestellt.

Viel ist also seit der Wiedervereinigung angepackt und umgesetzt worden. Als nächstes ist die Sanierung des alten *Pfarrhauses* geplant, einem Backsteinfachwerkbau aus der Mitte des 18. Jh. Auch wird erwogen die Reste der um 1300 errichten *Stadtmauer* zu restaurieren, welche im Spätmittelalter die landseitige Flanke der Stadt sicherte.

i Praktische Hinweise

Information: Fremdenverkehrsverein, Lange Str. 55–57, Lassan, Tel. 03 83 74/51 11, Fax 51 12, www.lassan.de

Schiff

Peeneströper, Lassan, Tel. 0 39 71/25 98 85, peenestroeper-anklam@t-online.de. Die ›MS Felix‹ verbindet in den Sommermonaten dreimal wöchentlich mit

Wie ein Vogel durch die Lüfte gleiten: Mit dem Großen Doppeldecker und anderen Flugapparaten erzählt das Otto-Lilienthal-Museum in Anklam von den großen Taten des Flugpioniers

Usedom: Es geht nach Rankwitz und Netzelkow und auf eine Rundfahrt zur Karniner Brücke.

Hotel

* **Ackerbürgerei**, Lange Str. 55–57, Lassan, Tel. 03 83 74/51 11, Fax 51 12 www.ackerbuergerei.de. Gemütliche Gaststätte mit regionaler Küche, der Renner ist Boddenzander mit Blattspinat. Es gibt einen lauschigen Innenhof und eine Caféterrasse. Es werden auch komfortable Ferienwohnungen vermietet und Kräuterwochenenden für Frauen angeboten.

32 Anklam

Hansestadt und Industriestandort an der Peene, Geburtsort des Flugpioniers Otto Lilienthal und südliches Tor nach Usedom.

Die Kreisstadt Anklam (16 500 Einw.) ist nicht gerade hübsch. Der Ort hat im Zweiten Weltkrieg stark gelitten, Luftangriffe zerstörten mehr als zwei Drittel der Altstadt, und die Architektur der Nachkriegszeit gehorchte mehr der Not als ästhetischen Erwägungen. Der Schnittpunkt der Bundesstraßen 109, 110, 197 und 199 sowie ein Haltepunkt an der Bahnstrecke Berlin–Stralsund, ein Regionalflughafen und der kleine Hafen machen die alte Hansestadt zu einem bedeutsamen Verkehrsknotenpunkt. Von Anklam aus wird seit 1994 die Insel Usedom verwaltet.

Geschichte In strategischer Lage auf einem Moränenhügel im Urstromtal der Peene wurde vor etwa 1000 Jahren eine slawische Burg errichtet. 1243 als *Tachlim* erstmals erwähnt erhielt der aufstrebende Marktflecken 1264 von dem Pommernherzog Barnem I. das Lübische Stadtrecht. Wiederum knapp 20 Jahre später trat Anklam der *Hanse* bei und zog mit ihr 1361–69 in den Krieg gegen die Dänen. Im Sog der Hanse erlebte Anklam in den folgenden zwei Jahrhunderten eine wirtschaftliche Blüte. Kaufleute und Handwerker aus ganz Europa bevölkerten die Stadt, prächtige Kirchen und Stadttore im Stil der Backsteingotik entstanden. Doch es gab auch Rückschläge, etwa den großen Brand von 1377, der fast die gesamte Stadt zerstörte, oder die Pestepidemie von 1565, bei der 1600 Menschen (ein Drittel der Einwohner) den Tod fanden.

Im Dreißigjährigen Krieg fiel Anklam an die Schweden. Sie ließen im Laufe des 17. Jh. die mittelalterlichen Verteidigungsanlagen verstärken. Unter den preußischen Königen entwickelte sich Anklam zum Industriestandort. Die Nationalsozialisten machten es schließlich 1936 zur Garnisonsstadt. Dies war der Grund für die mehrmalige Bombardierung durch die Alliierten im Zweiten Weltkrieg. Die größte Zerstörung ging jedoch auf das Konto der Nazis selbst. Als am 29. April 1945 die Rote Armee in die Altstadt eindrang, wusste sich die deutsche Luftwaffe nur dadurch zu helfen, dass sie die Innenstadt in Trümmer legte. Der Wiederaufbau ließ keinen Raum für städtebauliche Experimente und auch mit den Gewerbegebieten an der Peripherie ist kein Schönheitspreis zu gewinnen. Neben klein- und mittelständischen Unternehmen der Bau- und Dienstleistungsbranche sind heute eine Zuckerfabrik und ein Möbelwerk die größten Arbeitgeber.

TOP TIPP ***Besichtigung*** Anklams größte Attraktion ist das **Otto-Lilienthal-Museum** (Ellenbogenstr. 1, Tel. 039 71 / 24 55 00, www.lilienthal-museum.de, Mai–Sept. Di–Fr 10–17, Sa/So 14–17 Uhr, Okt.–April Di–Fr 10–16, So 14–17 Uhr) unweit des Bahnhofs. Auf spannende Weise wird hier für Jung und Alt der Traum vom Fliegen in all seinen Facetten beleuchtet. Im Mittelpunkt steht dabei das Lebenswerk des in Anklam geborenen *Flugpioniers* Otto Lilienthal. Highlight der Ausstellung sind die zahlreichen von Lilienthal entwickelten *Flugapparate* in Originalgröße, angefangen vom Derwitzer Apparat (1891), dem ersten erfolgreichen manntragenden Flugzeug, bis hin zum Großen Doppeldecker (1895) und dem mit einem Motor versehenen Großen Schlagflügelapparat (1896), der durch den tragischen Absturz des Flugpioniers nicht mehr zur Erprobung kam. Kurios sind auch die wesentlich älteren Luftschiffmodelle ›La Paserola‹ (1709) und ›Minerva‹ (1784), die als Persiflagen auf die um sich greifende Flugbegeisterung im 18. Jh. verstanden werden wollen. Das Museum erwarb außerdem im Jahr 2000 eine 160 Apparate umfassende *Hängegleitersammlung*, mangels Platz ruhen die meisten noch im Depot, besonders schöne Stücke werden im Rahmen von Sonderausstellungen gezeigt. Für Jugendliche steht ein Experimentierraum zur Verfügung, Kinder können sich im Spielzimmer die Zeit vertreiben. Im *Museumsshop* finden Leseratten umfangreiche Literatur zum Thema Fliegen. Dazu werden Modelle von Lilienthals Flugapparaten im Maßstab 1:15 angeboten, auch gibt es eine große Auswahl an Bastelsätzen und Faltanweisungen für Papierflieger. 1999 erhielt das Museum als erstes ostdeutsches Museum den ›European Museum of the Year Award‹, 2001 wurde es von der Bundesregierung als ›Kultureller Gedächnisort von nationaler Bedeutung‹ eingestuft.

Etwas im Schatten der Lilienthal-Sammlung steht das **Museum im Steintor** (Schulstr. 1, Tel. 0 39 71/24 55 03, www.museum-im-steintor.de, Mai–Sept. Di–Fr 10–17, Sa/So 14–17 Uhr, Okt.–April Di–Fr 10–16, So 14–17 Uhr), doch lohnt der Besuch allein schon wegen des historischen Bauwerks, in dem es untergebracht ist. Der *Torturm*, er gilt als Wahrzeichen der Stadt, ist mit seinem Staffelgiebel ein schönes Beispiel norddeutscher Backsteingotik und das einzige von ur-

Schwerelos wie ein Vogel: Otto Lilienthal 1896 bei einem seiner zahlreichen Flugversuche

Lilienthal und der große Traum des Menschen

Man stelle sich jemanden mit selbst gebastelten Flügeln ausgerüstet auf einem Hügel stehend vor. Bei den ›Flügeln‹ aber handelt es sich um mit Baumwolle bespannte Weidenruten, die ganze Konstruktion erinnert eher an eine überdimensionale Fledermaus als an ein *Fluggerät*. Der Erfinder, Konstrukteur und Testpilot ist von seinem Apparat voll und ganz überzeugt. Muss er auch sein. Schon der erste Flug hat erfolgreich zu sein – Sicherheitsvorkehrungen gibt es nicht. Der Mann heißt **Otto Lilienthal**, 1848 in Anklam geboren und seit seiner frühen Kindheit vom Traum des Fliegens besessen. Seine Methode: vom Sprung zum Flug. 1891 glitt er in Derwitz bei Potsdam im sog. *Derwitzer Apparat* einen Berg hinab – 25 m weit. Der Traum war wahr geworden, Lilienthals Flug war der erste eines Menschen überhaupt. Auf das Derwitzer Experiment folgten 2000 Flugversuche mit immer ausgefeilteren **Gleitapparaten**. Manche davon waren ganz nach dem Vorbild der Natur mit Schlagflügeln und Schwanzstabilisierungsflossen ausgestattet. Dem allen voraus gingen jahrelange *Vogelbeobachtungen*, 1889 in seinem Bericht ›Der Vogelflug als Grundlage der Fliegekunst‹ veröffentlicht. Der größte von Lilienthals insgesamt 18 Flugapparaten brachte es auf 9 m Spannweite mit einer Tragfläche von 20 m^2. Die ersten Probesprünge erfolgten von einer 4 m hohen Rampe, in Berlin-Lichterfelde richtete er sich schließlich ein **Übungsgelände** mit einem künstlich aufgeworfenen 15 m hohen Berg ein. Lilienthals größte erreichte Weite waren stolze 25 m, er blieb dabei 30 Sekunden in der Luft. Doch es kam schließlich, wie es kommen musste. Bei einem missglückten Versuch am 9. August 1896 brach sich der Flugpionier einen Halswirbel und starb einen Tag später an den Folgen des Absturzes. Sieben Jahre nach seinem Tod begann mit den amerikanischen Gebrüdern **Orville** und **Wilbur Wright** die Ära des *Motorflugs* – ein 12 PS-Motor hielt Orville im Dezember 1903 beim ersten Flug 12 Sek. in der Luft über eine Distanz von 53 m.

sprünglich sechs Anklamer Stadttoren, das die Wechselfälle der Geschichte überdauerte. Er wurde vermutlich um 1250 errichtet und 200 Jahre später im Rahmen der Verstärkung der mittelalterlichen Stadtmauer auf die heutige Höhe von 32 m aufgestockt. Nach dem Siebenjährigen Krieg (1756–63) diente der Turm bis 1900 als Gefängnis – die letzte öffentliche Hinrichtung fand 1853 auf dem heutigen Museumsvorplatz statt. Seit 1989 werden im Inneren auf fünf Etagen Exponate zur Regional- und Stadtgeschichte ausgestellt. Das bedeutendste ist der *An-*

Wuchtiges Mittelalter: Die Anklamer Marienkirche mit ihrem 1450 erbauten Westturm

klamer Münzschatz, der 1995 zufällig bei Grabungsarbeiten im Stadtgebiet entdeckt wurde. In einem 45 x 20 cm großen Kästchen waren neben Silberlöffeln und Schmuck rund 2500 Münzen verwahrt. Darunter befinden sich Geldstücke aus dem gesamten Ostseeraum wie auch Tiroler, Hamburger und skandinavische Münzen, die ältesten tragen ein Prägedatum aus der ersten Hälfte des 16. Jh. Über 111 Stufen geht es hinauf zur obersten Etage des Museumsturms, von der man einen wunderbaren *Rundblick* über die Stadt genießen kann (wer über 70 Jahre alt ist, darf sich nach dem Aufstieg sogar ins Gipfelbuch eintragen).

Von den zwei Kirchen der Stadt hat einzig die **Marienkirche** (Baustr. 33, Tel. 0 39 71/2 93 18 18, Mo–Fr 10–12 und 14–16 Uhr) den Zweiten Weltkrieg überstanden. Die Hallenkirche mit ihren spätromanischen und gotischen Bauelementen geht auf die Mitte des 13. Jh. zurück, wurde aber später mehrfach verändert. Im dreischiffigen Langhaus aus dem 14. Jh. sind an den Pfeilern und Gurtbögen der Gewölbe noch Reste der originalen *Fresken* erhalten. Von der Ausstattung überdauerte ein frühgotischer *Taufstein*, sehenswert sind auch Teile des *Chorgestühls*, das aus der zerstörten Nikolaikirche stammt.

Ausflüge

Kaum hat der Reisende den wenig attraktiven Industriegürtel von Anklam hinter sich gelassen, nimmt ihn der Zauber des urtümlichen **Peenetals** gefangen. Die 110 km lange Peene mit ihren drei Quellflüssen strömt nach dem Austritt aus dem Kummerower See nach Osten weiter und mündet vis-à-vis vom Usedomer Winkel in den Peenestrom. Mit seinen ausgedehnten Auenwiesen und Mooren gehört dieses Küstengewässer zu den schönsten Flusslandschaften Norddeutschlands und ist zugleich ein wichtiges *Vogelbrutgebiet*. Sogar der selten gewordene Biber kann hier ungestört seine Knüppelburgen bauen. Ein Großteil des naturnahen und regelmäßig überfluteten Tals steht unter Naturschutz. Das *Peenemoor* zwischen Anklam und der Flussmündung ist mit 1478 ha das größte zusammenhängende Niedermoorgebiet Deutschlands. Die Moorflächen mit ihren Seggen (Riedgräser) und dichten Röhrichtbeständen erschließen sich am schönsten im Rahmen einer Bootsfahrt ab Anklam. Wanderer können vom Weiler Relzow aus in Richtung *Rotes Meer* in das ansonsten nur schwer zugängliche Gebiet vordringen. Teil des Naturschutzgebiets ist auch die Insel *Schadefähre* an der Mündung der Peene, sie kann am besten von der Zecheriner Brücke eingesehen werden.

Im **Alten Lager** westlich von Anklam sind aus der Wikingerzeit stammende Steinsetzungen in Form eines Bootes interessant. Der rund 1000 Jahre Siedlungsplatz am Nordufer der Peene ist von Menzlin aus erreichbar.

In **Stolpe** am südlichen Peeneufer stiftete der Pommernherzog Ratibor I. im Jahr 1153 eines der ersten Klöster Mecklenburg-Vorpommerns. Die romanische Benediktinerabtei hatte bis zur Reformation Bestand und war seither praktisch sich selbst überlassen. Erhalten blieb lediglich das Turmfundament der Klosterkirche. Der Ausflug lässt sich mit einer Einkehr im noblen Gutshof Stolpe oder dem einfacheren Stolper Fährkrug verbinden.

Praktische Hinweise

Information: Stadtinformation, Markt 3, Anklam, Tel. 0 39 71/21 05 41, Fax 83 51 55, www.anklam.de

Sport

Kanustation Anklam, Werftstr. 6, Anklam, Tel. 0 39 71/24 28 39. www.kanustation-anklam.de. Geführte Kanutouren bis zur Peenemündung und durch das Untere Peenetal zur Klosterruine Stolpe. Auch Verleih von Kanus, Kajaks, Ruder- und Motorbooten.

Theater

Vorpommersche Landesbühne, Leipziger Allee 34, Anklam, Tel. 0 39 71/20 89 25, www.theater-anklam.de. Geboten wird ein breites Programm, angefangen von plattdeutschen Mundartstücken bis zu Theaterklassikern. In den Räumlichkeiten finden auch Konzerte, Vorträge und Ausstellungen statt.

Hotel

** **Landhotel Bömitz**, Dorfstr. 14, Bömitz, 10 km nördlich von Anklam, Tel. 03 97 21/2 25 40, Fax 2 25 41, www.landhotel-boemitz.de. Zu dem einstigen Rittergut aus dem 18. Jh. gehören ein Rhododendrongarten mit Teepavillon und zwei gute Restaurants. Die prächtige Eingangshalle des dreiflügeligen Ensembles mit Freitreppe und Galerie zeugt vom gediegenen Geschmack des alten Landadels. Die Zimmer sind hübsch im Landhausstil möbliert. In der *Jägerstube* isst man erschwingliche Wildgerichte, etwa Rehrücken, Wildschweinbraten und Hirschsteak. Auch eine gute Adresse für Reiter, Pensionsboxen für Pferde sind vorhanden.

Restaurants

TOP TIPP **Gourmetrestaurant Gutshaus Stolpe**, Stolpe, Tel. 03 97 21/55 00 Fax 5 50 99, www.gutshaus-stolpe.de. Das elegante Lokal im englischen Landhausstil gilt als die beste Adresse der Region (10 km westlich von Anklam). Aufgetragen wird allerfeinste Küche, die 2004 den Testern von Michelin einen Stern wert war. Die ambitionierte Speisekarte kombiniert Regionales mit französisch-mediterranem Touch, hervorzuheben sind etwa Hummer mit weißem Trüffelschaum, hausgemachte Pasta und das Pommernreh an Blutorangensauce (Mo geschl.). Das komfortable *Hotel* selbst verfügt über 33 individuell mit antikem Mobilar eingerichtete Zimmer. Zum Besitz gehört ferner ein eigener Tagungsbereich sowie ein großer Park mit altem Baumbestand.

Stolper Fährkrug, Dorfstr. 25, Stolpe, Tel. 03 97 21/5 22 25. Das reetgedeckte Fachwerkhaus steht bereits seit 300 Jahren am Peeneufer. Ganz ungewöhnlich: Über dem Eingang stört keine Bierreklame das hübsche Gesamtbild des denkmalgeschützten Gasthofs. Geboten wird moderne Küche mit Spareribs, Rumpsteaks und Boddenzander. Auch für einen Latte macchiato gut (Okt.–März Di/Mi geschl.).

Vis-à-vis, Kleiner Wall 11, Anklam, Tel. 0 39 71/21 15 57. Nettes Bistro nahe dem Steintor mit kleinen Gerichten sowie Kaffee und Kuchen.

Ambitioniertes Ambiente für erlesenen Genuss: Gourmetrestaurant Gutshaus Stolpe

Oase

HW
3

SEEHOTEL
AHLBECKER

Usedom aktuell A bis Z

Vor Reiseantritt

ADAC Info-Service:
Tel. 0 18 05/10 11 12, Fax 30 29 28
(0,12 €/Min.)

ADAC im Internet:
www.adac.de
www.adac.de/reisefuehrer

Usedom im Internet:
www.usedom.de
www.insel-usedom.net
www.ost-see-land.de
www.mecklenburg-vorpommern.de

Allgemeine Informationen über Usedom, von Attraktionen bis zu Unterkunftsmöglichkeiten, erteilt:

Usedom Tourismus,
Bäderstr. 5, 17459 Seebad Ückeritz, Tel. 0 18 05/87 33 66 (24-Std.-Service, gebührenpflichtig), Tel. 03 83 75/23 40, Fax 2 34 29, www.usedom.de.

Der Verband gibt ein jährlich erscheinendes umfangreiches Gastgeberverzeichnis heraus, in dem auch viele andere nützliche Informationen über die Insel zusammengetragen sind.

Tourismusverband Mecklenburg-Vorpommern, Platz der Freundschaft 1, 18059 Rostock, Tel. 03 81/4 03 05 00, Fax 4 03 05 55, www.auf-nach-mv.de

Informationen zu den Kaiserbädern Ahlbeck, Heringsdorf und Bansin erteilt:

Zweckverband Kaiserbäder, Dünenstr. 45, 17419 Seebad Ahlbeck, Tel. 03 83 78/2 44 97, Fax 2 44 55, www.drei-kaiserbaeder.de

Inselmagazin
Jeden Monat informiert das Magazin ›Usedom aktuell‹ (Neuendorf Verlag, Tel. 03 95/7 07 23 39) über Neuigkeiten und Veranstaltungen auf der Insel. Jeder Ausgabe liegt außerdem ein aktueller Fahrplan der Usedomer Bäderbahn und der Kaiserbäder-Linie bei.

Allgemeine Informationen

Tourismusämter

Fremdenverkehrsbüros und Kurverwaltungen sind im Haupttext unter ›*Praktische Hinweise*‹ bei den jeweiligen Orten zu finden.

Notrufnummern und Adressen

Polizei: Tel. 1 10

Feuerwehr, Notarzt: Tel. 1 12

◁ *Usedomer Ferienfreuden: Für jeden das richtige Surfrevier und entspannte Gaumenlust im Ahlbecker Restaurant Strand Oase* (**oben**)*, kunterbunte Sommerlaune beim Drachenfest am Ahlbecker Strand* (**Mitte**)*, fröhliche Wettkampfstimmung beim Nepperminer Pferdemarkt und erlesener Verwöhngenuss im Romantik Seehotel Ahlbecker Hof* (**unten**)

ADAC-Pannenhilfe: Tel. 0 18 02/22 22 22 (rund um die Uhr, 0,06 €/Anruf). Im Mobilfunk ohne Vorwahl.

ADAC StauInfo: Mobil-Tel. 2 24 99 (0,51 €/Anruf)

ADAC CoPilot: Mobil-Tel. 2 24 11 (1,10 €/Min.+Verbindungskosten), E-Plus Tel. 1 14 11, aus dem Festnetz Tel. 09 00 11 22 4 11 (1,39 €/Min.). Individuelle Verkehrsberatung für unterwegs, z. B. zu Staugefahr, Ausweichrouten, Schneehöhen, Wasserqualität, Tankstellen in der Nähe und vieles mehr.

ADAC-Geschäftsstelle: Frankenstr. 1, 18439 Stralsund, Tel. 0 38 31/61 23 11, Fax 61 23 16

Österreichischer Automobil Motorrad und Touring Club
ÖAMTC Schutzbrief-Nothilfe:
Tel. 00 43/(0)1/2 51 20 00

Touring Club Schweiz
TCS Zentrale Hilfsstelle:
Tel. 00 41/(0)2 24 17 22 20

Gesundheit

Die ärztliche Versorgung auf Usedom ist auch dank der zahlreichen Kureinrichtungen ausgezeichnet. Notärzte stehen jederzeit zur Verfügung.

Grenzübergänge

Für Schiffsausflüge zur Insel Bornholm (Dänemark) empfiehlt sich die Mitnahme von Reisepass oder Personalausweis. Zahlungsmittel in Dänemark ist die Dänische Krone. Auch bei Ausflügen in den polnischen Teil Usedoms und zur Nachbarinsel Wollin (Polen) sollte man Personalausweis oder Reisepass mitnehmen. Zahlungsmittel in Polen ist der Zloty, Hotels und Restaurants akzeptieren zunehmend Euro.

Anreise

Auto

Umfangreiches **Informations- und Kartenmaterial** können Mitglieder des ADAC kostenlos bei den ADAC-Geschäftsstellen oder unter Tel. 0 18 05/10 11 12 (0,12 €/Min.) anfordern. Außerdem sind im ADAC-Verlag (www.adac-verlag.de) die AutoKarte *Mecklenburg-Vorpommern* (1:200 000), die LänderKarte *Mecklenburg-Vorpommern* (1:300 000), die FreizeitKarte *Rügen, Usedom, Vorpommern* (1:100 000), der FreizeitAtlas *Mecklenburg-Vorpommern* (1:100 000), der StadtAtlas *Usedom, Greifswald, Neubrandenburg* (1:20 000) (www.adac.de/karten) sowie der Reiseführer und das Reisemagazin *Mecklenburg-Vorpommern* erschienen.

Von **Westen** wird die Ostseeautobahn A 20 ab 2005 von Lübeck bis Stettin durchgängig befahrbar sein. Anschlüsse nach Usedom bestehen ab Jarmin auf der B 96 und B 111 nach Wolgast oder auf der B 110 nach Anklam. Die schnellste Verbindung von **Süden** (Berlin) aus ist die A 11 bis zum Dreieck Uckermark, von dort fährt man auf der A 20 bis Pasewalk und weiter auf der B 109 nach Anklam.

Achtung: Der **Grenzübergang** *Ahlbeck–Swinemünde* ist nur für Fußgänger und Radfahrer geöffnet. Will man mit dem Pkw nach Swinemünde in den polnischen Teil Usedoms einreisen, fährt man auf der A 110 zum Grenzübergang *Pomellen* und weiter auf der E 65 bis Karsibór. Von dort pendelt eine kostenlose Autofähre über die Swine (die Swinemünder Stadtfähre zwischen Wollin und Usedom befördert lediglich polnische Autofahrer).

Brückensperrungen

Die **Wolgaster Brücke** (B 111) nach Usedom ist tgl. für die Dauer von max. 30 Min. nicht befahrbar um: 5.20, 7.40 (bis 6. Okt.), 8.40 (ab 7. Okt.), 12.40, 16.40, 20.40 und 23.30 Uhr (bei Bedarf).

Die **Zecheriner Brücke** (B 110) bleibt ebenfalls tgl. für jeweils 30 Min. gesperrt um: 5.35, 8.35, 12.35, 16.35 und 20.35 Uhr.

Vor beiden Brücken ist außerdem im Sommer mit teils erheblichen *Staus* zu rechnen.

Bahn

Von *Berlin* aus verkehrt von April bis Oktober der *Usedom Express* der Deutschen Bahn via Züssow nach Heringsdorf. In der übrigen Zeit des Jahres fährt man mit dem Regionalexpress Berlin – Stralsund bis Züssow und von dort weiter mit der Usedomer Bäderbahn [s. S. 139]. Von *Köln* fährt von Mai bis Oktober jeden Samstag der *Urlaubsexpress* nach Heringsdorf, Zustiegsmöglichkeiten u. a. in Düsseldorf, Dortmund, Bremen und Hamburg. Im Sommer verkehren auch Nachtzüge.

Autozüge gibt es von Stuttgart, Frankfurt und Dortmund nach Rostock und von Stuttgart und Frankfurt nach Sassnitz auf Rügen.

Fahrplanauskunft:

Deutsche Bahn, Tel. 1 18 61 (gebührenpflichtig), Tel. 08 00/1 50 70 90 (sprachgesteuert), www.bahn.de

Deutsche Bahn AutoZug,
Tel. 0 18 05/24 12 24, www.autozug.de

DB Nachtzug, Tel. 0 18 05/14 15 14,
www.dbnachtzug.de

City Night Line, Tel. 0 18 05/21 34 21,
www.citynightline.ch

Österreich

Österreichische Bundesbahn,
Tel. 05 17 17, www.oebb.at

Schweiz

Schweizerische Bundesbahnen,
Tel. 09 00 30 03 00, www.sbb.ch

Die *Privatbahn Connex* bedient täglich die Strecke Zittau–Berlin-Lichtenberg –

Anklam – Stralsund. Während der Saison von April bis Oktober steht in Anklam ein Shuttlebus nach Heringsdorf bereit (Fahrzeit von Berlin-Lichtenberg nach Heringsdorf knapp 3 Std.). Infos:

Connex-Service, Tel. 0 18 05/10 16 16, www.interconnex.info

Bus

Von Hamburg, Berlin, Chemnitz und Dresden gibt es direkte und recht preisgünstige Busverbindungen nach Usedom:

Hamburg–Heringsdorf (via Zinnowitz): Von Ende April bis Mitte Oktober einmal wöchentlich mit *Globetrotter Reisen*, Tel. 0 41 08/43 03 30, www.globetrotter-reisen.de

Berlin–Heringsdorf (via Zinnowitz): Ganzjährig drei- bis viermal wöchentlich mit *BEX*, Tel. 0 30/86 09 60, www.berlinlinienbus.de

Zwickau/Marienberg (via Chemnitz) – **Zinnowitz** (via Heringsdorf): Von April bis Oktober einmal wöchentlich mit *Autobus Sachsen GmbH*, Tel. 03 71/4 61 38 29 und Tel. 0 37 25/28 03 70, www.autobus-sachsen.de

Dresden–Zinnowitz (via Ahlbeck): Ganzjährig einmal wöchentlich mit dem *Ostseeexpress* von Regionalverkehr Dresden, Tel. 0 18 02/44 34 43, www.rvd.de

Flugzeug

Usedom verfügt über den regionalen *Flughafen Heringsdorf*. Er liegt südlich von Heringsdorf zwischen den Orten Zirchow und Garz. Im Sommer bieten Eurowings (www.eurowings.de) und Cirrus Airlines (www.cirrus-airlines.de) zweimal wöchentlich von mehreren deutschen Städten aus Direktflüge. Zwischen dem Flughafen und den Kaiserbädern gibt es zu/von allen Linienflügen Bustransfer.

Flughafen Heringsdorf, Airport Touristik Center, Tel. 03 83 76/2 00 30, www.flughafen-heringsdorf.de

Bank und Post

Bank

Banken sind in der Regel Mo–Fr 8.30–12.30 und 14–16 Uhr geöffnet. Bankfilialen mit Geldautomaten findet man in allen größeren Orten auf Usedom.

Beliebtes Souvenir: Töpferware aus der Keramikwerkstatt Dannegger in Morgenitz

Post

Postämter in den größeren Orten sind Mo–Fr 8–12 und 14–18, Sa 8–12 Uhr geöffnet. Auf den Dörfern im Hinterland sind die Schalterzeiten oft eingeschränkt.

Einkaufen

Die offiziellen *Ladenöffnungszeiten* sind Mo–Sa 6–20 Uhr. Geschäfte haben in der Regel Mo–Fr 8–18.30 Uhr (in den Einkaufsstraßen der Seebäder teils bis 20 Uhr) geöffnet. Nach der *Bäderregelung* dürfen die Läden zusätzlich Febr.–Nov. So/Fei 12–18.30 Uhr öffnen. Von dieser Sonderregelung machen vornehmlich Supermärkte und Souvenirgeschäfte im Zentrum der Seebäder Gebrauch.

An *kulinarischen Mitbringseln* steht Fisch an erster Stelle, vorzugsweise Räucherware wie Aal, Heilbutt und Forelle. Von einigen Fischräuchereien wird die Ware gleich in Folie eingeschweißt. Typisch für die Ostseeregion sind auch Sanddornprodukte, etwa Saft, Marmelade und Fruchtaufstrich. Schinken, Wurst und Käse, aber auch Gemüse, Pilze und Früchte der Saison werden besonders günstig auf dem Grenzmarkt in Swinemünde angeboten.

Maritime Souvenirs wie Muscheln oder Hühnergötter (Meeressteine mit einem kleinen Loch) lassen sich bei Strandspaziergängen entdecken, ausgefallene Muscheln und Korallen aus aller Welt hat z. B. das Muschelmuseum [s. S. 25] an der Heringsdorfer Seebrücke im Angebot. *Bernsteinschmuck* von unterschiedlicher Qualität ist in vielen Schmuck- und Andenkenläden erhältlich, das ›Gold der Ostsee‹ gibt es vornehmlich in Form von Anhängern, Halsketten und (Ohr-) Ringen. Auch dürfen die altbekannten *Buddelschiffe* nicht fehlen. Die Nachbauten historischer Segler in der Flasche sind auch als handliche Miniaturausgaben zu haben. Etwas sperriger ist ein *Strandkorb* made in Usedom, zu bestellen beim Heringsdorfer Ambiente [s. S. 29]. Man kann sich das gute Stück selbstverständlich auch per Spedition anliefern lassen.

Kunsthandwerk, etwa formschöne Töpferware, kauft man am besten vom Hersteller, z. B. in der Keramikwerkstatt Danegger [s. S. 64] von Morgenitz. Für *Antiquitäten* sind die Trödelläden in Usedom Stadt eine gute Adresse. Nicht ganz billig sind Bilder und Plastiken von Usedomer Künstlern. Man findet sie etwa im Kunstpavillon [s. S. 26] von Heringsdorf, im Kunstkabinett Usedom [s. S. 57] in Benz oder im Usedomer Kunsthaus [s. S. 93] in Zinnowitz.

Essen und Trinken

Feinschmecker und angehende Gourmets tun sich mit der pommerschen Küche recht schwer. Handelt es sich dabei doch um eine deftige **Hausmannskost**, für die kalorienarm ein Fremdwort ist und die zu allem Überfluss in ausgesprochen üppigen Portionen auf den Tisch kommt. Zu DDR-Zeiten war dies der Standard. Die Küche in den Ferienheimen wurde von Bratwurst, Broiler und Bouletten sowie ukrainischer Soljanka und Ungarischem Gulasch dominiert. Seit der Wiedervereinigung hat eine Riege kreativer junger Köche neuen Schwung in die angestaubte Esskultur gebracht. Die **Neue Küche** setzt zunehmend Glanzpunkte, vor allem in den Restaurants gehobener Hotels. Sie schöpft aus dem Repertoire von Großmutters Rezepten, bringt diese allerdings mit weniger schweren Saucen oder Remouladen auf den Tisch. Mittlerweile kommen selbst die Gourmetpäpste von Michelin und Gault Millau nicht umhin, das eine oder andere Lokal mit einem Stern oder einer Kochmütze auszuloben. Spitzengastronomie darf man etwa im *Käpt'n N* [s. S. 31] in Heringsdorf oder im *La Mer* [s. S. 39] in Ahlbeck erwarten.

Fisch und Kartoffeln sind Usedoms populärste Zutaten – Matjesfilet Hausfrauenart

Fisch ist Trumpf

Usedoms Insellage bestimmt wesentlich die Gastronomie. Vor allem die Gäste aus dem Binnenland sind geradezu auf Fisch programmiert. So sind es gerade die ausgesprochenen Fischlokale, die sich in dem mittlerweile breiten Angebot am besten behaupten können. Inselbekannte Lokale etwa der *Waterblick* [s. S. 81] in Loddin mit seiner berühmten Specksauce oder die urige *Koserower Salzhütte* [s. S. 85] können sich über mangelnden Zulauf nicht beklagen. Fisch wird hier in allen Variationen serviert, sei es frisch gebraten, gekocht, mariniert oder geräuchert. Aus der Ostsee kommen Hering, Flunder, Dorsch und Wildlachs, in den Binnengewässern fängt man Süßwasserfische wie Barsch, Hecht und Haffzander, aus den Teichkulturen bereichern Lachs- und Regenbogenforellen das Angebot. Eine steile Karriere hat der *Haffzander* hinter sich, der typische Brackwasserfisch steht in fast jedem Restaurant auf der Karte. Typisch und sehr beliebt ist auch *Aal,* auf Usedom gibt es ihn vorzugsweise geräuchert oder in Aspik. Etliche Lokale verfügen sogar über eine eigene Räucherei. – Und wer in der Hochsaison keinen Tisch im Restaurant mehr bekommt, muss nicht hungrig ins Bett gehen. In einer der einfachen *Fischbuden* an der Strandpromenade findet sich bestimmt ein leckeres Fischbrötchen mit einem Stück Räucherware dazwischen.

Wild und Geflügel

Schon die Pommernherzöge hatten ein Faible für Wild. Im Thurbruch jagten sie Auerochsen, Hirsche, Wildschweine und

Ob eingelegt mit Lorbeerblatt, Zwiebel und Gewürzen, ob gerollt und gespießt, gebraten oder gebacken – der Hering spielt auf Usedoms Speisekarte eine Hauptrolle

Usedom kulinarisch – Heringswochen und Tüftentage

Der Ostseefisch schlechthin ist der *Hering*, in Usedom verhalf er gar dem bekanntesten Seebad zu seinem Namen. Im Frühjahr taucht er in riesigen Schwärmen vor der Küste auf um zu laichen. Für die Fischer bedeutete früher die Heringszeit immer das Ende des entbehrungsreichen Winters. Gebraten, eingelegt oder als Salat angerichtet ist er seit Jahrhunderten das tägliche Brot an der Ostsee.

Seit 1996 lädt die Usedomer Gastronomie jeweils im April zu **Heringswochen** ein. Sie werden von den Gästen begeistert aufgenommen und sind mittlerweile eine feste Größe für die beteiligten Restaurants und Hotelküchen. Neben das ganze Jahr über angebotenen Standards wie Brat- oder Backhering werden in den Heringswochen auf speziellen Karten eher außergewöhnliche Kreationen vorgestellt. Das originellste Gericht wird jeweils mit dem ›*Goldenen Hering*‹ prämiert, zu Ehren kam bereits die Herings-Lachs-Roulade in Dillsauce und der Herings-Polenta-Strudel auf Currylinsen.

Seit 1727 der preußische König Friedrich Wilhelm I. seinen Bauern im soeben von den Schweden abgekauften Pommern den Anbau von ›Tartoffeln‹ befahl, ist Pommern Kartoffelland. Die ›dolle Knolle‹, auf Usedom heißt sie *Tüften*, kommt traditionell als Püree, als Salat, in Form von Pellkartoffeln, am liebsten jedoch gebraten auf den Tisch. Ihr hoher Stellenwert in der pommerschen Küche zeigt sich auf Usedom neuerdings wieder anlässlich der **Tüftentage**, die im Anschluss an das *Ückeritzer Kartoffelfest* Mitte September stattfinden. Zu dieser Zeit rücken viele Inselköche die Kartoffel in den Mittelpunkt der Speisekarte. Dabei wird Althergebrachtes mit neuen Kreationen ergänzt, auch hier sind ähnlich wie beim Hering der Fantasie der Köche keine Grenzen gesetzt.

Fasane. Die Usedomer Wälder sind auch heute noch reich an Rotwild. Etliche Gasthöfe, etwa das *Forsthaus Damerow* [s. S. 84] haben sich auf Wildgerichte wie Rehrücken und Hirschragout spezialisiert. Wie anderenorts auch gibt es auf Usedom zu Weihnachten *Gans*, in der Regel ist sie mit Maronen oder Backpflaumen gefüllt. Das ganze Jahr über ist *Pommernente* zu haben, als klassische Beilage reicht man dazu Apfelrotkohl und Butterkartoffeln.

Spezialitäten

Ahlbecker Fischsuppe: Die Zutaten dazu sind gewürfeltes Dorschfilet, Kartoffeln,

Weißkohl, Zwiebeln, Brühe und etwas Milch. Angedickt wird mit Mehl, garniert mit frischem Dill.

Bismarckhering: Der nach dem Reichskanzler Otto Fürst von Bismarck benannte Fisch war urspünglich ein Armeleuteessen, gewann aber durch Bismarcks Vorliebe und eine verfeinerte Zubereitung neue Liebhaber: Der Hering wird dazu in Essig mit Zwiebeln, Senfkörnern und Lorbeer mariniert.

Hornfisch: Eigentlich ein Atlantikfisch, der die Ostsee im Mai zum Laichen besucht und dabei den Fischern ins Netz geht. Wegen seiner länglichen Form wird er auch Maiaal genannt. Das Fleisch schmeckt lecker, ist allerdings reichlich von Gräten durchsetzt, die sich bei der Zubereitung grün färben.

Labskaus: Das alte Seemannsgericht war ursprünglich ein Resteessen. Das deftige Püree aus durch den Wolf gedrehtem Pökelfleisch, Heringsfilet, Kartoffeln und Roter Beete wird mit Nelken, Lorbeer und Koriander verfeinert und meist mit einem oben aufgesetzten Spiegelei serviert.

Matjes: Der mild gesalzene Junghering trat von Holland aus seinen Siegeszug entlang der gesamten Nord- und Ostseeküste an. Klassischer Weise wird er mit Pellkartoffeln als Beilage gegessen.

Rollmops: Ein kopf- und schwanzloses Heringsfilet wird handgewickelt mit Holzstiften zusammengehalten und mit eingelegten Gurken und Zwiebeln einige Tage in Essiglake mariniert. Der Heringswickel machte sich schon bald nach seiner Erfindung im späten 19. Jh. als Hausmittel einen Namen, das Katerstimmung vertreiben soll.

Rote Grütze: Norddeutsches Dessert aus mit Stärke angedickten Johannisbeeren, Himbeeren oder Sauerkirschen, das mit Vanillesauce oder Sahne serviert wird.

Sanddorn: Die Vitamin-C-reiche Küstenfrucht wird in manchen Restaurants als Saft oder Likör angeboten.

Speckpflaumen: Gedörrte Pflaumen werden mit Speckstreifen umwickelt und kross gebraten.

Specksauce: Die süßsaure pommersche Spezialität erhält ihren besonderen Geschmack durch einen Schuss Essig und etwas Zucker. Man reicht sie zu Fisch, Wild, Gans oder Ente.

Tüften un Plum: Sämige Kartoffelsuppe mit Pflaumen und Speck als Einlage.

Getränke

Fisch will schwimmen. Das Hauptgetränk an der Ostsee ist *Bier*, vorzugsweise in Mecklenburg-Vorpommern gebraut und frisch gezapft. Dazu trinkt man nicht selten einen *Köm* (klarer Kümmelschnaps). An kalten Tagen hilft ein wärmender *Grog* über die Runden. Dagegen muss man eine gute Weinkarte lange suchen, lediglich die gehobenen Hotelrestaurants präsentieren eine befriedigende Auswahl edler Gewächse. Ein Tipp für Selbstversorger ist der Gastronomie- und Feinkostladen *Lutter & Wegner* [s. S. 29] in Heringsdorf, der rund 300 verschiedene Weine im Angebot hat.

Feste und Feiern

Feiertage

Neujahr (1. Januar), Karfreitag, Ostermontag, Tag der Arbeit (1. Mai), Christi Himmelfahrt, Pfingstmontag, Tag der Deutschen Einheit (3. Oktober), Reformationstag (31. Oktober), Weihnachten (25./26. Dezember).

Feste

Etliche der Feste und Events sind Produkte des Tourismus und etablierten sich vielfach erst nach der Wende. Im Vordergrund stehen Hafen- und Seebrückenfeste, zu denen immer Musik, pommersche Küche und ein abschließendes Feuerwerk gehören. Jeden Monat informiert das Magazin ›*Usedom aktuell*‹ (Neuendorf Verlag, Tel. 03 95/7 07 23 39) über Veranstaltungen auf der Insel (s. a. www.inselusedom.net/veranstaltungen).

Januar

Zinnowitz (letztes Wochenende): Mitten im Winter werden die Strandkörbe herausgeholt, um am Ostseestrand mit Glühwein, Grog und Musik ein buntes *Strandkorbfest* zu feiern.

Februar

TOP TIPP **Ahlbeck** (1. Sa vor dem Valentinstag): **Usedomer Winterbadespektakel.** Das kühle Ereignis zieht alljährlich Tausende von Schaulustigen an, die dick eingepackt bei Temperaturen um den Gefrierpunkt eine bunte Gesellschaft von etwa 150 Eisbadern aus ganz Deutschland beim Wasservergnügen beobachten. Schauplatz ist der Strand von Ahlbeck vor dem Hotel Ostende, das seit

Auf den Spuren eines stolzen Seefahrervolkes: Wikingerlager in Peenemünde

1996 das Event organisiert. Das Motto ist jedes Jahr ein anderes, immer gibt es schräge Musik und erlesene Gastronomie direkt am und im Wasser. Ausgezeichnet werden die originellste Eisbadetruppe sowie der jüngste und älteste Teilnehmer. Infos: www.hotel-ostende.de.

April
Zinnowitz (Ostern): Beim Vineta-Osterumzug gibt es einen Vorgeschmack auf das sommerliche Vineta-Festival.

TOP TIPP **Heringsdorf: Heringsdorf goes Fashion**. Seit 1998 stellen jeweils im April und Oktober deutsche und internationale Designer ihre neuesten Kollektionen vor. In der Herbstshow werden seit 2002 außerdem die besten Kreationen mit dem ›Baltic Fashion Award‹ prämiert. Topmodells präsentieren namhafte Marken wie Cerutti, Otto Kern und Max Mara. Am Rande des Modespektakels gibt es ein kulturelles Rahmenprogramm und eine abschließende Fashionparty. Infos und Karten: Tel. 03 83 54/3 18 49, www. heringsdorf-goes -fashion.de.

Mai/Juni
Kölpinsee (Sa vor Pfingsten): Lampionumzug mit anschließendem *Fackelschwimmen* im Kölpinsee.

Heringsdorf (Pfingsten): Anlässlich des *Heringsdorfer Kleinkunstfestivals* verwandelt sich der Platz vor der Seebrücke in eine Bühne für Jongleure, Pantomimen, Akrobaten. Mit Kunsthandwerkermarkt.

Peenemünde (Pfingsten): In die Zeit der alten Seefahrer führt das Wikingerlager mit Kostproben aus Küche und Handwerk sowie fröhlichen Wettkämpfen ein

Juni
Neppermin (3. Wochenende): Auf dem *Nepperminer Pferdemarkt* werden die stärksten Männer der Insel gekürt. An Wettkämpfen stehen so exotische Sportarten wie Pferdewagenziehen, Feldsteinheben und Gummistiefel-Weitwurf auf dem Programm. Daneben finden auch etliche Pferde einen neuen Besitzer.

Juni–September
Seebäder: Sehr großen Zulauf haben die sommerlichen *Beachvolleyball-Turniere* in Zinnowitz, Ückeritz, Karlshagen und Trassenheide. Die Termine erfährt man bei den Tourismusbüros.

Juli
Benz: In der Holländerwindmühle findet das *Mühlenfest* statt, den Rahmen bilden einige kleine Kunstausstellungen.

Heringsdorf (Monatsanfang): An den *Heringsdorfer Kaisertagen* wird rund um die Seebrücke ein historischer Kunsthandwerksmarkt abgehalten, dazu gehören der Einzug der ›Kaiserlichen Familie‹, viel Musik, ein ökumenischer Gottesdienst und ein abschließendes Feuerwerk.

Wolgast (1. Wochenende): Bei den *Wolgaster Hafentagen* sorgen ein Riesenrad, Kuttersegeln und ein Bootskorso für Volksfeststimmung. Zu diesem Anlass liegen auch etliche Großsegler an der Mole.

Karlshagen (Monatsende): Das große *Hafenfest* zieht jedes Jahr über 10 000 Besucher an. Im Rahmen einer Regatta wird das originellste Wasserfahrzeug prämiert. Mit Händlerstraße, Fisch aus dem Räucherofen und Bier vom Fass.

Stagnieß (3. Sa): *Hafenfest* mit Neptuntaufe und großem Kinderprogramm.

August
Ahlbeck (Ende des Monats): Großes *Drachenfest* am Strand.

Zinnowitz (letztes Wochenende): Beim *Mittelalterspektakel* auf dem Kurplatz sorgen historisch kostümierte Gaukler, Wahrsager und Narren für Stimmung. Dazu offerieren Kerzendreher, Weber, Spinnerinnen u. v. m. altes Kunsthandwerk.

September
Swinemünde, Wolgast (1. Sa): Der Usedom Marathon, das größte Sportereignis der Insel startet im polnischen Swinemünde und führt an der Außenküste Usedoms nach Zinnowitz und weiter zum Zieleinlauf nach Wolgast.

Loddin (1. Sa): Beim *Loddiner Erntefest* steht die Ankunft der Erntekrone im Mittelpunkt, am Lagerfeuer werden kulinarische Spezialitäten gereicht.

Ückeritz (2. Sa): Das *Ückeritzer Kartoffelfest* auf dem Kurplatz bildet den Auftakt der Usedomer Tüftentage.

Mölschow: Zum Sommerausklang lädt der Kulturhof zum *Schaudreschen* und *Drachenfest* ein.

Oktober
Heringsdorf: *Heringsdorf goes Fashion* (s. April)

Dezember
Heringsdorf: *Adventsmarkt* rund um den historischen Bahnhof.

Ahlbeck, Bansin, Heringsdorf (31.12.): Morgens finden traditionelle *Silvesterwanderungen* ins Hinterland der Seebäder statt, um Mitternacht wird auf den Seebrücken das Neue Jahr mit einem großen Feuerwerk begrüßt.

Klima und Reisezeit

Usedom hat das *sonnigste* Wetter von ganz Deutschland. Nach Messungen des Deutschen Wetterdienstes scheint die Sonne durchschnittlich 1906 Stunden im Jahr (Rügen 1824 Std., Allgäu 1791 Std.). Das ganze Jahr über herrscht ein gemäßigtes Meeresklima vor. Die See erlaubt nur relativ geringe Temperaturschwankungen. Im Sommer wird es zwar weniger warm als im Landesinneren, dafür sind die Winter milder und kürzer. Wind weht fast immer, er sorgt für die reine Ostseeluft, die durch ihren Salz- und Jodgehalt das gesunde Reizklima an der Küste ausmacht. *Hauptsaison* ist traditionell während der Sommermonate von Mitte Juni bis Mitte September. In dieser Zeit ist die Insel in der Regel komplett ausgebucht. Vor allem, wenn die Bundesländer Berlin, Brandenburg und Sachsen Große Ferien haben, ist ohne Reservierung kaum ein freies Zimmer zu ergattern. Hochbetrieb herrscht auch an *Ostern*, *Weihnachten* und an Feiertagen wie Himmelfahrt und Pfingsten. Radfahrer und Wanderer schätzen vor allem das Frühjahr und den in der Regel milden Herbst. Sehr reizvoll kann der Januar sein, wenn Schnee und Eis die Ostseeküste und das Achterwasser in ein Wintermärchen verwandeln. Zur Ruhe kommt die Insel von November bis Mitte Dezember und im Februar. Einige Hotels und Restaurants machen in dieser Periode Winterpause. – Informationen über das aktuelle Wetter erteilt:

Wetterdienst Mecklenburg-Vorpommern, Tel. 01 90/11 64 15, www.mvwetter.de

Klimatabelle Usedom

Monat	Luft (°C) min./max.	Wasser (°C)	Sonnen-std./Tag	Regen-tage
Januar	-3/ 2	3	1	9
Februar	-3/ 2	2	2	8
März	-1/ 6	3	4	8
April	3/10	5	6	8
Mai	7/16	9	8	9
Juni	11/20	13	9	9
Juli	13/21	17	8	10
August	13/21	17	7	9
September	10/18	15	6	9
Oktober	6/13	12	4	9
November	2/ 7	8	2	9
Dezember	-1/ 3	5	1	10

Kultur live

Theater

Vorpommersche Landesbühne, Anklam. Mit dem Stammhaus in der Leipziger Allee sowie den Spielstätten in Heringsdorf und Zinnowitz gehört das Anklamer Theater zu den bedeutendsten Kultureinrichtungen in Mecklenburg-Vorpommern. Infos & Karten: Tel. 0 39 71/ 20 89 25, www.theater-anklam.de.

Theater Blechbüchse, Zinnowitz. Ganzjähriger Spielbetrieb mit abwechslungsreichem Programm aus den Sparten Theater, Musik und Literatur. Infos: Tel. 03 83 77/4 09 36, www.blechbuechse.de.

Theaterzelt Chapeau Rouge, Heringsdorf. Sommerprogramm von Mai bis Sept. im Zelt direkt am Strand. Infos: www.chapeau-rouge.de.

Festivals

Juni/August
Vineta Festspiele: Auf der Ostseebühne in Zinnowitz wird von Ende Juni bis Ende August der Untergang der sagenumwobenen mittelalterlichen Stadt Vineta nachgespielt. Das Licht-, Laser- und Bühnenspektakel mit rund 50 Mitwirkenden beleuchtet jedes Jahr einen anderen Aspekt des Themas. Infos & Karten: Tel. 0 39 71/20 89 25, www.vineta-festspiele.de.

Wolgaster Orgelsommer: Von Ende Juni bis August findet in der St.-Petri-Kirche einmal die Woche (in der Regel am Donnerstagabend) ein Orgelkonzert statt. Info-Tel. 0 38 36/20 22 69.

Juli–September
Benzer Kirchensommer: Die Benzer Dorfkirche St. Petri bildet den festlichen Rahmen für Liederabende, Klavierkonzerte, Chormusik und Theater. Infos: Tel. 03 83 79/2 03 65, www.kirche-benz.de.

August/September
Jazz- und Bluestage: Im Musikpavillon des Seebades Zinnowitz findet das kleine Jazzfestival statt.

September/Oktober
TOP TIPP **Usedomer Musikfestival:** Seit das Festival (Ende Sept.–Mitte Okt.) 1994 unter der Schirmherrschaft von Kurt Masur erstmals über die Bühne ging, hat sich die Konzertreihe zum absoluten Höhepunkt im Usedomer Kulturkalender entwickelt und sich weit über die Grenzen der Insel hinaus einen Namen gemacht. Vorgestellt wird die Musik des Ostseeraums, jedes Jahr unter einem anderen Länderschwerpunkt, vornehmlich Klassik, aber auch Jazz und andere Genres. Feste Programmpunkte sind jeweils das Preisträgerkonzert der New Yorker Stiftung ›Young Concert Artists‹ sowie das Familienkonzert mit Preisträgern von ›Jugend musiziert‹, wobei mit jeweils hochkarätigen jungen Solisten und Ensembles die zukünftige Elite vorgestellt wird. Veranstaltungsorte sind neben dem Kursaal in Heringsdorf verschiedene Usedomer Dorfkirchen und sogar die Turbinenhalle des früheren Kraftwerks in Peenemünde. Infos: Tel. 03 83 78/3 46 47, www.usedomer-musikfestival.de.

Kuren und Kurtaxe

Das milde Reizklima an der Ostsee wirkt vor allem bei Allergien, Hautleiden, chronischen Erkrankungen der Atemwege und des Bewegungsapparates lindernd und heilend. Auf Usedom gibt es zehn *Fachkliniken*, die auf stationäre und ambulante Kuren mit den unterschiedlichsten Indikationen und Reha-Angeboten eingestellt sind (Infos bei den Kurverwaltungen, www.usedom.de). Zur Anwendung kommen etwa Thalassotherapie, Moorpackungen und die aus 400 m Tiefe geförderte Heringsdorfer Jodsole. Außerdem hat praktisch jedes große Hotel einen *Wellnessbereich* mit Saunalandschaft, Massage- und Beauty-Abteilung (s. ›*Praktische Hinweise*‹).

Kurtaxe

In den Seebädern wird eine Kurtaxe von maximal 2,30 € pro Person und Tag erhoben. Sie wird in der Regel im Hotel entrichtet, Tagesgäste können die Kurkarte am Automaten am Strand oder in der Kurverwaltung lösen. Die damit erzielten Einnahmen kommen den Gästen wieder in Form von Kurkonzerten, Strandreinigung und Verschönerungsmaßnahmen im Seebad zugute.

Nachtleben

Ausgesprochene Nachtschwärmer haben es auf Usedom schwer. Das Nachtle-

TOP TIPP Naturlehrpfad Ostseeküste

Egal ob man per pedes oder mit dem Rad unterwegs ist – für den 126 km langen **Hauptwanderweg** auf Usedom braucht es ein bisschen Zeit. Doch dank der guten Anbindung an die Usedomer Bäderbahn und das Busnetz sind auch bequeme **Tagestouren** möglich. Der kombinierte Rad- und Wanderweg wurde 1998 mit Mitteln der EU und des Landes Mecklenburg-Vorpommern erstellt und erstreckt sich nahezu über die ganze Insel. Startpunkt ist der Hafen in *Peenemünde*, von dem es an der Außenküste entlang über das Naturschutzzentrum Karlshagen bis zum Mümmelkensee geht. Dort biegt der Weg ins Landesinnere ab, man kommt durch Korswandt, Zirchow und Dargen, bis der Pfad schließlich in *Usedom* Stadt endet. Die Route ist durchgehend mit einem *grünen Eichenblatt* auf weißem Grund markiert. Entlang der Strecke informieren 75 Lehrtafeln über Wissenswertes am Wegesrand und auch für Sitzbänke zum Rasten hat man gesorgt. Unterwegs bieten sich etliche reizvolle Abstecher an, etwa Spaziergänge um den Wolgastsee [s. S. 37] und den Mümmelkensee [s. S. 22].

ben beschränkt sich im Wesentlichen auf die Bars der großen Hotels. Eine Diskothek mit überregionaler Anziehungskraft ist der *Hühnerstall* [s. S. 94] in Zinnowitz.

Naturparks

Der **Naturpark Insel Usedom** hat eine Ausdehnung von 630 km², wovon mit 350 km² so gut wie der ganze deutsche Inselteil eingeschlossen ist. 70 km² entfallen auf die Festlandsküste entlang des Peenestroms, den Rest nehmen die Wasserflächen von Achterwasser, Peenestrom und Stettiner Haff ein. Innerhalb des Naturparks sind 14 **Naturschutzgebiete** mit einer Gesamtfläche von 4000 ha ausgewiesen, die wichtigsten davon, etwa die Südspitze der Halbinsel Gnitz, der Thurbruch, der Streckelsberg und das NSG Mümmelkensee sind im Haupttext bei den jeweiligen Orten erwähnt. Mit Salzwiesen, Mooren, verlandeten Strandseen und bewaldeten Steilküsten verfügt der Naturpark über ein außerordentlich vielfältiges Landschaftsbild, in dem zugleich eine artenreiche Flora und Fauna zuhause ist. Zusammen mit den vorgelagerten *Inseln Ruden* und *Greifswalder Oie* [s. S. 103] ist das Schutzgebiet eines der vogelreichsten Regionen Norddeutschlands. Von den elf im Naturpark brütenden Greifvogelarten ist der *Seeadler* der Star, gern gesehene Sommergäste sind Weißstorch, Kranich und Graureiher sowie Abertausende von Gänsen, Enten und Schnepfenvögeln. Infos:

Naturparkverwaltung Insel Usedom, Bäderstr. 5, 17406 Usedom, Tel. 03 83 72/76 30

Naturschutzzentrum Insel Usedom, 17449 Seebad Karlshagen, Tel. 03 83 71/2 17 49

Forstamt Neu Pudagla, 17459 Seebad Ückeritz, Tel. 03 83 75/2 04 60

Sport

Für Aktivitäten in freier Natur ist Usedom bestens gerüstet. Im Vordergrund steht naturgemäß der Wassersport. Was man dazu braucht, kann vor Ort ausgeliehen werden, angefangen vom Neoprenanzug und Surfbrett bis zum Kanu und Katamaran. Doch vom Meer mal abgesehen hat die Insel das ganze Jahre über viel zu bieten, sehr beliebt sind Radfahren, Wandern und Reiten.

Angeln

Für den passionierten Angler gibt es nichts schöneres, als sich ein Boot zu mieten, auf den Bodden hinauszurudern und die Leine auszuwerfen. Außenküste, Achterwasser, Peenestrom und etliche Binnenseen wie der Kölpin-, Krebs-, Wolgast- und Schmollensee machen Usedom zu einem Angelparadies. Gefangen wird alles von Aal bis Zander, anbeißen können vor allem Barsch, Hecht, Hering und Scholle sowie mit etwas Glück auch Steinbutt und Wildlachs. Sehr beliebt sind auch die Angelteiche am Dorfrand von *Ückeritz* (An den Kreischen 6, Tel. 03 83 75/2 04 47). Sie haben einen Besatz an Aal, Karpfen, Stör sowie Regenbogen- und Lachsforellen. Ein *Angelschein* ist in den meisten Kurverwaltungen und Touristenbüros erhältlich. Dort gibt es auch die Angelkarte Usedom, die über die verschiedenen Reviere informiert.

Baden

Die 40 km lange Außenküste Usedoms besitzt den *längsten Strand* an der deutschen Ostseeküste und zugleich einen der besten. Der feinsandige Ufersaum fällt flach ins Meer ab und ist von daher für Kinder ideal zum Plantschen und Burgen bauen. Schwimmer müssen allerdings ein Stück weit ins Meer hinauswaten, bis der Boden unter den Füßen weg ist. Die *Wassertemperatur* in der Ostsee ist etwas gewöhnungsbedürftig, selbst im Hochsommer liegt sie selten über 18° C. Strandkörbe gibt es in Hülle und Fülle, wer sich die nicht ganz billige Miete sparen will, ist mit einem mitgebrachten Windschutz gut beraten.

Beschauliches Landschaftserlebnis: Wanderspaß auf der Halbinsel Lieper Winkel

Die **Wasserqualität** auf Usedom ist gut bis sehr gut, am Ostseestrand der Kaiserbäder flattert die Blaue Flagge, die jedes Jahr verschiedene europäische Strände auszeichnet. Während der Badesaison von Mitte Mai bis Mitte September werden alle 14 Tage nach EU-Richtlinien Proben genommen. Auch vom ADAC und der Stiftung Warentest wird den Usedomer Ostseestränden eine gute Qualität bescheinigt. Geringfügig belastet können lediglich die Boddengewässer sein. Über aktuelle *Messergebnisse* informieren die Kurverwaltungen, eine Badewasserkarte mit allen Messstellen der Insel gibt es im Internet (www.sozial-mv.de).

Die **Sicherheit** am Strand wird in den Seebädern im Sommer von der DLRG überwacht. Vorsicht geboten ist im Bereich von Seebrücken, wo sich nicht ungefährliche Strudel bilden können. Wird die *rote Fahne* gehisst, herrscht Badeverbot.

Zu DDR-Zeiten war **Nacktbaden** an den Stränden Usedoms und anderenorts an der Ostsee ein Volkssport. Auch heute haben FKK-Anhänger noch genug Freiraum, allerdings hat mittlerweile jedes Seebad getrennt voneinander ausgewiesene FKK- und Textilstrände. Doch andernorts sind die Grenzen fließend, und man trägt so viel Stoff wie man will.

Außerhalb der Saison machen zwei **Thermen,** namentlich die Ostseetherme [s. S. 35] in Ahlbeck und die Bernsteintherme [s. S. 92] in Zinnowitz, einen ganzjährigen Badebetrieb möglich. Etliche der großen Hotels verfügen zudem über ein *Hallenbad*.

Beachvolleyball

Die Seebäder Karlshagen, Trassenheide, Ückeritz und Zinnowitz laden alljährlich zu Beachvolleyball-Turnieren ein. Das größte von ihnen ist das in Zinnowitz mit internationaler Besetzung und einem guten Dutzend Courts sowie einer abschließenden Beach Party. Termine erfährt man bei Kurverwaltungen oder Tourismus-Büros.

Golf

Der einzige Golfplatz der Insel liegt sehr reizvoll direkt am *Balmer See*. Der 27-Loch-Turnierplatz mit 6-Loch-Kurzplatz, Driving Range und Golfschule ist Teil eines Vier-Sterne-Golfhotel:

Stilvoll eingelocht: Der Golfpark Balmer See bietet einen malerisch gelegenen Parcour

Golfpark Balmer See, Golf- und Landhotel Balmer See, Drewinscher Weg 1, Neppermin-Balm, Tel. 03 83 79/2 80, Fax 2 82 22, www.golfpark-usedom.de

Radfahren

Angesichts der relativ flachen Inseltopografie ist Usedom ein hervorragendes Radlerrevier. Zu schaffen macht mitunter lediglich der Wind. Das Hinterland der Seebäder hält ein *Radwegenetz* von 150 km bereit. Räder für Groß und Klein können in allen Seebädern gemietet werden. Bei Streckentouren entlang der Außenküste kann für den Radtransport auf die *Usedomer Bäderbahn* zurückgegriffen werden. Eine kostenpflichtige Broschüre mit ausgearbeiteten Rundtouren gibt es bei Kurverwaltungen und Tourismusbüros. Fernradler sei der 614 km lange *Mecklenburgische Seen Radweg* von Lüneburg nach Wolgast empfohlen. Die letzten beiden Etappen (Anklam–Ahlbeck 53 km, Ahlbeck–Wolgast 39 km) führen fast durch ganz Usedom. Eine kostenlose Broschüre über den gesamten Streckenverlauf verschickt:

Tourismusverband Mecklenburg-Vorpommern, Tel. 03 81 / 4 03 05 00, www.auf-nach-mv.de

Reiten

Mecklenburg-Vorpommern und die Insel Usedom als Teil davon sind ausgesprochenes Pferdeland. Ferien auf dem

Reiterhof sind entsprechend populär. Rund 15 *Reiterhöfe* bieten auf der Insel Ausritte und Kurse an, wer will kann sich auch im Dressur- und Springreiten schulen lassen. Für die Kleinen gibt es Ponyreiten, bei Jung und Alt sind Kutsch- und Kremserfahrten beliebt. Eine Auswahl von Reiterhöfen mit Unterbringung und teils mit Gastboxen für das eigene Pferd findet sich im Haupttext unter *›Praktische Hinweise‹*.

Segeln

Die Ostseeküste Usedoms ist ein optimales Segelrevier für Könner. Für Anfänger und Freizeitsegler bieten sich vor allem die stilleren Boddengewässer an. Mit etwa 25 Marinas und Anlegestellen rund um die Insel ist die Infrastruktur bestens ausgebaut. Tankstellen für Motorboote und Jachten gibt es in den Häfen Wolgast, Freest und Netzelkow. Adressen von Bootsverleihern und Segelschulen finden sich im Haupttext unter *›Praktische Hinweise‹*.

Tauchen

Verglichen mit der Meeresfauna im Pazifik oder Roten Meer fällt die Meeresfauna der Ostsee weniger farbenprächtig und exotisch aus. Taucher kommen dennoch auf ihre Kosten, attraktiv ist vor allem das Wracktauchen. Innerhalb der Zwölfmeilenzone vor Usedom liegen Dutzende Schiffswracks auf Grund, etliche davon sind noch unentdeckt.

Tauch-Sport-Zentrum, Neue Strandstr. 49, Zinnowitz, Tel. 03 83 77/3 60 86, www.ostseetaucher.com

Wandern

Entlang der 40 km langen Außenküste Usedoms lassen sich herrliche Strandwanderungen unternehmen, daneben gibt es im Hinterland ein gut ausgebautes Wegenetz. Beliebte *Wanderziele* sind vor allem die malerischen Binnenseen, von denen sich etliche auf markierten Wegen umrunden lassen. Von der *Naturparkverwaltung Insel Usedom* [s. S. 68, Naturpark] und den Kurverwaltungen der Seebäder werden sachkundig geführte Wanderungen zu den schönsten Plätzen der Insel angeboten.

Windsurfen

Surfer wissen das Starkwindrevier vor Karlshagen zu schätzen, gute Bedingungen für Anfänger bietet das Achterwasser. Etliche Surfschulen (im Haupttext unter *›Praktische Hinweise‹*) verleihen das notwendige Equipment und führen mit Kursen fachkundig in die Materie ein.

Wintersport

Der weiße Sport ist auf Usedom kein großes Thema, zumal nicht viel Schnee fällt. Eine Ausnahme ist *Eislaufen*. Die Ostsee friert zwar ebenfalls recht selten zu, dafür aber schon eher eines der zahlreichen Binnengewässer. In Heringsdorf gibt es außerdem ab Dezember eine 30 x 60 m große *Kunsteisbahn* direkt neben der Seebrücke am Strand. Schlittschuhe können vor Ort ausgeliehen werden.

Statistik

Lage: Usedom ist eine der Oder-Mündung vorgelagerte Insel an der deutsch-polnischen Ostseeküste, die durch die Wolgaster Brücke und die Zechiner Brücke mit dem Festland verbunden ist. Der größere westliche Teil reicht von Ahlbeck bis zum Peenemünder Haken, der kleinere Ostteil mit der Stadt Świnoujście/Swinemünde gehört seit 1945 zu Polen.

Fläche: Die Inselfläche beläuft sich auf 445 km^2, damit ist Usedom etwa halb so groß wie Rügen und nach dieser die zweitgrößte Insel Deutschlands. 355 km^2 gehören zu Deutschland, 91 km^2 liegen auf polnischem Territorium. Höchste Erhebung ist der Golm (69 m).

Seen und Gewässer: Usedom hat eine 200 km lange Küstenlinie, davon 40 km Ostseestrand. Während die Außenküste fast eine gerade Linie bildet, ist die Binnenküste stark ausgefranst und durch Winkel, Haken und Haffs gegliedert. Die westliche Inselgrenze markiert der Peenestrom, ein breiter Mündungsarm der Oder, der gegen Osten in einer weiten Ausbuchtung das Achterwasser bildet. Zwei große Halbinseln, der Gnitz und der Lieper Winkel, rahmen das Boddengewässer wie Zangen ein. Von den neun Binnenseen ist der Gothensee mit einer Fläche von 600 ha der größte. Es handelt sich um einen einstigen Meeresarm der Ostsee, zu dem einstmals auch das Thurbruch gehörte. Die Wassertiefe beträgt lediglich 1,5 bis 2 m.

Bevölkerung: Mit 31 400 Einwohnern ist der deutsche Teil Usedoms eine der am dünnsten besiedelten Regionen der Republik. Trotz des boomenden Tourismus nimmt die Zahl der Bewohner eher ab als zu, besonders im Hinterland herrscht Landflucht. Die größten Orte sind Zinnowitz (3700 Einw.), Heringsdorf (3500 Einw.) und Ahlbeck (3300 Einw.).

Verwaltung: Usedom ist Teil des Landkreises Ostvorpommern im Bundesland Mecklenburg-Vorpommern. Kreisstadt ist Anklam (16 500 Einw.) auf dem Festland, das Verwaltungszentrum Usedoms ist Ahlbeck (3300 Einw.).

Wirtschaft: Mit 1,2 Millionen Feriengästen (2003) ist der Tourismus das mit Abstand wichtigste wirtschaftliche Standbein. Fast zwei Drittel der Erwerbstätigen sind im Dienstleistungssektor beschäftigt. Die Landwirtschaft und die Fischerei spielen lediglich eine untergeordnete Rolle, Industrie gibt es keine. Die Arbeitslosenquote ist mit über 20 % eine der höchsten in Deutschland.

Noblesse und kaiserlicher Glanz: Die Hotels der Usedomer Seebäder zeigen großen Stil

Unterkunft

Camping

Campingferien sind auf Usedom äußerst beliebt, für die Hauptsaison empfiehlt es sich zeitig zu reservieren. Von den elf Usedomer Campingplätzen mit insgesamt etwa 3800 Stellplätzen liegt die Hälfte direkt am Ostseestrand, der Rest verteilt sich auf das Achterwasser und das Hinterland. Die meisten Plätze sind von April bis Ende September, manche bis Ende Oktober geöffnet. Ganzjährig steht der *Campingplatz Pommernland* in Zinnowitz offen. Einige Plätze vermieten auch Ferienhäuschen und Caravans. Auf Wohnmobile ist man in Zinnowitz (Tel. 03 83 77/4 03 48, www.camping-pommernland.m-vp.de) und in Lütow (www.natur-camping-usedom.de, Tel. 03 83 77/4 05 81) eingestellt. Eine Auswahl geprüfter Plätze bieten die jährlich neu erscheinenden **ADAC Camping Caravaning Führer**, auch als CD-Rom (Band Deutschland – Nordeuropa), und **ADAC Stellplatz Führer Deutschland**, die im Buchhandel und bei den ADAC-Geschäftsstellen erhältlich sind. Ausgewählte Plätze werden zudem in den ›*Praktischen Hinweisen*‹ vorgestellt.

Fachwerkromantik: Die Jugendherberge im Seebad Heringsdorf zählt zu den schönsten des Landes

Hotels und Pensionen

Auf Usedom stehen Hotels, Apartments und Pensionen aller Kategorien mit insgesamt 52 000 Gästebetten zur Verfügung. Der überwiegende Teil der Häuser wurde nach der Wiedervereinigung von Grund auf saniert bzw. neu erbaut. Die Insel verfügt damit über moderne Beherbergungsbetriebe mit einem teils höheren Standard als in den alten Bundesländern. Besonders stilvoll wohnt es sich in einer der schmuck herausgeputzten Gründerzeitvillen. Anders als in den Hauptferienzeiten bekommt man in der *Nebensaison* viel Komfort für relativ wenig Geld. Außerdem spiegelt sich auch die *Lage* des Hauses nicht unwesentlich im Preis wider. Direkt an der Promenade logiert man erheblich teurer als in der zweiten oder dritten Strandreihe, noch günstiger sind die Unterkünfte im Hinterland. Ein umfassendes Gastgeberverzeichnis verschickt Usedom Tourismus in Ückeritz, dort ist auch die Zimmervermittlung für die ganze Insel untergebracht:

Usedom Tourismus, Bäderstr. 5, 17459 Seebad Ückeritz, Tel. 0 18 05/87 33 66 (24-Std.-Service, gebührenpflichtig), 03 83 75/23 40, Fax 2 34 29, www.usedom.de

Zentrale Zimmervermittlung der Kaiserbäder, Am Bahnhof 1, 17424 Seebad Heringsdorf, Tel. 0 18 05/58 37 83, Fax 03 83 78/47 71 18, zimmervermittlung@drei-kaiserbaeder.de

Jugendherbergen

Die einzige Jugendherberge Usedoms befindet sich in Heringsdorf in bester Strandlage. Die Übernachtung ist nicht altersgebunden, erforderlich ist ein gültiger *Jugendherbergsausweis*, der bei Bedarf auch direkt vor Ort ausgestellt wird.

Jugendherberge Heringsdorf, Puschkinstr. 7, Tel. 03 83 78/2 23 25, Fax 3 23 01, www.jh-heringsdorf.de

Privatunterkünfte

Nach der Wiedervereinigung hat die Vermietung von Privatzimmern und Ferienwohnungen wieder stark zugenommen. Diese sind wie auch die Hotels und Pensionen im *Gastgeberverzeichnis* der Insel aufgelistet. Bei neu erbauten Ferienhäusern ist die Ausstattung ähnlich gut wie in Hotels. Bei älteren Wohnungen müssen teils Abstriche in punkto Komfort gemacht werden, dafür sind diese ausgesprochen günstig.

Urlaub auf dem Lande

Mitten in der Natur und fern vom Trubel der Seebäder kann man im Hinterland auf etlichen Bauernhöfen Urlaub machen. Hervorzuheben sind der Stolperhof in Stolpe [s. S. 71], der Gutshof Usedom in Mellenthin [s. S. 62] sowie die Reiterhöfe (im Haupttext unter *›Praktische Hinweise‹*). Eine Broschüre *›Urlaub auf dem Lande‹* mit Höfen in ganz Mecklenburg-Vorpommern ist erhältlich bei:

Landurlaub M-V, Griebnitzer Weg 2, 18196 Dummersdorf, Tel. 03 82 08/6 06 72, www.landurlaub.m-vp.de

Verkehrsmittel

Bahn

Die Hauptstrecke der *Usedomer Bäderbahn* (UBB) verbindet die Kaiserbäder Ahlbeck, Heringsdorf und Bansin mit Ückeritz, Kölpinsee, Koserow, Zempin und Zinnowitz. Eine zweite Trasse verläuft von Zinnowitz über Trassenheide und Karlshagen nach Peenemünde. Mit der UBB können auch Tagesausflüge aufs Festland nach Wolgast, Greifswald, Stralsund und Barth unternommen werden. Ein Ausbau des Netzes bis ins polnische Swinemünde ist in Planung. Für Vielfahrer bieten sich günstige *Tages- und Wochenkarten* an, mit denen für den Gültigkeitszeitraum das Streckennetz der UBB beliebig befahrbar ist. Zum reduzierten Tarif fahren Familien, Senioren und Gruppen ab sechs Personen. Die BahnCard wird nur ab einer Entfernung von 50 km anerkannt. Fahrräder werden befördert, sind jedoch kostenpflichtig. Fahrplanauskünfte erteilen die Tourimusbüros und:

Usedomer Bäderbahn (UBB), Am Bahnhof 1, 17424 Heringsdorf, Tel. 03 83 78/ 2 71 32, www.ubb-online.com

Bus

In den drei Kaiserbädern pendelt die **Kaiserbäder-Linie** im Sommerhalbjahr im 30-Min.-Takt (im Winter alle 60 Min.) zwischen den Bahnhöfen Bansin, Heringsdorf, Ahlbeck und Ahlbeck Grenze. Fahrpläne gibt es in den Tourismusbüros. Das Busnetz im **Hinterland** beschränkt sich angesichts der relativ geringen Bevölkerungsdichte auf einige wenige Strecken. Von den Kaiserbädern aus verkehren Linienbusse über die Dörfer nach Usedom Stadt und Kamminke. Von Usedom aus werden die Orte Rankwitz und Warthe im Lieper Winkel angefahren. Eine Direktverbindung besteht ferner vom Bahnhof Heringsdorf nach Anklam aufs Festland. Infos:

Ostseebus, An der Feuerwehr 3–5, Seebad Ahlbeck, Tel. 03 83 78/3 36 30

Fahrrad

Das Radwegenetz auf Usedom ist gut ausgebaut. Eine Inselkarte mit Radwegen ist vor Ort in den Tourismusbüros erhältlich. Räder können in fast allen Seebädern, auf Campingplätzen und in einigen größeren Hotels ausgeliehen werden, so z. B. in:

Ahlbeck: Fahrradverleih Oberländer, Am Bahnhof 1, Tel. 03 83 78/3 16 84

Heringsdorf: Uwe Pilgrim, Brunnenstr. 7, Tel. 03 83 78/2 23 24

Koserow: Fahrrad Ortmann, Bahnhofstr. 4, Tel. 03 83 75/2 13 60

Gute Anbindung: Die Usedomer Bäderbahn fährt seit 2000 auch aufs Festland

Bahntochter auf Erfolgskurs

Die blauweißen Triebwagen der **Usedomer Bäderbahn (UBB)** sind wahrlich nicht das schnellste Fortbewegungsmittel auf der Insel. Dennoch schreibt die hundertprozentige Tochter der Bahn AG schwarze Zahlen. 1994 übernahm sie das von der *Stilllegung* bedrohte 54 km lange Streckennetz auf Usedom und investierte kräftig in moderne Triebwagen, neue Weichen und Bahnübergänge und richtete zudem etliche neue Haltepunkte ein. Die neue Struktur wird jährlich von über **3 Mio. Fahrgästen** honoriert. Die UBB trägt damit wesentlich zur Entlastung des im Sommer hoffnungslos überlasteten Straßennetzes bei. Zwischen Wolgast und Ahlbeck verbindet sie alle wichtigen Seebäder miteinander, vom Umsteigebahnhof Zinnowitz wird Peenemünde angefahren. Und seit 2000 ist über die Wolgaster Brücke auch die Wiederanbindung ans *Festland* geschafft. Mit dem EU-Beitritt Polens ist der grenzübergreifende Ausbau des Netzes bis Swinemünde geplant.

Loddin-Kölpinsee: Fahrradverleih Hengstler, Strandstr. 34, Tel. 03 83 75/2 11 67

Trassenheide: Fahrradverleih Hertel, Försterstr. 2, Tel. 03 83 71/2 09 23

Zinnowitz: Fahrradverleih Fred Kruggel, Dr. Wachsmann-Str. 5, Tel. 03 83 77/4 28 69

Flugzeug

Vom Flughafen Heringsdorf [s. S. 56] können in der Hauptsaison Rundflüge über Usedom, Rügen und Hiddensee unternommen werden.

Flughafen Heringsdorf, Airport Touristik Center, Tel. 03 83 76/2 00 30, www.flughafen-heringsdorf.de

Mietwagen

Fahrzeuge gibt es u. a. in den Seebädern Ahlbeck, Heringsdorf, Ückeritz und Zinnowitz zu mieten. *ADAC-Mitglieder* können über ihre Geschäftsstelle oder unter Tel. 0 18 05/31 81 81 (0,12 €/Min.) bei der **ADAC-Autovermietung GmbH** günstig einen Wagen buchen.

Schiff

Von den Usedomer Seebrücken aus können im Sommerhalbjahr Ausflugsfahrten unternommen werden. Sehr beliebt ist das *Seebrücken-Hopping* zwischen Ahlbeck, Heringsdorf, Bansin, Koserow und Zinnowitz. Fahrgastschiffe verkehren auch regelmäßig ins polnische *Swinemünde*, geplant ist auch ein Seebrückenshuttle ins Seebad *Misdroy* auf der polnischen Nachbarinsel Wollin. Swinemünde wird zudem von Kamminke angelaufen, hier starten auch kombinierte Schiff-Bus-Ausflüge nach *Stettin*. Ab Peenemünde werden lohnende Tagesausflüge nach *Rügen* in die Seebäder Göhren, Sellin und Binz angeboten. Die Überfahrt nach Göhren dauert 2 Std., sodass genügend Zeit für einen Landgang bleibt. Infos und Tickets bei:

Adler-Schiffe, Seebrücke, Laden 4, Heringsdorf, Tel. 03 83 78/4 77 90, www.adler-schiffe.de

Ebenfalls ab Peenemünde verkehren von Mai bis Oktober Fahrgastschiffe zu den *Inseln Ruden* und *Greifswalder Oie*, wobei auf einem ein- bis zweistündigen Landgang die Inseln erkundet werden können. Infos:

Apollo Fahrgastreederei, Zum Hafen 1, 17449 Peenemünde, Tel. 03 83 71/2 08 29, www.peenemuende-info.de

Register

Bildnachweis

Umschlag-Vorderseite: Ferien wie im Bilderbuch – Strand und Seebrücke von Ahlbeck.
Foto: *Volkmar E. Janicke, München*
Titelseite:
Oben: Heringsdorfer Seebrückenzauber. Foto: *Otmar Heinze, Hamburg*
Mitte: Unendliches Strandvergnügen an Usedoms Ostseeküste. Foto: *laif, Köln* (Kirchner)
Unten: Romantisches Naturerlebnis zwischen Achterwasser und Stettiner Haff.
Foto: *Gunda Amberg, Gröbenzell*

AKG, Berlin: 9 unten, 13, 58, 82 – *SV-Bilderdienst, München:* 14 oben, 15, 121 – *Gunda Amberg, Gröbenzell:* 70, 124 oben links – *FAN, Lüneburg:* 32/33, 57 oben, 124 oben rechts (Jens Rufenach), 32, 74 (Ingo Wandmacher), 36 (Michael Schindel), 106 (Manfred Kunst), 21, 39, 81, 88 oben – *Ralf Freyer, Freiburg:* 7 unten, 12, 26 (2), 34, 35, 40 oben, 42, 43, 46, 48, 107, 113, 115 unten, 116, 117, 124 unten rechts – *Hartmuth Friedrichsmeier, Hamburg:* 2 (2), 4 (2), 5 (4), 7 oben, 20, 52 oben, 54, 56, 64, 65, 95, 137 (2) (Fotostudio Böttcher), 9 oben, 11 oben, 72/73 (transit-Archiv, René Legrand), 40 unten, 50/51 (transit-Archiv, Joachim Kürtz), 134 (transit-Archiv, Sylvia Pollex), 46/47 (transit/Peter Hirth), 110 unten (Stanciewicz) – *Rolf Goetz, Berlin:* 69 oben, 101 – *Ottmar Heinze, Hamburg:* 31, 37, 38, 45, 52 unten, 63 unten, 77, 78/79, 98 (2), 110 oben – *Volkmar E. Janicke, München:* 5(3), 14 unten, 63 oben, 69 unten, 139 – *Gerold Jung, Ottobrunn:* 85, 119 – laif, Köln: 3 (1), 5 (1), 6, 8 (2), 10 (2), 11 Mitte, 16/17, 19, 22, 23, 24, 25, 27, 28, 29, 30, 55, 57 unten, 59, 60, 61, 62, 66 (2), 67, 72, 76, 78, 83, 86, 88 unten, 91, 92, 93, 96 oben, 99, 105, 108, 114, 115 oben, 122, 123, 124 unten links, 124 Mitte, 127, 131, 135 (Kirchner) – *Mauritius, Mittenwald:* 49, 50 (Be&W), 128, 129 (Rathmann) – *Wolfgang Nehls, Zinnowitz:* 96 unten, 103 (3) – *Strandhotel Ostseebad, Karlshagen:* 104 – *Siegfried Trieglaff, Zinnowitz: 97*